U0756207

高等法律职业教育系列教材
审定委员会

主　　任　　万安中

副主任　　王　亮

委　　员　　陈碧红　刘　洁　刘晓晖　陈晓明

　　　　　　刘树桥　周静茹　陆俊松　王　莉

　　　　　　杨旭军　黄惠萍

高等法律职业教育系列教材

侦查讯问（第二版）

ZHEN CHA XUN WEN

主　编○陈汉彬　盛永彬

副主编○郑　煌

撰稿人○（以撰写章节先后为序）

　　　　陈汉彬　朱巧红　盛永彬　李亚可

　　　　郑　煌　林伟民　杨　文

中国政法大学出版社

2020·北京

声　明　1. 版权所有，侵权必究。

2. 如有缺页、倒装问题，由出版社负责退换。

图书在版编目（ＣＩＰ）数据

侦查讯问/陈汉彬，盛永彬主编. —2版. —北京：中国政法大学出版社,2020.9
ISBN 978-7-5620-7375-8

Ⅰ．①侦… Ⅱ．①陈… ②盛… Ⅲ．①刑事侦察－预审－教材 Ⅳ．①D918.5

中国版本图书馆CIP数据核字(2020)第108686号

出 版 者	中国政法大学出版社
地　　址	北京市海淀区西土城路 25 号
邮　　箱	fadapress@163.com
网　　址	http://www.cuplpress.com（网络实名：中国政法大学出版社）
电　　话	010-58908435(第一编辑部)　58908334(邮购部)
承　　印	固安华明印业有限公司
开　　本	787mm×1092mm　1/16
印　　张	13
字　　数	270 千字
版　　次	2020 年 9 月第 2 版
印　　次	2020 年 9 月第 1 次印刷
印　　数	1~5000 册
定　　价	39.00 元

总序

　　高等法律职业化教育已成为社会的广泛共识。2008 年，由中央政法委等 15 部委联合启动的全国政法干警招录体制改革试点工作，更成为中国法律职业化教育发展的里程碑。这也必将带来高等法律职业教育人才培养机制的深层次变革。顺应时代法治发展需要，培养高素质、技能型的法律职业人才，是高等法律职业教育亟待破解的重大实践课题。

　　目前，受高等职业教育大趋势的牵引、拉动，我国高等法律职业教育开始了教育观念和人才培养模式的重塑。改革传统的理论灌输型学科教学模式，吸收、内化"校企合作、工学结合"的高等职业教育办学理念，从办学"基因"——专业建设、课程设置上"颠覆"教学模式："校警合作"办专业，以"工作过程导向"为基点，设计开发课程，探索出了富有成效的法律职业化教学之路。为积累教学经验、深化教学改革、凝塑教育成果，我们着手推出"基于工作过程导向系统化"的法律职业系列教材。

　　《国家中长期教育改革和发展规划纲要（2010～2020 年）》明确指出，高等教育要注重知行统一，坚持教育教学与生产劳动、社会实践相结合。该系列教材的一个重要出发点就是尝试为高等法律职业教育在"知"与"行"之间搭建平台，努力对法律教育如何职业化这一教育课题进行研究、破解。在编排形式上，打破了传统篇、章、节的体例，以司法行政工作的法律应用过程为学习单元设计体例，以职业岗位的真实任务为基础，突出职业核心技能的培养；在内容设计上，改变传统历史、原则、概念的理论型解读，采取"教、学、练、训"一体化的编写模式。以案例等导出问题，根据内容设计相应的情境训练，将相关原理与实操训练有机地结合，围绕关键知识点引入相关实例，归纳总结理论，分析判断解决问题的途径，充分展现法律职业活动的演进过程和应用法律的流程。

法律的生命不在于逻辑，而在于实践。法律职业化教育之舟只有驶入法律实践的海洋当中，才能激发出勃勃生机。在以高等职业教育实践性教学改革为平台进行法律职业化教育改革的路径探索过程中，有一个不容忽视的现实问题：高等职业教育人才培养模式主要适用于机械工程制造等以"物"作为工作对象的职业领域，而法律职业教育主要针对的是司法机关、行政机关等以"人"作为工作对象的职业领域，这就要求在法律职业教育中对高等职业教育人才培养模式进行"辩证"地吸纳与深化，而不是简单、盲目地照搬照抄。我们所培养的人才不应是"无生命"的执法机器，而是有法律智慧、正义良知、训练有素的有生命的法律职业人员。但愿这套系列教材能为我国高等法律职业化教育改革作出有益的探索，为法律职业人才的培养提供宝贵的经验、借鉴。

2016 年 6 月

前言
Foreword

  为了适应高职高专人才培养的需要，结合我院人才培养目标和特点，以及编者多年的教学、实践经验，我们编写了这本教材。本教材以现行《刑法》《刑事诉讼法》和《公安机关办理刑事案件程序规定》等法律法规为依据，并适当注意吸收新形势下我国讯问实践的新经验和本学科及相关学科的新成果，注重学生所应具备的侦查讯问相关能力的培养，实现对学生的基本实践能力与操作技能、综合实践能力与综合技能的培养，突出警学结合的高职特色。

  教材按照"以能力为本位、以职业实践为主线、以项目驱动为主体的课程体系"的总体设计要求，以项目任务为中心构建课程体系，以"理论够用、适应岗位、技能为主、与时俱进"为编写原则，打破传统的学科课程设计思路，从结构到内容对教材做了较大幅度的调整和整合。本书紧紧围绕项目任务完成的需要来选择和组织课程内容，突出项目与知识的联系，让学生在职业实践活动的基础上掌握知识，增强课程内容与职业岗位能力要求的相关性，提高学生的实践技能。

  教材的编写者有来自教学一线的老师，也有来自实践工作部门的从业人员，具有较丰富的教学、实践经验，能结合实践和学科发展的新动向，突出教材的新颖性、实践性和操作性。教材由陈汉彬、盛永彬任主编，郑煌为副主编，具体参加编写人员及分工如下（按撰写单元顺序排列）：

  陈汉彬（广东司法警官职业学院）：单元一、单元四；

朱巧红（广东司法警官职业学院）：单元二；

盛永彬（广东司法警官职业学院）：单元三项目一、项目二；

李亚可（广东司法警官职业学院）：单元三项目三、项目四；

郑　煌（广州市纪律检查委员会）：单元五；

林伟民（广州市公安局天河分局）：单元六项目一、项目二、项目三；

杨　文（广州市公安局天河分局）：单元六项目四、项目五、项目六。

主编对编者的稿件进行了修改，并对全书进行了统稿和整理工作。

教材的成稿要感谢广东司法警官职业学院的大力支持！感谢为教材提供相关研究成果的同行和朋友们，通过拜读他们的成果和作品，我们对侦查讯问有了更深的理解。

鉴于编者学识和水平有限，尽管付出了辛勤努力，但不足之处在所难免，敬请广大读者批评指正。

编　者

2020 年 5 月

侦查讯问概述

学习目标

知识目标：明确侦查讯问的含义与特征，理解侦查讯问工作的任务、原则及其法律要求。

能力目标：掌握侦查讯问的基本原理，具备侦查讯问具体内容的学习能力。

学习提示

本单元教学结合《中华人民共和国刑事诉讼法》（以下简称《刑事诉讼法》）、《公安机关办理刑事案件程序规定》（以下简称《程序规定》）、刑事侦查等已学习过的相关法律法规和课程，采用知识回忆与讨论相结合并辅以案例解释的方式，做到学科间知识的链接与贯通，由浅入深，启发学生对本课程的学习兴致。

内容结构图

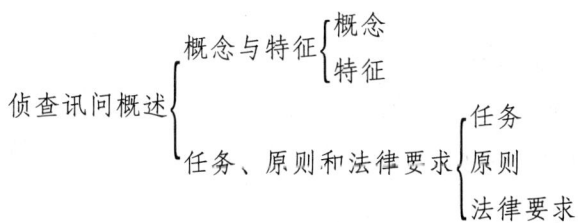

项目一　侦查讯问的概念与特征

案例导入

一、简要案情

20××年1月9日晚，理发师安子和三个朋友在××市××酒吧蹦迪。晚上11点，旁边青年拉住他说："你把我手上的佛珠碰掉了，要赔！"拉扯中两人动手，安子眼前一花被对方打翻在地。朋友上前帮忙，青年双拳一晃，连环三脚将三人踢翻在地。安子连声求饶。

"我的佛珠是在澳门开过光的，起码要赔 2 万元。"青年恶狠狠地说。几名酒吧保安赶来劝架时又冲出了五名壮汉，上来就打，五六名保安和安子的三个朋友被打倒。酒吧十余名保安与青年及其帮手发生了肢体冲突。青年及其帮手面对近二十个对手毫不慌张，几下就将冲在最前面的几名保安打倒。安子趁乱挣脱，滋事青年飞身而上，一把挟住他的脖子塞进路边的的士。

滋事青年和几名帮手挟持安子来到××街附近一小巷，一阵拳打脚踢，掏出把砍刀，捡起一根拖把棍，一刀砍断："不赔这就是下场。"安子双腿发软："我没那么多钱。"青年抢走安子的手机，让他将银行账户的钱全部取出来。安子按要求，独自到银行取款机前，插卡输入密码后离开。一名壮汉戴上口罩随后走近取款机，将安子账户里仅有的 900 元全部取走。"不准报警，滚！"青年扬长而去。安子见他们走远，连忙报警。

市公安局接到报警后，经两个多月追查，于 3 月 12 日在××街一停车场找到了殴打抢劫安子的那名青年。青年叫阿彬，19 岁，来自××省，在少林文武学校习练功夫 8 年。

二、讯问主体

侦查讯问对象：青年阿彬，19 岁，来自××省，在少林文武学校习练功夫 8 年。
侦查讯问人员：刑警夏×，33 岁，当过巡警，干过户籍，做过特警。

三、讯问过程

问：功夫不错，一只手就能单挑四五个人？
答：一般吧，我可是武校毕业的。
问：你不会在这里动手吧，我可打不过你。
答：你是警察，我哪有那么大的胆子？
问：是个讲道理的人。（恰当的恭维，拉近双方的心理距离）
答：那是。
问：为什么绑架抢劫安子？
答：绑架抢劫？他碰掉了我的佛珠，就应该赔我。
问：你的佛珠值多少钱？
答：7000 多块。
问：那你为什么让安子赔你 2 万元？
答：我气不过。
问：你这就涉嫌敲诈了吧？还有，你在酒吧打人了吧？
答：他不赔我就揍他。

问：那你就涉嫌伤害他人。你把安子从酒吧挟持到××街，以暴力手段抢走他的手机，并威逼取走他的银行存款都涉嫌抢劫。

答：啊，这就算抢劫了？

问：当然，你知道绑架抢劫是重罪，要坐牢的吗？

答：我……我只是想让他赔我佛珠。

问：你当时的所作所为都有现场录像为证，你要想减轻罪责，唯一的办法是坦白从宽。

答：哥，我太年轻，你救救我！

当晚，阿彬哭着交代了自己所犯罪行及帮他打架的几名师兄弟的行踪。夏某立即将情况上报刑警队长，展开追捕。

🖐 **工作导向**

一、案例评读

本案中，侦查讯问人员对侦查讯问对象阿彬的讯问，思路清晰，方法得当，讯问语言流畅，取得了良好的效果，促使其交代了自己所犯罪行及帮他打架的几名师兄弟的行踪，为查清全案奠定了基础。

从系统论视角，侦查是一个大系统，侦查讯问是侦查大系统中的一个小系统。侦查讯问本身也是一个系统，一个由侦查讯问人员、侦查讯问对象、侦查讯问行为与侦查讯问对策（思路）等因素构成的一个系统。侦查讯问人员只有正确诠释讯问中的相关因素，包括侦查讯问对象的个性与心理、侦查讯问对象对案件本身的认识与态度、前期侦查过程中所获取的证据材料等，才能够恰当地制定讯问方案，并控制侦查讯问的发展节奏和方向，直到实现侦查讯问的目标。

二、问题思考

什么是侦查讯问？结合上述案例分析、讨论侦查讯问的特征，以准确、全面地掌握侦查讯问的含义。

🖐 **内容导入**

一、侦查讯问的概念

侦查讯问是指在刑事诉讼的侦查阶段，侦查人员为了查明案件真实情况，收集案件证据，依照法律规定对犯罪嫌疑人进行讯问并对其所述进行查证的一项侦查活动。

上述侦查讯问的概念包含了五层含义：

（一）侦查讯问的主体

侦查讯问的主体是国家法定的侦查人员，依据《刑事诉讼法》第3、4、308条的规定，具体是指公安机关、人民检察院、国家安全机关、军队保卫部门、监狱等侦查机关的侦查人员。他们根据职责分工和有关规定，依法对不同类型案件的犯罪嫌疑人进行侦查讯问。其他任何机关、团体和个人都无权行使这一权力。

（二）侦查讯问的对象

侦查讯问的对象是法律特指的犯罪嫌疑人，具体是指立案侦查后被采取强制措施或被依法传唤的犯罪嫌疑人。在此，应当明确讯问是在侦查中确定了犯罪嫌疑人之后发生的，如果在侦查中还没有确定犯罪嫌疑人，就不会有讯问活动，向没有被确定为犯罪嫌疑人的嫌疑对象进行调查，不能采用讯问手段，可将其作为证人进行询问。

（三）侦查讯问的依据

侦查讯问的依据是国家的法律、法规、行政规章中有关侦查及讯问犯罪嫌疑人的规定，主要是《刑事诉讼法》及《程序规定》。

（四）侦查讯问的目的

侦查讯问的目的是获取犯罪嫌疑人的真实供述和辩解，进而查明案件事实真相。通过讯问，在前期侦查的基础上进一步追查、核实犯罪嫌疑人的嫌疑事实，查清与案件有关的各种情况，同时，通过讯问听取犯罪嫌疑人的辩解，结合调查取证，可以澄清嫌疑，确保与案件无关的犯罪嫌疑人不受刑事追究，从而达到查明案件全部事实真相的目的。

（五）侦查讯问的实质

《刑事诉讼法》第二编第二章"侦查"中规定了讯问犯罪嫌疑人的内容，由此可见，侦查讯问属于侦查活动的性质。侦查讯问是通过侦查讯问人员对犯罪嫌疑人的正面审查，以正面质问与查证核实相结合的工作方式开展侦查活动的一种侦查行为。侦查讯问是发生在侦查阶段的讯问，实践中要与起诉阶段和审判阶段的讯问区分开来。另外，就行为性质而言，还要与侦查询问、治安盘问等措施区分。

二、侦查讯问的特征

侦查讯问是一种法定的侦查措施，与其他侦查措施相比较，具有以下特征：

（一）直接性

侦查讯问是侦查讯问人员与犯罪嫌疑人之间面对面的公开较量。讯问双方近在咫尺，相互间的信息互动之直接与快捷是其他侦查措施所不具有的，讯问中的一言一行、一举一动——不管是自觉的还是不自觉的，都将对对方的心理和行为产生影响。其他侦查措施一般是在不直接触动或影响犯罪嫌疑人的情况下实施的，相对于侦查讯问而言表现为间接性。因此，直接性是侦查讯问的特征之一。

（二）冲突性

侦查讯问的冲突性是由讯问双方所处的法律地位和目的的迥然不同所决定的。从法律地位上看，一方是代表国家执行法律的侦查讯问人员，另一方则是涉嫌犯罪处于被追诉地位的犯罪嫌疑人。从目的上看，一方力图通过讯问，获取真实的口供（"被告人、犯罪嫌疑人供述和辩解"的俗称，以下同），从而证实对方的犯罪事实，另一方则是出于逃避或减轻罪责的需要，往往千方百计地干扰、破坏讯问活动，或矢口否认，或编造谎言，或避重就轻，或沉默抗拒，妄图逃避法律的惩罚。双方在法律地位和目的上的对立，导致侦查讯问活动带有强烈的冲突色彩。在讯问中，这种对立表现的非常复杂，甚至影响到讯问的结果，从这一角度来说，讯问的过程实质就是化解双方冲突的过程。

（三）强制性

侦查讯问是《刑事诉讼法》所确认的一种侦查措施，这种措施在被法律确定的同时，也被赋予了相应的法律强制性。侦查讯问的强制性主要体现在对犯罪嫌疑人的人身自由和言行要求上，在人身自由方面，由于涉嫌犯罪被确定为犯罪嫌疑人，因而被传讯、拘留、逮捕；在言行要求上，《刑事诉讼法》第120条规定了犯罪嫌疑人对侦查人员的提问，应当如实回答。这体现了不依犯罪嫌疑人意志而转移的强制性。

（四）法律规范性

侦查讯问的法律规范性主要表现在三方面：①侦查讯问要有合法的依据。侦查讯问是国家法律规定的一种侦查措施，也是一种刑事执法行为。②依法行使侦查讯问权。要求侦查讯问人员依法行使讯问权，在法律允许的范围内获取合法、真实的口供。③侦查讯问结果载体的合法性。侦查讯问的结果载体表现为"被告人、犯罪嫌疑人供述和辩解"，这是刑事诉讼法律规定的证据表现形式之一，具体是指讯问记录。这就要求在具体案件的侦查讯问中，要按照法律规定进行，形成的讯问记录要规范、完整，符合"被告人、犯罪嫌疑人供述和辩解"这种证据的要求。

项目二　侦查讯问的任务、原则和法律要求

案例导入

20××年4、5月份，×县107国道沿线连续发生几起抢劫案，其中包括"4·23"秦×被抢案和"5·9"凡×被抢致死案。重案频发，公安机关压力很大。"4·23"抢劫案的受害人秦×指控是陈×等4人实施抢劫。公安机关遂依据这条线索将4人抓获。

4人被传唤到公安局后，被要求做同一件事：交代罪行。他们拒不招供。于是一场

磨难开始了。

陈×是这样描述的："我被带进一间屋子，在问我姓名和出生年月之后，他们又问我这一个月在哪里、干了些什么。我都一一如实作了回答。他们说我不老实，随后就从一个盆子里拿出一根湿淋淋的绳子，二人用力把我的双手反捆起来，叫我跪在地上，我不跪，他们就用力按，用脚踢，强迫我跪在地上，叫我老实交代自己的罪行。我一再申辩，自己无罪可言，没有什么可交代的。他们不但不听，反而拳脚相加，并骂道'小狗日的，还不老实'！就这样，从5月11日深夜到5月12日凌晨6点多，在长达7个多小时的时间里，我是在他们的拳打脚踢、反绑罚跪和辱骂声中度过的。……我还是说我不知道你们要我交代什么，中等身材那人说，你们提示他吧。先前提审我的那人就说：'你们4人5月8号那天晚上从凉水井出发，然后顺着公路来到×县'。我回答说：'我5月8号那天晚上在同村的孙×云家打麻将，根本没有去过×县'。他们说我不老实，又是一顿毒打。我被抓进来的前两三天，没有吃过一顿饭，没有喝过一杯水，没有睡过一天觉，每天都是他们惨无人道的折磨、摧残和辱骂，就是铁打的，也再难以支持下去。就这样，在他们的严刑拷打下，在他们说完一句只允许我说'是'或'不是'的情况下，审讯结束了，而一份所谓的笔录也形成了。"

姚×是这样描述的："……吃完饭他们又开始审我。问我4月22日在什么地方，我说到姐夫家种苞谷去了，23日才回来。他们问5月8日晚上我在什么地方，我说和我的姐夫在一起。他们不听，也不做笔录，用电警棍打我，打得我昏过去，用冷水浇醒后拖到长椅上再问我犯罪经过。我不说，被第二次打昏过去，被冷水浇醒后，笔录上已经有了我的手印。"

温×国、温×荣两兄弟的经历也类似。

在5天5夜的讯问之后，在'是'与'不是'的选择之后，形成了4个嫌疑人基本一致的口供："20××年4月22日晚，陈×、姚×、温×国、温×荣等4人携匕首、斧子、小锤、长刀等凶器到×县花果山公路处，见一'东方'汽车停在路边，遂预谋抢劫。姚×、温×荣冲向右车门，温×国用小锤敲碎车窗玻璃，陈×用匕首朝驾驶员凡×右臂猛刺，姚×强行拉开右车门，对同车的翁×等人持刀威胁，陈×抢走凡×身带的1600余元现金。后4人逃离现场。同日，凡×因失血过多死亡。"

破案，仅有口供是不够的。于是侦查人员屡次光顾4名嫌疑人的家里，在不出示任何证件、手续的情况下，在屋里乱翻，希望能找出他们所需的证据。

姚×的姐姐姚×湘家，侦查人员去了4次，每次都乱翻一气却没有找到什么。第4次，姚×湘终于忍不住问："你们找什么？"侦查人员说："小锤。"姚×湘说："我家没有小锤。"看侦查人员还在乱翻，姚×湘忍不住笑了一下。警察喝道："不要笑，赶快找锤子，你找不到锤子连你都抓起来，没有找到锤子生都得生出一个来。"由于找不出锤子，姚×湘被勒令在门口稀泥里罚跪，跪了4个小时，实在跪不住了，姚×湘说："我去别人家借一个来行不行？"侦查人员竟说："可以。"

姚×湘从开饭馆的邻居家借了一把敲炭的小锤。同时被当作证据的还有温×荣家一把生锈的长刀，温×国家削水果的小刀。由于这些刀上没有血迹，口供中特别安排了这样的细节：作案后用水冲洗了凶器。

被害人指控、嫌疑人口供、现场勘查笔录、作案工具一应俱全之后，公安机关向检察机关移送起诉。县检察院把材料上报市检察院。市检察院于20××年9月19日向市中级人民法院提起了公诉。

庭审中，4名被告人一致翻供，声称自己是冤枉的。辩护律师出具证人证词，证明嫌疑人案发时不在现场，并要求证人出庭作证，但被法庭拒绝。

法院专门派人到×县公安局调查是否存在违法讯问的情况。公安局出具了一份书面证明，证明公安机关在办案过程中都是合法取证的，没有任何违法行为。

11月3日，法庭以抢劫罪判处陈×死刑，剥夺政治权利终身，判处温×国有期徒刑15年，判处姚×和温×荣有期徒刑13年和5年。

判决下达后，4名被告人均不服上诉。省高院改判陈×死刑，缓期二年执行。

一件偶然的事改变了这一切。两年后的5月底，×县公安局另案抓获了犯罪嫌疑人张×等人，张×口供中提到20××年曾在花果山一带实施抢劫杀人。进一步调查证实张×等人确是花果山抢劫案的犯罪嫌疑人，而陈×等4人纯属无辜。

工作导向

一、案例评读

案例中，公安机关迫于压力，努力要查清案件事实。但是，从全案来看，侦查讯问人员在办理案件过程中，一味坐堂问案，根本没有对"犯罪嫌疑人"的陈述和辩解进行必要的查证，也没有对案件进行调查取证。而在讯问中，侦查讯问人员一开始就对"犯罪嫌疑人"使用了刑讯逼供的手段。所以，本案所谓的查清了"犯罪事实"，并没有有力的证据证明，是侦查讯问人员按照自己的想象杜撰出来的，是违法的，是不能作为证据使用的。

二、问题思考

结合上述案例，谈谈侦查讯问工作的任务及应遵守的原则。

内容导入

一、侦查讯问的任务

侦查讯问是刑事诉讼的必要环节和重要的侦查措施，其任务主要有以下五项：

（一）查明案件事实

案件事实是刑事诉讼的基础，只有在查清案件事实真相的前提下，才能依法处理、打击犯罪，保障公民的合法权利。因此，查明案件事实是侦查讯问的首要任务。

案件事实需用证据证明。在办案实践中，被告人、犯罪嫌疑人的供述和辩解习惯上称为口供，是刑事诉讼法规定的证据之一，犯罪嫌疑人是刑事案件的当事人，其最清楚案件的情况，真实的口供具有很强的证明力。因此，侦查讯问人员要善于运用各种措施、方法和策略，以获取犯罪嫌疑人的真实供述，查清案件事实真相。同时，通过口供可以收集、核实其他证据材料，使之相互印证，构成完整的证据体系，为查明案件事实提供证据支持和保障。

应当指出的是，因为犯罪嫌疑人与案件事实及处理结果存在直接的利害关系，其供述往往具有一定的不确定性，所以，侦查讯问人员应当认真分析、研究犯罪嫌疑人供述，并结合其他证据材料，去伪存真，获取其真实供述。

（二）深挖犯罪，扩大战果

侦查讯问的任务不仅要突破犯罪嫌疑人已经暴露、侦查讯问人员已经掌握的案件事实，同时要通过讯问这一措施，在前期侦查的基础上，设法追查尚未归案的同案犯罪嫌疑人及其余罪，挖掘其所知悉的其他犯罪线索，以破获积案和隐案，追诉相关责任人，扩大战果。

办案实践证明，犯罪是一种十分复杂的社会现象，许多犯罪嫌疑人所实施的案件往往不止一起，或者可能知道其他案件的有关情况。因此，在讯问中，侦查讯问人员要自觉克服"就案办案"的思想，注意根据案件和犯罪嫌疑人的具体情况，捕捉和把握时机，做好深挖犯罪，扩大战果的工作，以充分发挥讯问在侦查办案中的独特作用。

（三）甄别嫌疑，排除无辜

在办案实践中，由于案件本身的复杂性和侦查工作的局限性，在讯问的犯罪嫌疑人中，尽管绝大多数后来被依法判决有罪，但也有一些确实是无辜的。因此，甄别嫌疑，排除无辜，就成为侦查讯问的一项任务。

犯罪嫌疑人是案件的当事人，其对自己是否犯罪是最为清楚的；同时，有罪与无罪的犯罪嫌疑人在讯问中的心态及行为表现是有差异的。通过对这些犯罪嫌疑人的讯问，既可以加大犯罪嫌疑人的嫌疑程度，使之转为重点犯罪嫌疑人，又可以在听取犯罪嫌疑人合理辩解的基础上，结合调查，澄清嫌疑，排除无辜。

为了切实保护无辜的人不受刑事追究，侦查讯问人员在思想和行为上应把握好几点：①确立"未经人民法院依法判决，对任何人都不得确定有罪"的思想，摒弃先入为主的"有罪推定"的思想。②树立认定犯罪与排除无辜同等重要的思想。两者无轻重、主次之分，打击犯罪与保护无辜是侦查工作中对立统一的两个方面，只有做到准确地打击犯罪，方能更好地保护无辜。③切实保障犯罪嫌疑人依法享有的诉讼权利，特别是要尊重和保障其辩护权利。俗话说"兼听则明，偏信则暗"。④尊重客观事实，做到有错必纠，以保障无辜的人不受刑事追究。

（四）对犯罪嫌疑人进行认罪服法的教育

惩罚与教育相结合是我国的一项重要刑事政策。讯问中对犯罪嫌疑人进行认罪服法的教育，既是侦查讯问的一项任务，也是侦查讯问的一种基本方法。做好这项工作，有利于转变犯罪嫌疑人的思想认识和立场态度，敦促其坦白罪行，确保讯问的顺利进行；同时也有利于挽救人，改造人，预防和减少犯罪。

因此，在讯问中，侦查讯问人员应围绕认罪服法这一核心对犯罪嫌疑人进行政策、法律、道德、前途等教育，使其真正认识到自己所犯罪行的严重性、危害性和应受惩罚性，感到政府确实是在挽救他、帮助他，使其从内心真正痛悔自己的行为而彻底坦白，认罪服法。

（五）总结讯问活动，研究犯罪活动规律和特点

在讯问中，侦查讯问人员要注意对犯罪嫌疑人就如何犯罪、为何犯罪、逃避侦查以及归案后表现等信息的收集，待讯问结束后对其进行认真思考和总结。通过研究这些信息，既可以检验侦查讯问工作的成败得失，探索犯罪嫌疑人反讯问的伎俩，为日后侦查讯问工作的改正、提高提供依据，也可以了解掌握诱发犯罪的原因和促成犯罪的条件，归纳、概括出犯罪活动的规律和特点，为有关机关决策和改进工作提供依据与建议。

实践工作中，此项任务不仅仅指某一具体案件的讯问，而是对侦查讯问工作整体来讲的。它既是一项重要的侦查基础业务建设，也是侦查讯问工作的一项经常性任务，对于提高侦查讯问人员的业务素质和办案能力，以及有效打击和预防犯罪，均具有重要的现实意义。

二、侦查讯问的原则

侦查讯问的原则是指用以指导整个侦查讯问工作所应当遵循的基本准则。侦查讯问原则是侦查机关对长期办理刑事案件的经验和教训的科学总结。

（一）合法原则

合法原则，是指侦查讯问人员必须严格依照《刑法》《刑事诉讼法》《程序规定》以及其他有关的法律法规及立法、司法解释等规定开展侦查讯问工作。

侦查讯问中坚持合法原则，必须遵守有关法律法规及立法、司法解释对侦查讯问的规定，具体须做到：①办理刑事案件应当重证据、重调查研究、不轻信口供。这是对犯罪嫌疑人的正确认识和对犯罪嫌疑人供述的科学分析，是侦查实践经验的科学总结。重证据就是要求侦查讯问人员在办案活动中，要强化证据意识，树立证据第一的思想，对一切案件事实的认定，都要依据充分确实的证据。不轻信口供，不是说对口

供一律不信，也不是不要口供或者轻视口供的作用，而是鉴于口供具有不同于其他证据的特殊性，对其应持格外慎重的态度，切忌偏听偏信，更不能仅凭口供定案或过分倚重口供而忽视对其他证据的收集和运用。如何处理口供与其他证据的关系，《刑事诉讼法》第 55 条第 1 款明确规定："……只有被告人供述，没有其他证据的，不能认定被告人有罪和处以刑罚；没有被告人供述，证据确实、充分的，可以认定被告人有罪和处以刑罚。"在讯问实践中，应根据这一规定正确处理好口供与其他证据的关系。

②严禁以非法的讯问方法获取犯罪嫌疑人供述。《刑事诉讼法》第 52 条明确规定："……严禁刑讯逼供和以威胁、引诱、欺骗以及其他非法方法收集证据，不得强迫任何人证实自己有罪……"这是法律对取证手段的合法性的要求。在讯问实践中，非法的讯问方法一般表现为刑讯逼供及迫供、引供、诱供和指名指事问供等其他非法方法两大类，运用这些方法会导致犯罪嫌疑人虚构事实、随意乱供，甚至诬陷他人，把案件搞得真假难分，容易造成冤假错案，伤害无辜。这些行为与依法办案的精神背道而驰，严重侵害了犯罪嫌疑人的合法权利，也损害了国家的利益和人民警察的形象。为禁止和杜绝非法的讯问方法，《刑事诉讼法》第 56 条规定："采用刑讯逼供等非法方法收集的犯罪嫌疑人、被告人供述和采用暴力、威胁等非法方法收集的证人证言、被害人陈述，应当予以排除……"明文规定了以非法方法获取的口供不能作为证据使用，确立了非法证据排除规则。因此，侦查讯问人员必须充分认识以非法方法获取口供的危害性，不断提高自己的法律、业务水平，依法办案，确保案件得到公平公正的处理。

③保障犯罪嫌疑人依法享有的诉讼权利。《刑事诉讼法》第 14 条第 1 款规定："人民法院、人民检察院和公安机关应当保障犯罪嫌疑人、被告人和其他诉讼参与人依法享有的辩护权和其他诉讼权利。"保障犯罪嫌疑人依法享有诉讼权利是社会主义民主在刑事诉讼中的具体体现，尽管犯罪嫌疑人可能是真正的罪犯，但其依法享有的诉讼权利仍然应当得到保障，不能以任何借口加以限制或剥夺。作为侦查讯问主体的侦查讯问人员，不仅要尊重犯罪嫌疑人依法享有的诉讼权利，也要为犯罪嫌疑人充分行使诉讼权利创造条件，当犯罪嫌疑人在刑事诉讼权利过程中遇到障碍时，有责任采取措施予以排除。在讯问实践中贯彻这一规定，对于防止、克服侦查讯问人员的特权思想和作风，及时发现和纠正办案过程中可能产生的偏差与失误，准确地惩罚犯罪，保障无辜的人不受刑事追究有着重要的意义。

坚持合法讯问原则，侦查讯问人员须认真学习和掌握有关法律法规，深刻领会法律精神，增强法制观念，充分认识到在侦查讯问中遵守和执行法律的重要性和必要性，以及违反法律的危害性和严重后果。要把合法讯问提高到事关侦查讯问活动是否合法、是否有效、能否达到预期目的的高度来认识，从而自觉地克服和抵制各种无视法律的错误行为，使自己的言行自觉纳入法制的轨道。

(二)客观原则

客观原则，是指侦查讯问人员在讯问中要遵循马克思主义认识论的科学原理，一切从案件的实际情况出发，客观、全面、发展地看问题，不枉不纵，实事求是地开展讯问。

讯问中坚持客观原则，侦查讯问人员必须树立实事求是的观念，注重调查研究，从客观存在的事实和证据出发，发挥侦查讯问人员的主观能动性与客观求实的精神，按照案件的本来面目去认识和处理问题，切忌主观、片面、静止地决策和行动，只有这样，才能查清案件事实真相，准确地惩罚犯罪，有效地保护公民的合法权益。

与客观原则相对立的办案思想都是主观臆断，它是主观唯心主义的思想方法在讯问中的表现。以这种思想方法指导讯问的侦查讯问人员，不是从案件的实际情况出发，具体问题具体分析，而是从有限的经验出发，仅凭经验来决策和采取行动，有的甚至是纯粹"想当然"地办案，不是如何使自己的思想认识服从于案件的客观实际，而是要案件的客观事实服从自己的主观"推测""假定"；不是辩证地、动态地看待案件中的人、事、物，而是囿于成见，用孤立、静止、片面的观点去看待；甚至当主观认识与客观实际发生矛盾的时候，不是冷静反思、公正客观地处理，而是固执己见、一意孤行。这种思想认识对侦查讯问工作是十分有害的，应当予以克服和矫正。

（三）保密原则

保密原则，是指在讯问中，侦查讯问人员对案件涉及的人和事、犯罪嫌疑人的具体情况及讯问的进展情况、证据情况及对案件的处理意见等，除按规定报告外，不得向其他部门和人员透露，以确保刑事诉讼的顺利进行。

坚持保密原则，是保证顺利完成侦查讯问任务和保障犯罪嫌疑人诉讼权利的需要，有助于防止同案犯罪嫌疑人或其家属串供、转移或销毁证据，防止同案犯罪嫌疑人逃跑或行凶报复，保证检举人、证人的人身安全和作证的积极性。《刑事诉讼法》第54条第3款规定："对涉及国家秘密、商业秘密、个人隐私的证据，应当保密。"这就要求侦查讯问人员对犯罪嫌疑人在供述和辩解中可能涉及本人或他人的商业秘密、个人隐私等，如果不是违法违纪行为，且与案件无牵连，都有义务为他们保守秘密，不得向外界透露，以保护当事人的名誉和利益，防止产生不良的社会影响和后果。

对于违反保密规定，特别是故意泄露案件情况、通风报信者，必须依法严肃处理。

三、侦查讯问的法律要求

侦查讯问是一种法定的侦查措施，《刑事诉讼法》对讯问主体、讯问时限、讯问方法、讯问程序等均有明确的规定，侦查机关及其人员应当自觉遵守、严格执行。

（一）对讯问主体的要求

讯问主体是讯问活动的组织者和实施者，法律对讯问主体的要求主要表现在对身份和一次讯问的参加人数上。

1. 讯问主体必须是侦查人员。这是法律对讯问主体的身份要求。《刑事诉讼法》

第 118 条第 1 款规定："讯问犯罪嫌疑人必须由人民检察院或者公安机关的侦查人员负责进行……"这说明，讯问犯罪嫌疑人必须由法定机关的侦查人员进行，其他任何机关、团体或个人都不能在侦查阶段讯问犯罪嫌疑人。即便是公安机关或者人民检察院，也只有侦查人员才可以讯问犯罪嫌疑人，其他人员不得随意讯问。

2. 讯问的侦查人员不得少于 2 人。这是对一次讯问参加人员的数量要求。《刑事诉讼法》第 118 条第 1 款规定："……讯问的时候，侦查人员不得少于 2 人。"法律作出如此规定，其原因在于：一是一问一记，分工合作，相互配合，共商对策，提高讯问效率和质量；二是相互监督，既可防止违法乱纪行为的发生，也可防止犯罪嫌疑人的诬陷或翻供；三是防止犯罪嫌疑人行凶报复、自杀、逃跑等意外事件的发生，保障讯问活动的正常、安全进行。

（二）对讯问时限的要求

侦查讯问一般是在程度不同地限制了犯罪嫌疑人人身自由的情形下进行的，为了保障犯罪嫌疑人的诉讼权益，法律对讯问时限有专门的规定。

1. 对被拘留、逮捕的犯罪嫌疑人第一次讯问的时限要求。根据《刑事诉讼法》第 86 条、第 94 条的规定，公安机关对于被拘留、逮捕的人，应当在拘留、逮捕后的 24 小时以内进行讯问。在发现不应当拘留、逮捕的时候，必须立即释放，发给释放证明。法律作出这样的规定，其意义在于：一是有利于保障犯罪嫌疑人的合法权益，避免无辜的人长时间被拘禁和讯问；二是有利于抓住战机，突破犯罪嫌疑人的心理防线，获取口供和其他有价值的线索。

2. 对不需要逮捕、拘留的犯罪嫌疑人的讯问时限要求。根据《刑事诉讼法》第 119 条的规定，对于不需要逮捕、拘留的犯罪嫌疑人，可以传唤。传唤、拘传持续的时间不得超过 12 小时；案情特别重大、复杂，需要采取拘留、逮捕措施的，传唤、拘传持续的时间不得超过 24 小时。不得以连续传唤、拘传的形式变相拘禁犯罪嫌疑人。

（三）对讯问方法的要求

《刑事诉讼法》第 52 条规定："……严禁刑讯逼供和以威胁、引诱、欺骗以及其他非法方法收集证据，不得强迫任何人证实自己有罪……"这是法律对讯问方法合法性的要求。

（四）对讯问程序的要求

《刑事诉讼法》第 52 条规定："审判人员、检察人员、侦查人员必须依照法定程序，收集能够证实犯罪嫌疑人、被告人有罪或者无罪、犯罪情节轻重的各种证据……"因此，侦查人员在讯问过程中应当严格遵循各项法定的程序依法讯问，否则会导致因程序违法而影响取得证据的效力。

《刑事诉讼法》第 120 条规定："侦查人员在讯问犯罪嫌疑人的时候，应当首先讯问犯罪嫌疑人是否有犯罪行为，让他陈述有罪的情节或者无罪的辩解，然后向他提出问题……"这是法律对第一次讯问的一般步骤和要求。

（五）对讯问地点的要求

《刑事诉讼法》第 118 条第 2 款规定："犯罪嫌疑人被送交看守所羁押后，侦查人员对其进行讯问，应当在看守所内进行。"《刑事诉讼法》第 119 条第 1 款规定："对不需要逮捕、拘留的犯罪嫌疑人，可以传唤到犯罪嫌疑人所在市、县内的指定地点或者到他的住处进行讯问……"上述是法律对讯问地点的规定。

（六）对讯问记录的要求

根据《程序规定》第 200 条的规定，侦查人员应当将问话和犯罪嫌疑人的供述或者辩解如实地记录清楚，制作讯问笔录应当使用能够长期保持字迹的材料。

根据《刑事诉讼法》第 122 条的规定，讯问笔录应当交犯罪嫌疑人核对或者向他宣读。如果记载有遗漏或者错误，可以补正或者改正。在确认笔录无误后，侦查人员和犯罪嫌疑人应当分别在笔录上签名。

根据《刑事诉讼法》第 123 条的规定，侦查人员可以对讯问过程进行录音或者录像；对于可能判处无期徒刑、死刑的案件或者其他重大犯罪案件，应当对讯问过程进行录音或者录像。录音或者录像应当全程进行，保持完整性。

上述是法律法规对讯问记录的要求。

（七）对犯罪嫌疑人享有的诉讼权利的要求

《刑事诉讼法》第 14 条第 1 款规定："人民法院、人民检察院和公安机关应当保障犯罪嫌疑人、被告人和其他诉讼参与人依法享有的辩护权和其他诉讼权利。"法律对犯罪嫌疑人在讯问中的诉讼权利作出了明确的规定（详见本书单元二）。

技能训练

一、训练内容

侦查讯问的基础理论和基本原理。

二、训练目的与要求

结合相关法律法规，理解和掌握侦查讯问的原则及法律要求，并能在实际工作中坚持、遵守和贯彻执行。

三、训练的基本方式

认真阅读下面提供的材料，结合材料内容分析侦查讯问的特征、任务、原则和要求，并能依据自己所学，查找相关资料，分析讨论刑讯逼供的产生原因及其对侦查工作的危害。

四、训练素材

观念与制度缺陷催生冤案〔1〕

大概是在 5 年之前一所高校召开的反思"佘祥林案"的研讨会上，作者曾说：如果我们现行司法运作的机制不改变，严格依法司法的理念不确立，可能促成司法违法的机制因素不努力予以消除，哪怕法律非常完善，类似"佘祥林冤案"的案件在今后还会不断出现。

平心而论，我们的内心是不希望看到悲剧重演的。但不幸的是，冤案还在发生。近日经由媒体曝光的河南"赵作海案"，被告人被以故意杀人罪终审判处"死缓"并获得高级人民法院的复核，而在他服刑 11 年后，"死者"（该案中的被害人）竟然又奇迹般地"复生"了。人们虽然关切着冤案当事人的境遇，也急切地想知道具体案情的细节，但我觉得，案件当事人的不幸虽然各有不同，个案情节也会千差万别，但冤案形成的机理或许始终如一，那就是：虽然我们的法律特别是《刑事诉讼法》早已发生了变化和修改，但不少司法者的刑事法治观念并没有与法同行、与时俱进，我们刑事司法的实际运行机制变化不大，甚至依然故我。所以，在关注类似佘祥林、赵作海等这样一些冤案当事人命运的同时，如何使司法工作者乃至整个政法机构真正确立起正确的法治理念，如何从制度层面上彻底革除旧有司法运作机制弊端，如何使我们的刑事司法改革真正步入符合司法特性及其规律的轨道，才是法律工作者和改革设计者应该重点反省和加以深思的问题。

比如在观念层面上，我们强调法律效果与社会效果的统一，这从宏观层面上讲当然是正确的，因为司法活动本身就是公共权力运行的组成部分，应当充分考虑社会的接受度和承受力。但是，社会效果有时并没有十分确定的标准，甚至有可能在实践中被作庸俗化理解。如果司法过程中把"被害人"家属的要求都不加分析地作为社会效果来看待，就很容易造成类似"赵作海冤案"。同时，如果引导基层的办案警官、检察官或者法官更多地考虑"社会效果"而非顾及法律的规范要求，其实也是相当困难的。因为所谓社会效果，至少不像法律标准那么相对具体和明确，有时甚至很容易被曲解或者被泛化解释。所以，在追求刑事法律实施的社会效果方面，更应当强调的是具体案件法律适用的时机和社会利益，以及在法律框架内的情理融入问题，而不是泛泛而论。否则，非常容易为非法律因素介入司法甚至干扰正常的刑事司法活动提供"空间"。

再比如，要进一步强化无罪推定的思想。有必要在将来修订《刑事诉讼法》时加以明确规定。不过，冤假错案的形成其实是一个法律内外综合因素交互作用的产物。

---

〔1〕 摘自《法制日报》2010 年 5 月 11 日第 3 版"法治观察"栏目。

因此，仅仅从某一个方面去进行探讨，虽说不无意义，但都不能从各局部关联性的整体视角上去全面地解析和解决问题。就我国司法情况而言，从体制到人员、从观念到技术、从立法到司法，似乎都有许多值得检讨和完善之处。但当务之急还是应当加强严格依法司法的观念，消除可能促成司法违法的机制因素。

在机制层面上，则必须改变司法过程中各办案机关之间配合有余、制约不足的情况。在整个诉讼构架中，公、检、法三家有时成为事实上的"一家人"。我觉得，在刑事诉讼中，公安和检察机关走得近一些似乎是可以理解的，因为总体上来说，"警检一体化"是趋势，他们都代表控方，整个侦查活动的目标就是查明案件事实，并最终服务于对犯罪的指控。但控辩双方与法院之间则应该组成一个完整、合理的诉讼结构，法院应该依法独立行使审判权。而现在，大家都看到了刑事诉讼中辩方的"弱者"地位。因此，适当提高辩护一方在整个刑事诉讼中的地位并进一步从体制上保证法院依法、独立、公正地行使刑事审判权，应该成为我们近期刑事司法的重要目标。

单 元 二

侦查讯问主体与对象

学习目标

知识目标：明确侦查讯问主体及其素质要求，明确侦查讯问对象的诉讼权利，理解并掌握侦查讯问主体、对象在讯问活动中的心理状态及其调控、矫正对策。

能力目标：通过学习和训练，培养分析侦查讯问对象心理及对其矫正的能力。

学习提示

本单元教学主要采用课堂讲授、案例演示及讨论相结合的教学方法，结合警察职业道德、心理学等知识，做到对单元知识的理解和掌握。

内容结构图

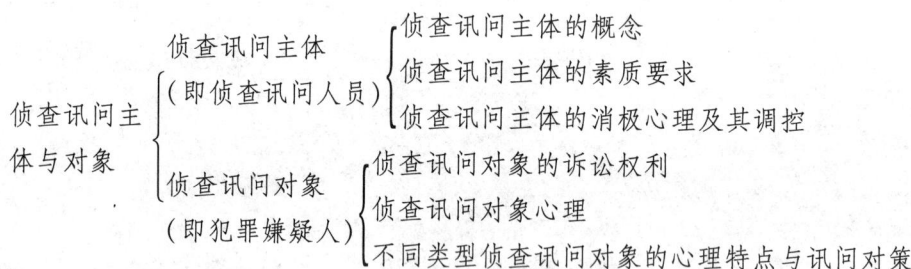

项目一　侦查讯问主体

案例导入

19××年 8 月 5 日凌晨 3 时许，一名犯罪分子潜入××市××乡张舍村三组李××（女，28 岁）家中，将熟睡中的李拉到床下，双手卡住李颈部，欲行强奸，李××惊醒后竭力反抗并大声呼救，犯罪分子逃离现场。根据李××的指认，××市公安局于当日下午将其邻居张×（男，45 岁）抓获并对其进行讯问。在历经 3 天的连续讯问，在侦查讯问人员的"启发"下，张×于8月8日交代了"犯罪事实"。8月10日张×被刑事拘留，8月24日张×被执行逮捕后翻供，但公安机关认定张×作案证据充分，遂于10月8日以涉嫌强奸（未遂）罪移送该市检察院审查起诉。该市检察院审查起诉期间就证据问题两次退查，后于12月15日提起公诉。法院开庭审理后，认为认定张×作案证据不足。次年1月，犯罪嫌疑人唐×（男，40岁，××市××乡摹云村人，曾因盗窃被判刑7年）在×县入室盗窃时被抓获，审查中唐×交代了包括本案在内的多起入室强奸、盗窃案件，经查证属实。5月13日，该市检察院撤回对张×的起诉，并于5月15日将案件退回公安机关。

工作导向

一、案例评读

案例中，侦查讯问人员在讯问中存在的问题，突出体现为三点：

1. 调查不仔细，证据不充分。该案中，侦查讯问人员仅依"被害人李××指认张×作案的证词"就认定张×为犯罪嫌疑人，并对其实施拘留及讯问。

2. 张×既然没有作案，那么他为什么能交代出犯罪事实呢？事后查实，是在侦查讯问人员的"启发"下交代的。侦查讯问人员的这种"启发"有"引供"的嫌疑。

3. 从张×有罪供述的笔录可以看出，其口供是在历经3天的连续讯问后获得的。侦查讯问人员的这种做法有"变相肉刑逼供"的嫌疑。

二、问题思考

结合案例思考，在侦查讯问工作中侦查人员应具备怎样的素质要求？实践中如何培养这些素质？

内容导入

一、侦查讯问主体的概念

侦查讯问主体，即侦查讯问人员，是指侦查机关中依法承担讯问活动任务的侦查人员。依据《刑事诉讼法》的规定，享有侦查权的公安机关、国家安全机关、人民检察院、军队保卫部门和监狱等机关内的侦查人员，都是侦查讯问的主体。

在讯问实践中，法律规定开展讯问活动时侦查讯问人员不得少于2人，但并无人数的上限规定，他们往往根据讯问活动的不同需要，有着不同的角色分工，一般包括讯问指挥人员、主讯人员、助讯人员和记录人员。讯问指挥人员是讯问工作的决策、指挥、协调人员，主要负责侦查讯问人员的分工调配、讯问方案的研究和批准实施以及对临时情况的指挥处理。主讯人员是在讯问中主要负责讯问犯罪嫌疑人的侦查讯问人员。助讯人员是协助主讯人员进行讯问，起辅助作用的侦查讯问人员。记录人员负责对讯问活动全过程进行记录，并协助侦查讯问人员工作。

二、侦查讯问主体的素质要求

侦查讯问主体即侦查讯问人员是讯问活动的主持者、实施者，对讯问活动的成败和效率起着决定性的作用，必须由经过严格训练且有良好素质的人员担任。

（一）侦查人员应具备的基本素质

1. 政治素质。政治素质是侦查讯问人员应具备的首要素质，也是党和国家对侦查讯问人员的一项最基本的职业素质要求。在发展社会主义市场经济条件下，侦查讯问人员更应该加强政治学习，以马列主义、毛泽东思想、邓小平理论、"三个代表"重要思想、科学发展观和习近平新时代中国特色社会主义思想为指导，准确领会党的路线、方针、政策的精神实质，努力提高自身的政治素质。

（1）正确的政治立场、坚定的政治信念。侦查讯问人员在履行职责的过程中，要接触各种各样的犯罪嫌疑人，触及社会阴暗面和非主流观点，知悉一定范围内的党和国家的机密，在这种复杂的环境下，如果没有正确的政治立场和坚定的政治信念，便难以完全履行职责，难以抵制各方面的侵蚀而误入歧途。在当前条件下，正确的政治立场、坚定的政治信念具体要做到：坚定建设有中国特色社会主义的信念；在思想上、政治上与党中央保持一致，坚决贯彻党的路线、方针和政策，自觉接受党的政治、思想和组织领导，维护党的利益；自觉维护宪法和法律的尊严，确保宪法和法律的贯彻执行，与违反宪法和法律的一切行为作坚决的斗争。

（2）高度的事业心和责任感。侦查讯问工作是公安机关揭露和证实犯罪的一项专门工作，侦查讯问人员肩负着惩治犯罪、保护人民的重要任务，必须认真细致，恪尽职守，做到忠于事实、忠于法律、忠于真理。因此，侦查讯问人员必须具备高度的事业心和责任感，方能准确有力地打击犯罪，以维护社会安定，具体体现为：具备无私无畏的奉献精神，敢于斗争，以适应新形势下侦查讯问工作的需要；具备一丝不苟的工作态度；具备求真务实的工作作风，不弄虚作假，敢于坚持真理，勇于修正错误，坚持实事求是。

（3）秉公执法。秉公执法是社会主义法治建设的基本要求，公安机关是国家重要的执法机关，侦查讯问人员坚持秉公执法是其根本的职业要求和职业责任。坚持秉公执法须做到不徇私情、不畏权势、不枉不纵，需正确处理好法与情、法与权、法与钱的关系，以事实为根据、法律为准绳，不滥用职权、不贪赃枉法、不盲目服从，本着客观公正的态度，做洁身自爱、拒腐防变、刚正不阿的模范。

（4）严守纪律。侦查讯问人员应当严格遵守纪律，尽心尽力地履行职责。根据《人民警察法》《保守国家秘密法》以及公安部颁布的《公安人员八大纪律十项注意》

《关于坚决制止公安干警刑讯逼供的决定》等法律法规的规定要求，结合侦查讯问工作的特点，需重点做到如实反映案件情况、严禁刑讯逼供、保守秘密等三项纪律，杜绝在讯问中出现违法乱纪的行为，确保刑事诉讼的顺利进行。

（5）文明办案。文明办案既是在侦查讯问人员职业道德规范的基本要求，也是保证讯问活动顺利的必要条件。实践中，侦查讯问人员要做到文明办案，首先要谦虚谨慎、不要特权、平等待人、不傲慢自大；二是要做到以理服人，切忌动辄训人、以权压人；三是要做到警容严整，端庄大方，既体现执法的严肃性，也展示侦查人员良好的精神风貌。

2. 业务素质。良好的业务素质是侦查讯问人员应具备的核心素质。侦查讯问是一项政策性、法律性、专业性很强的工作，它需要具有较高的政策、法律水平，精通讯问业务知识和广博的相关科学技术知识的人才能胜任。

（1）熟悉政策、法律、法规。政策、法律法规是侦查讯问人员在具体办案过程中的行为规范和准则，侦查讯问人员应当熟悉我国与侦查讯问有关的刑事政策、法律法规，不但要深刻理解这些政策、法律法规的精神实质和准确内涵，还要在讯问中灵活运用这些政策、法律法规来教育、感召犯罪嫌疑人。与侦查讯问有关的刑事政策、法律法规主要有：刑事政策，主要有"宽严相济""首恶必办，胁从不问，坦白从宽，抗拒从严，立功折罪，立大功受奖""实事求是，有错必纠"等。刑事法律，主要有《刑法》《刑事诉讼法》等。相关司法解释和刑事法规规章，主要有《人民检察院刑事诉讼规则》《公安机关办理刑事案件程序规定》《刑事侦查工作细则》等。

（2）掌握侦查讯问专业知识。侦查讯问人员应当精通侦查讯问的专业知识，以把握讯问的主动权，取得讯问的胜利。具体表现为：①严格依照侦查讯问的法律要求，熟悉侦查讯问的各项程序步骤和实施要领，把握各项程序、步骤之间的联系和衔接；②能准确地分析和把握犯罪嫌疑人的心理活动，因势利导，促使其心理的转化；③能因人因案而异，熟悉掌握和运用侦查讯问的各种策略、方法，突破犯罪嫌疑人并获取口供；④能准确地审查判断犯罪嫌疑人的口供并在此基础上组织案件的证据体系，准确、及时地结束侦查讯问。

（3）掌握与侦查讯问工作相关的业务知识和技能。侦查讯问人员掌握一定的与侦查讯问相关的业务知识和技能，是侦查讯问专业知识的有效补充，是保障讯问活动顺利进行的重要因素。主要有：①掌握一定的刑事科学技术知识，如痕迹检验、文件检验、法医、化验等技术手段；②熟悉一些与侦查讯问相关的基本技能，如交通通信、擒拿格斗、枪支警械，尤其是计算机技术和录音、录像技术；③具备一定的语言表达和文字概括能力，促进相互间的有效互动和沟通，准确记录讯问活动；④不断积累社会生活知识，如政治经济形势、民族宗教、生活习惯、风土人情、社会热点、犯罪动向等，提高自己的讯问能力。

3. 心理素质。人的心理对其行为起着支配作用，侦查讯问人员的心理制约着其在讯问活动中的行为。讯问活动具有冲突性和时限性等特点，要做好讯问工作，良好的心理素质是侦查讯问人员必不可少的重要条件。侦查讯问人员应根据职业的特点和要求，努力培养和提高自己良好的职业心理品质，保障自身身心健康和讯问活动的顺利进行。

（1）敏锐的观察能力。观察力是指一个人通过事物的表面现象，全面、深入、正确地发现事物本质和特性的能力。侦查讯问人员应具备敏锐的观察能力，在讯问活动中，通过观察犯罪嫌疑人的面部表情、行为动作及言语声调等的细微变化，洞察其内心世界的变化，以便采取相应的讯问策略和方法，获取准确可靠的供词。

（2）严谨的思维能力。思维能力是指一个人对事物的分析、判断、想象、综合的能力。侦查讯问具有冲突性强、犯罪嫌疑人心理变化快等特点，侦查讯问人员面对错综复杂的案情和情况各异的讯问对象，必须具备严谨、清晰的思维能力，才能统揽全局、抓住本质、分清主次，把握案情的内在联系。

（3）集中的注意能力。注意是指人的心理活动对一定事物和活动的主动指向和集中，是人对注意对象认识过程的心理状态。注意力是否集中，直接影响认识的效果。侦查讯问活动复杂多变，持续时间长，犯罪嫌疑人常采取不合作的态度等，这就容易分散侦查讯问人员的注意力。因此，在讯问中，侦查讯问人员始终要把注意力集中在主要问题上，避免被干扰和转移，还要根据讯问策略的需要，主动、灵活地运用注意规律，适当分配或转移犯罪嫌疑人的注意力，以适应复杂多变的讯问工作，提高办案效率，保障办案质量。

（4）丰富的想象能力。想象是指人的大脑对原有表象进行加工改造而建立新形象的心理过程，想象不是再现，它是建立在一种从未直接感知过的事物上的新形象。想象既能帮助人们开发智力、激发活力，也对人们认识已经发生过的事物具有重要作用。任何一个案件都是已经发生过的客观事实，而侦查讯问人员不可能直接感知每个案件的事实经过，只能通过已获得的直接、间接且不充分的证据材料去认识、揭示案件的事实真相。因此，侦查讯问人员要尊重事实，防止主观臆断，必须具备丰富想象的能力，即在现有证据材料的基础上，依靠丰富的实践经验、科学知识和良好的智力，很好的再造想象和创造想象，联想出案件的轮廓、情节、情景以及发生的顺序，来扩大认识案情的途径，以利于揭露、证实和追查犯罪。

（5）坚强的意志能力。意志是指人自觉调节自己的行动去克服困难，以达到预期目的的心理过程。在讯问中，多数犯罪嫌疑人为了逃避罪责，往往都会竭尽全力来对抗讯问，妄图瓦解侦查讯问人员的意志力，使讯问陷入僵持的局面。因此，侦查讯问人员在讯问活动中要有坚强的意志力和耐力，始终保持斗志和信心，克服困难和挫折，排除干扰和刺激，沉着、冷静地驾驭讯问局面的自制力，切忌简单粗暴，情绪失控。

（6）机智的应变能力。应变能力是指人在变化了的条件下迅速定向、决策的能力。在讯问活动中，侦查讯问人员始终处在不断变化的动态发展中，经常会出现一些预料不到的情况，这就需要侦查讯问人员具备机智灵活的应变能力，临机处置，果断决策，避免贻误战机，始终掌握讯问的主动权。

（二）提高侦查人员素质的途径和方法

1. 加强自我修养。个人良好的素质是在长期的社会实践中通过不断学习、总结、积累而逐步培养起来的，侦查人员良好素质的形成与提高，有外在客观条件的制约，更需要自身的努力。具备丰富的文化知识、理论知识、社会知识、工作经验和良好的自我心理调节能力是提高侦查讯问人员素质的重要条件。

（1）勤于学习。侦查讯问人员要具备丰富的知识，就要不断地学习，尤其是随着现代文明、科学技术的发展，要不断更新自己的知识结构。侦查讯问人员要有学习的自觉性、紧迫感和强烈的求知欲，选择多种学习的途径和方法，达到提高自身素质的目的。主要方式有：①接受系统的高层次教育。侦查讯问人员尤其是年轻者应争取机会到各级警察院校进行全面、系统的学习深造，提高自己的政治、业务、文化及身体素质。②经常进行岗位培训。岗位培训是集中时间、集中精力、集中内容进行强化培养、提高的途径和方法，通过岗位培训，不断提高自己的业务素质。③做好"传帮带"。"传帮带"是我党几十年来形成的干部在职学习、提高的优良传统和有效途径，要充分发挥侦查部门的自身潜力和个人特长，互教、互助、互学，不断提高侦查讯问人员的整体素质。

（2）勇于实践。侦查讯问是一项实践性很强的业务工作，其中的许多真知灼见、技能技巧在课堂上、书本上是难以获得的，需要经过较长时间的讯问实践的磨炼才能获得。

（3）善于总结。侦查讯问人员要善于把学习和实践紧密结合起来，要克服盲目性、增强目的性和主动性，不断地总结、积累经验，使学习和实践的成果进一步深化和提高。做好自我总结、总结与借鉴和总结新情况三个环节，做到增强信心、取人之长、把握动向和趋势，始终掌握侦查讯问工作的主动权。

（4）调节心理。侦查讯问人员心理的自我调节，实际上是通过个人的努力，运用自我评价、自我教育和自我控制的形式，进行自我调节，达到自我完善的过程。侦查讯问人员要有清醒的思维动向、稳定良好的情绪情感状态和坚持必胜的信心，排除各种干扰，防止消极心理因素的影响，随时适应变化，做好自我心理调控。

2. 加强组织培养。在现代社会环境中，侦查讯问人员仅靠自我修养，往往还达不到全面提高自身素质的目的，还必须借助组织的力量，通过加强组织培养来全面提高自己的政治、业务素质。加强组织培养的途径是多方面的，如选送到国内外高层次警察院校学习深造、下派基层锻炼、在工作上压重担等。这其中最主要的是工作上压重担，有意识地增加工作难度和加大工作量是培养、提高侦查讯问人员素质的最有效途径，通过这种方法，能较快磨炼出高水平的侦查讯问人员，也能识别和淘汰不合格、不理想的对象。需要指出的是，在压重担时，领导和同事要及时给予指点和帮助，创造适宜的环境和条件，支持鼓励，直至达到目的。

3. 严格监督考核。侦查讯问人员素质的提高贵在自觉，但是也离不开必要的监督、考核。实践中，通过政治、警务和业务的监督，从德、政、勤、能四个方面进行考核，运用监督、考核的检查、评比等功能，及时掌握、发现各种情况和问题，采取措施，表彰先进，弘扬正气，纠正偏差和错误，敦促后进，不断提高侦查讯问人员的素质。

三、侦查讯问主体的消极心理及其调控

侦查讯问活动具有直接性、对抗性等特点，侦查讯问人员在长期、固定的职业活动中，既能锻炼、培养自身良好的心理品质，也容易受特殊讯问情境和讯问中各种压力的影响而产生一些对讯问不利的消极心理现象。认真分析研究侦查讯问人员的各种消极心理现象，帮助他们采取有效措施以防范、消除各种消极心理，对于顺利完成侦查讯问工作、提高办案质量具有十分重要的意义。实践中，侦查讯问人员的消极心理现象主要反映在知、情、意等心理活动过程中，表现为不正确的认知、不理智的情绪和不健康的个性等，常见为定势、急躁、对立、畏难、惰性等心理。

（一）定势心理及其调控

心理学上的定势心理又称思维定势或心向，是指在过去经验的影响下，心理处于一种准备状态，这种准备状态引导人对刺激情境以某种习惯的形式进行反应，从而对解决问题带有一定的倾向性。

定势心理的产生主要源于经验，侦查讯问人员在长期的讯问实践中总结出来的应对犯罪嫌疑人的经验，在讯问案件时具有一定的指导作用，但也容易使侦查讯问人员滋生自大、固执的消极心态，出现过分坚持自己观点而排斥、抵制其他侦查讯问人员的观点；讯问策略与方法单一、不注意灵活变通；产生"犯罪嫌疑人都是有罪的""犯罪嫌疑人都是狡猾的，都要为自己的罪行辩解"等偏见。这种自大、固执的心态势必影响讯问活动的顺利进行。

侦查讯问人员要防范、消除定势心理对讯问活动产生的负面影响，一要深入理解辩证唯物主义的内涵，学会运用辩证的思维方法去看待、吸纳其他侦查讯问人员的观点，加强与其他侦查讯问人员的团结合作；二是要坚持一切从案件的实际情况出发来指导讯问的原则，因人、因案灵活采用讯问的策略、方法；三是要加强法制观念，牢记"未经人民法院依法判决不得确定犯罪嫌疑人有罪"的规定，不能先入为主地认定犯罪嫌疑人有罪，更不能使用非法讯问方法进行讯问。

（二）急躁心理及其调控

急躁心理是指侦查人员在讯问活动中遇到一定阻碍而无法取得进展时，由于自我

控制能力和承受能力的不适应而引起的情绪、情感激烈变化的心理状态。

急躁心理是讯问活动中最常见的　种消极心理。从办案实践看，侦查讯问人员在麻痹轻敌、轻率上阵、"出师"不利的时候，或讯问工作遇到困难和挫折的时候，抑或破案、结案任务重、上级领导督办要求急的时候，因工作准备不充分，讯问双方对立气氛严重，身心疲惫且承受巨大压力等因素，都容易导致出现急躁的心理。

急躁心理往往是产生对立心理的催化剂，是产生"出格"行为的前兆。急躁心理一旦产生，将对讯问工作产生较大的负面影响。侦查讯问人员要在讯问工作中防止和消除急躁心理，首先要做好讯问前的准备工作，如熟悉案卷材料、分析犯罪嫌疑人心理、研究相关证据材料、找准讯问突破口、制订可行的讯问计划等，避免轻率上阵。其次是要注意自己意志力的培养，克服薄弱意志。意志不仅调节人的外部动作，也可以调节人的心理状态，当讯问遇到阻碍时能控制好自己的情绪情感，保持理智与冷静，切忌冲动而借机发泄。

（三）对立心理及其调控

对立心理是指侦查讯问人员在讯问活动中与犯罪嫌疑人相互对抗、僵持对立的一种心理反应，一般多见于讯问活动的对抗相持阶段。

对立心理的外部表现比较明显，易于识别。在讯问活动中，产生对立心理的原因主要有：①认识上的片面性。有的侦查讯问人员常以执法者自居，自认为"高高在上"，产生权威感和特权思想，而讯问一旦遇到阻力或对抗，就产生对立心理。②有"立功心切"的想法。有的侦查讯问人员有强烈的功利欲望，急于证明或表现自己，一旦犯罪嫌疑人不配合就容易产生对立心理。③个性上的偏差。有的侦查讯问人员性格外向，好胜心强，易冲动，常出现偏激心理或过急行为，从而产生对立心理；而有的侦查讯问人员性格虽内向，但疑心重、耐受性差、孤僻刻板不灵活，受到犯罪嫌疑人不当的言行刺激时也容易产生对立心理。

对立心理容易使讯问活动陷入僵局，严重时可能导致侦查讯问人员违反政策、法律，甚至搞刑讯逼供，因此，在讯问活动中必须消除对立心理。首先，要增强侦查讯问人员尊重人权、合法讯问的意识，充分保障犯罪嫌疑人在讯问中的各项合法权益，自觉消除对立心理；其次，要提高侦查讯问工作的能力，通过多种途径的学习和训练，提高业务素质和思维应变能力，掌握讯问的策略、方法和技巧，一旦出现对立心理的苗头，及时调整讯问的策略、方法，减少产生对立心理的因素；最后，要根据自己的个性特点，改变自己个性不适的方面，加强自身心理素质的培养训练，促进自己优良性格的发展，尤其要注意培养自己的忍耐度和抑制力，防止由于偏激而产生对立心理。

（四）畏难心理及其调控

畏难心理是侦查讯问人员对讯问活动感到无所适从，进而产生畏缩、退却的心理状态，是侦查讯问人员对完成讯问工作缺乏自信心的一种表现。

侦查讯问人员畏难心理的产生主要有内、外两方面的因素。内在因素主要是个体不良的个性方面易激发畏难心理的产生，如在气质方面，兴奋型的侦查讯问人员反应性强而抑制力差，当讯问活动遇到困难时，容易出现患得患失、畏首畏尾的心理状态；抑郁型的侦查讯问人员感受性强而耐受性差，反应速度慢，不够灵活，当讯问活动碰到困难时，显得态度犹豫、行动迟缓，觉得难以应付。外在因素主要有犯罪案件的增多而侦查讯问的力量不足，犯罪嫌疑人越来越狡猾，办理案件的质量、时限等要求越来越严格，外在干扰因素不少，实际困难确实较多，等等，这些都容易引起侦查讯问人员产生畏难心理。

在侦查讯问活动中，侦查讯问人员常常会遇到不同的问题和困难，使自己处于进退两难的境地，因而产生不同程度的畏难心理，这种心理一经形成，就会影响讯问活动的进程和效率，因此，侦查讯问人员应当消除自身的畏难心理。首先，要重视培养自己良好的个性，养成刻苦、扎实、专一、不怕困难和有始有终的行为习惯，着重培养自身的抑制力和意志力，减少畏难心理产生的条件。其次，要通过学习提高自身的业务素质，树立自信。最后，要积极地进行调查取证，核实案件相关证据材料，真正做到"有备无患"。

（五）惰性心理及其调控

惰性心理是指侦查讯问人员由于工作责任心下降等原因对讯问工作失去兴趣和热情而产生的一种懒惰现象。其表现为：在讯问活动中精力不集中、敏感性降低、反应迟钝；对讯问工作采取消极、拖拉的态度，马虎应付；甚至明摆着的犯罪线索也不追问、不查证，草率结案，极不负责等。

侦查讯问人员要防范和克服惰性心理，首先，要加强政治思想学习和人民警察职业道德教育，树立坚定的政治信念和全心全意为人民服务的宗旨，增强事业心和责任感；其次，要努力改善工作条件，注意劳逸结合、松弛有度，培养良好的生活习惯、健康的兴趣爱好，始终保持积极进取、健康向上的心态；最后，加强侦查讯问人员之间的交流与合作，取长补短，提高自身的业务水平。

项目二 侦查讯问对象

案例导入

某部军士谢×，诱奸驻地附近一名16岁少女成孕后，将少女勒死，抛尸下河，被捕后拒不如实供述，谎称是应少女要求，一起投河自杀，以便同到阴间做夫妻，少女溺死，自己被过往船只捞起而获救。对同监在押人员扬言："保卫部门破案水平很低，我不说他们一辈子也搞不清楚。我学过哲学、美学、心理学、社会学，还有一定的研究。今后我出去要把我的经历写一本书，一定很感动人。"

针对谢×的心理，侦查讯问人员进行了下述讯问：

问：谢×，今天是我们在诉讼程序上的最后一次讯问，希望你不要错过这个机会，不然你会后悔一辈子。

答：我要说的都说完了，我没有犯罪，要认定你们认定嘛。我相信人民政府会给我申冤的。

问：一个人违法犯罪并不奇怪，作为一种社会现象，犯罪有不同的社会和个人原因。我们惩罚犯罪时，往往还要看其认罪态度如何，有无悔罪表现，分别给予从轻或从重处罚。我们希望你不要执迷不悟。

答：（沉默不语，低头沉思）

问：你的一贯表现我们是非常了解的。比如你在原部队负伤评残的事（谢×弄虚作假，曾被评为三等甲级残废），整个经过我们和你一样清楚，甚至比你知道得更多，为了你的面子，我们不准备说穿了……

答：（沉默了两分钟后站起来，抓住铁护栏，苦笑说）现在社会上就是这么回事。

问：谢×（递给他《刑事诉讼法》）你读读第55条。

答：……没有被告人供述，证据确实、充分的，可以认定被告人有罪和处以刑罚。

问：我们今天给你最后一次机会，你是利用这个机会向我们如实讲清楚，还是放弃这个机会？

答：（又站起来，双手抓住铁护栏）有机会我是要讲清楚的……我以前说的基本上是事实。另外，我要立功赎罪。

问：你的要求中合理的我们会考虑，你现在只有坦白认罪才是唯一出路。

答：（沉默良久）我们一起自杀是事实，但我补充一点，就是我们自杀前还发生过两性关系。

问：你的补充有属实之处，我们欢迎。但希望你再明智一点，如实地交代清楚全部事实经过。我们可以告诉你：黄×（被害人）有无自杀的念头，我们已从她当天写给亲戚的信中找到了证据；你与黄×发生性关系的事实，我们在她的身体里获得了证据。你在现场小树上哪只手留下了手印，你怎样下的河、上的岸，我们都有证据证明。明人不用指点，响鼓不用重锤擂。何去何从，由你选择。

答：（低头，面色阵红阵白，犹豫片刻）我犯了罪，我今天全部交代清楚。……

工作导向

一、案例评读

案例中，犯罪嫌疑人谢×在讯问的初期阶段，侥幸心理非常严重，对抗十分强烈。后来，经过侦查讯问人员的巧妙讯问及说教、示证，晓之以理，促其心动，谢×开始出现动摇。此时，侦查讯问人员并没有放松，而是乘胜追击，最终促使谢×供认了案件事实真相。

二、问题思考

结合案例，思考下列问题：

1. 犯罪嫌疑人心理现象的基本内容有哪些？
2. 犯罪嫌疑人在讯问中拒供心理的表现及其矫正思路是什么？
3. 犯罪嫌疑人在讯问中心理是如何变化的？

内容导入

侦查讯问的对象即犯罪嫌疑人，是指在刑事诉讼侦查阶段处于被讯问地位，涉嫌犯罪且已由侦查机关立案侦查或者已被采取传唤、拘传、取保候审、监视居住或拘留、逮捕的人。

一、侦查讯问对象的诉讼权利

犯罪嫌疑人是刑事诉讼的当事人，为保护其正当权利，我国《刑事诉讼法》赋予犯罪嫌疑人在侦查阶段一系列的诉讼权利，这就要求侦查讯问人员必须明确犯罪嫌疑人享有的诉讼权利并切实予以保护，进行合法讯问。根据有关规定，犯罪嫌疑人在侦查讯问中的诉讼权利主要有以下几项：

（一）辩护权

辩护是刑事诉讼中的一种诉讼职能，是因控诉而产生的。犯罪嫌疑人在刑事诉讼的全过程中，都享有辩护的权利。在侦查讯问中，犯罪嫌疑人既可以自我辩护，也可以委托律师辩护。《刑事诉讼法》第 34 条第 1 款规定："犯罪嫌疑人自被侦查机关第一次讯问或者采取强制措施之日起，有权委托辩护人；在侦查期间，只能委托律师作为辩护人……"允许并保障犯罪嫌疑人在侦查讯问中行使辩护权，不仅充分体现了法律对犯罪嫌疑人合法权利的尊重和保护，也有助于侦查讯问人员全面、客观地了解案件事实真相，防止偏听偏信或主观片面而造成无根据的追诉和冤假错案。

（二）申请变更强制措施权

《刑事诉讼法》第 97 条规定："犯罪嫌疑人、被告人及其法定代理人、近亲属或者辩护人有权申请变更强制措施……"

犯罪嫌疑人申请变更强制措施的，应当书面提出。公安机关接到申请后应当在 3 日以内作出决定，不同意变更强制措施的，应当告知犯罪嫌疑人，并说明不同意的理由。

（三）控告权

《刑事诉讼法》第14条第2款规定："诉讼参与人对审判人员、检察人员和侦查人员侵犯公民诉讼权利和人身侮辱的行为，有权提出控告。"

犯罪嫌疑人的控告权利，对于发现侦查讯问工作中的错误和不足以及侦查讯问人员的违法失职行为，促进依法办案，提高侦查质量均有重要意义。侦查讯问人员应当重视保障犯罪嫌疑人的控告权。首先，要依法告知犯罪嫌疑人享有控告权；其次，要认真听取犯罪嫌疑人提出的控告，并记录在案，要将控告材料及时转送主管领导或有关部门，不得置之不理或敷衍搪塞，更不准许利用职务之便对犯罪嫌疑人进行刁难、报复；最后，侦查机关对犯罪嫌疑人的控告，应当认真对待，严肃处理，并将调查和处理结果通知犯罪嫌疑人。

（四）要求回避权

要求回避权是指犯罪嫌疑人认为侦查人员、翻译人员、鉴定人员等具有法定应回避情况，有可能影响案件公平处理而向侦查机关提出申请，要求他们不得参加本案的侦查讯问、翻译、鉴定的一项诉讼权利。

犯罪嫌疑人申请回避的要求，必须符合法定回避对象和理由。回避对象包括：负责本案侦查讯问的侦查人员，对本案有处理决定权的侦查机关负责人，担任本案翻译、鉴定工作的人员。根据《刑事诉讼法》的规定，回避的理由有：①是本案的当事人或者是当事人的近亲属；②本人或他的近亲属和本案有利害关系；③担任过本案的证人、鉴定人、辩护人、诉讼代理人；④与本案当事人有其他关系，可能影响公正处理案件的；⑤接受当事人及其委托的人的请客送礼，或者违反规定会见当事人及其委托的人。

侦查讯问人员应当严格履行保障义务并依法告知犯罪嫌疑人有要求侦查人员、翻译人员、鉴定人员回避的权利。对于犯罪嫌疑人的回避要求，应当及时报告主管领导，经审查后作出回避决定或驳回申请决定。对驳回申请的，应当依法履行复议程序，在作出回避决定或复议期间，侦查讯问人员不停止对犯罪嫌疑人的讯问。

（五）拒绝回答与本案无关问题和知道如实供述可从轻处理的权利

根据《刑事诉讼法》第120条第1款的规定，犯罪嫌疑人对侦查讯问人员的提问，应当如实回答，但是对与本案无关的问题，有拒绝回答的权利。法律作出这样的规定，其目的是要求侦查讯问人员把注意力放到查清案件事实上，保障犯罪嫌疑人的诉讼权利，防止侦查讯问人员讯问与案件无关的个人隐私或国家秘密。

《刑事诉讼法》第120条第2款规定："侦查人员在讯问犯罪嫌疑人的时候，应当告知犯罪嫌疑人享有的诉讼权利，如实供述自己罪行可以从宽处理和认罪认罚的法律规定。"

（六）使用本民族语言文字进行诉讼权

《刑事诉讼法》第9条规定了各民族都有用本民族语言文字进行诉讼的权利。依此规定，侦查讯问人员在讯问犯罪嫌疑人时，应使用犯罪嫌疑人通晓的语言文字，对不通晓当地语言文字的犯罪嫌疑人，应当为他们翻译。在少数民族聚居或者多民族杂居的地区，应当用当地通用的语言进行讯问，并用当地通用的文字制作讯问笔录。

（七）知道用作证据的鉴定意见和申请补充鉴定或者重新鉴定的权利

《刑事诉讼法》第148条第1款规定："侦查机关应当将用作证据的鉴定意见告知犯罪嫌疑人、被害人。如果犯罪嫌疑人、被害人提出申请，可以补充鉴定或者重新鉴定。"

鉴定意见是案件中专门性问题的必备证明手段。为确保鉴定意见的准确性，侦查机关应当将用作证据的鉴定意见告知犯罪嫌疑人，听取犯罪嫌疑人意见，如果犯罪嫌疑人认为鉴定意见不全面、不充分或者不正确，可以申请补充鉴定或者重新鉴定。侦查讯问人员对犯罪嫌疑人申请补充鉴定或者重新鉴定的要求，应制作笔录，存入案件卷宗，以备查考。

（八）核对讯问笔录和请求自行书写供述的权利

讯问笔录是将讯问犯罪嫌疑人的全部活动用文字如实记录的一种书面材料，它作为一种司法文书在查证属实后，在案件中具有证据作用。根据《刑事诉讼法》第122条的规定，讯问笔录应当交犯罪嫌疑人核对，对于没有阅读能力的，应当向他宣读。如果记载有遗漏或者差错，犯罪嫌疑人可以提出补充或者改正。法律赋予犯罪嫌疑人核对讯问笔录的诉讼权利，是为了保证讯问笔录记载的内容客观、真实、完整，纠正侦查讯问人员有意或无意的记载错误，防止侵害犯罪嫌疑人的合法权利。

《刑事诉讼法》第122条还规定，犯罪嫌疑人请求自行书写供述的，应当准许。讯问实践中，一般应先经过口头讯问，在问明情况后再让犯罪嫌疑人书写书面供述。侦查讯问人员在收到犯罪嫌疑人自行书写的供词后，应当在首页签注收到的日期及姓名。

（九）聋、哑和未成年的犯罪嫌疑人的特殊权利

根据《刑事诉讼法》第121条的规定，讯问聋、哑的犯罪嫌疑人，应当有通晓聋、哑手势的人参加。这样既保障了聋、哑犯罪嫌疑人的诉讼权利，也保证了讯问的顺利进行。根据《刑事诉讼法》第281条的规定，讯问未成年犯罪嫌疑人时，应当通知未成年犯罪嫌疑人的法定代理人到场，无法通知、法定代理人不能到场或者法定代理人是共犯的，也可以通知未成年犯罪嫌疑人的其他成年亲属，所在学校、单位、居住地基层组织或者未成年人保护组织的代表到场，以此来体现法律对未成年人的特殊保护。

在讯问实践中，参加讯问的翻译人员和法定代理人或其他人员必须写明姓名、工作单位和职业等情况，以证明讯问的合法性。

二、侦查讯问对象心理

心理学研究表明，心理是人脑的机能，是人脑对客观现实的能动反映，人的行为

是在心理的支配下产生的，是其内隐心理活动的外在表现。

侦查讯问对象即犯罪嫌疑人，从法律意义上来说，既包括可能被确证为有罪的嫌疑人，也包括可能被确证为无罪的嫌疑人。在讯问中对犯罪嫌疑人心理的研究，通常是以有罪犯罪嫌疑人为研究对象。犯罪嫌疑人在讯问中的种种行为表现，是其在特定的讯问环境中心理活动的外在反应，即犯罪嫌疑人在侦查讯问中的心理现象和心理变化规律。一般说来，犯罪嫌疑人在讯问中的心理具有综合性、外露性、持续性和稳定性等特点。实践中研究犯罪嫌疑人的心理现象、特点及其变化规律，对于侦查讯问人员制订讯问计划，选择和运用正确的讯问策略和方法，保持侦查讯问人员的心理平衡等都有十分重要的作用。

（一）侦查讯问对象的基本心理

在侦查讯问中，尽管犯罪嫌疑人的心理活动激烈、变化多样、表现各异，但概括起来无非是两种，即拒供心理和供认心理。因主要受犯罪行为应受法律惩罚的影响，绝大多数犯罪嫌疑人都处于这两种心理的冲突中，哪一种心理占据了主导地位，就决定犯罪嫌疑人的行为表现，或拒供，或供认。

1. 拒供心理及其矫正。拒供心理是指支配犯罪嫌疑人抗拒讯问，拒不如实供述案件事实真相的心理意向。在侦查讯问中，由于环境和地位的变化，犯罪嫌疑人的心理活动和情绪、情感相互交织，错综复杂，矛盾重重，多表现出抗拒行为。实践表明，支配犯罪嫌疑人抗拒行为的心理主要有畏罪、戒备、侥幸、抵触、悲观等五种，这些心理现象的产生有认识、情感、意志等方面的因素，在讯问中表现各异，决定着对讯问的否定态度和抗拒行为，是讯问工作进行的心理障碍。因此，有效地把握这些拒供心理并予以矫正，对于推动讯问工作的进展有着重要意义。

（1）畏罪心理。畏罪心理是指犯罪嫌疑人害怕案件事实真相被揭露而受到法律处罚的一种心理状态。

畏罪心理是犯罪嫌疑人在罪责感的压力和法律威慑力的共同作用下形成的，实质是其对法律处罚的恐惧感。畏罪心理是侦查讯问阶段犯罪嫌疑人普遍存在的最基本的心理障碍，存在于讯问的各个环节和阶段，是犯罪嫌疑人主要的拒供心理状态，初犯和女性犯罪嫌疑人中表现更为突出。

第一，畏罪心理产生的原因。一般情况下，人在自己或自己喜爱的人或物受到威胁，面临着危险而又无应付办法时都会感到恐惧。就犯罪嫌疑人而言，一方面，在罪责感的压力下，希望能通过供认罪行来缓解内疚、痛苦等不良情绪，并能认识到供认罪行的必然后果是承担其犯罪行为应负的法律责任。但另一方面，法律处罚的严厉又使犯罪嫌疑人害怕承担责任，担心影响自己的名誉、地位、事业、前途等，甚至可能牵连亲友和家庭。因此在讯问过程中，犯罪嫌疑人经常处于罪责感的折磨和对承担法律后果的恐惧之中，而由于犯罪嫌疑人的自卫本能的作用，当后者的影响力更为强大时，则形成畏罪心理。

第二，畏罪心理在讯问中的表现。犯罪嫌疑人在畏罪心理的支配下于其行为上主要有两种表现：①逃避，即赖罪顽抗，妄想逃避法律处罚。在罪责问题上特别敏感，对侦查讯问人员的问话，只凭对开脱罪责是否有利为标准。因此，当讯问中涉及实质性问题时常采取极端的做法，或对事实矢口否认，或故意编造谎言，或供了又翻，出尔反尔，或一言不发，以图逃避罪责。在赖罪时，虽多数表现为情绪冲动，言辞激烈而强硬，但毕竟"做贼心虚"，往往闪烁其词，语气不坚定。②恐慌。由于法律威慑力的因素，会使一些犯罪嫌疑人失去逃避罪责的自信，而处于无所适从的恐慌之中，并引起其思维混乱、暂时性遗忘及语言障碍，在讯问中常出现答非所问、语无伦次、吞吞吐吐、东拉西扯等现象，盲目而随意地对待讯问，或对罪行一概否认。

第三，畏罪心理的矫正方法。畏罪心理是一种带有中性特点的心理，一方面，强烈的畏罪心理是犯罪嫌疑人如实供述的障碍，另一方面，畏罪心理又隐含了一种"求生""求轻"的心理，这是侦查讯问人员可以调动和利用的积极因素，可成为犯罪嫌疑人由畏罪心理向供述心理转化的一种催化剂。因此，侦查讯问人员要抓住畏罪心理这个薄弱的环节进行突破，促使犯罪嫌疑人考虑：将要受到法律处罚的现实无法避免，是选择对抗讯问而从重处罚，还是坦白交代而从轻处罚，其主动权掌握在自己的手里，不要错失良机。具体做法为：首先，要教育犯罪嫌疑人正视犯罪事实，并向其说明坦白与抗拒所产生的不同的后果。其次，要根据犯罪嫌疑人畏罪的原因和程度的不同，有针对性地采取不同的方法。对于确有重罪而畏罪，采取硬顶或谎供等手法对抗讯问的犯罪嫌疑人，可采取"置之死地而后生"的方法，即先把其罪行严重性说足，加大其心理压力，当其因罪责压力大而感到走投无路时，再网开一面，指明尚有一线希望，促使犯罪嫌疑人将畏罪的压力变为走坦白从宽之路的动力；对于罪行并非真正严重而畏罪心理过重的犯罪嫌疑人，应通过正确宣讲法律规定的量刑幅度，或者在讯问时采取比较缓和的方式，给犯罪嫌疑人造成一种减轻压力的感觉，从而消除其紧张恐惧情绪，认识到只有接受讯问、认罪服法，才是应有的出路。

（2）戒备心理。戒备心理是犯罪嫌疑人为防备罪行被揭露而产生的一种警觉心理状态，是对讯问活动的防御性本能反应，也是畏罪心理的延续性表现。

第一，戒备心理产生的原因。防御是人的本能，处在侦查讯问阶段的犯罪嫌疑人，这种防御本能显得更加突出。犯罪嫌疑人产生戒备心理的原因主要有两方面：①自我保护的本能。犯罪嫌疑人所处的特殊环境及法律地位，使其安全需要上升到主导地位，自我保护本能被充分地激发出来，面对讯问时全身心处于紧张防御状态，以防止罪行被揭露。②对侦查讯问人员的不信任。犯罪嫌疑人在进行是否供述的心理斗争时，侦查讯问人员及其宣传的法律和政策是否可信起着重要作用，他们受自己的主观想象或他人过去经验的影响，往往怀疑侦查讯问人员的职业道德，害怕落入侦查讯问人员设置的圈套，担心供述后不能得到公正的对待。

第二，戒备心理在讯问中的表现。犯罪嫌疑人在戒备心理的支配下，在讯问过程中常有如下表现：①对一切活动抱有戒心，疑虑重重。犯罪嫌疑人时时处于紧张状态，唯恐说错一句话而露出破绽。对侦查讯问人员、看守人员甚至同监犯罪嫌疑人的言行举止表现出异乎寻常的关心，多方猜测其意思。对侦查讯问人员的讯问，往往不愿立即回答，常用反诘的口吻向侦查讯问人员试探摸底，寻求对策。有的供述以后，又怀疑侦查讯问人员是否相信自己的供述，能否作出公正的认定。②对周围环境有着高度警觉。戒备心理较强的犯罪嫌疑人，对周围环境异常警觉，环境稍有变化就会引起恐慌，他们总是疑神疑鬼，有草木皆兵之感，严重的会有幻听、幻视，精神处于失常状态。

第三，戒备心理的矫正方法。对有戒备心理的犯罪嫌疑人，在讯问中具体要做到：①采用自由交谈法，从一些与主要案情没有直接关系的话题谈起，调动起谈话的兴趣，使其在不知不觉中放松戒备，暴露出漏洞；②以客观、公正、诚恳的态度对待犯罪嫌疑人，消除其对侦查讯问人员的疑虑、不信任感；③在讯问和羁押中注意尽量避免各种刺激而引起犯罪嫌疑人不必要的敏感多疑；④针对犯罪嫌疑人存在疑虑的问题开诚布公地进行合法、合理的解释，使其消除疑虑，面对现实。

（3）侥幸心理。侥幸心理是犯罪嫌疑人自认为可以逃避罪责的一种自信心理，实质是犯罪嫌疑人逃避法律处罚的自信心。

第一，侥幸心理产生的原因。犯罪嫌疑人的侥幸心理，不是从被拘捕或被讯问后才产生的，一般在形成犯罪动机或者着手犯罪时就已存在。犯罪嫌疑人在侦查讯问中的侥幸心理，是其犯罪过程中的侥幸心理的继续和演化。它形成的主要原因有：自恃作案手段高明，行动诡秘，没留下犯罪痕迹且赃款赃物等物证材料已处理妥善，只要不供认就不能定案量刑；认为同伙尚未落网，或相信"攻守同盟"，同伙不会供认揭发自己；幻想可以依靠"关系"脱案，认为只要自己拒不供认，就会有人给自己开脱罪责；蔑视侦查机关的侦查、讯问能力或认为自己有反侦查、反讯问的伎俩；过去有过违反犯罪行为未被发现或追究，对此有直接或间接的经验性影响。

第二，侥幸心理在讯问中的表现。由于受到主客观因素的影响和制约，犯罪嫌疑人的侥幸心理的自信程度亦有不同。大部分犯罪嫌疑人凭主观臆断，自信可以隐瞒罪行，企图以盲目的安全感代替内心的恐惧，这种侥幸心理比较脆弱，容易被消除；少部分犯罪嫌疑人是在较为客观、全面分析罪证和案情之后，或逃避打击的经验较多，以此形成的侥幸心理比较自觉和稳固，不易被消除。

侥幸心理一经形成，便会成为支撑犯罪嫌疑人对抗讯问的精神支柱，促使他们敢于大胆筹划和实施反讯问的各种伎俩，以图掩盖案件真相。在讯问中常常表现为：使用各种方法试探摸底，伪装无辜，骗取信任；避重就轻，蒙混过关；竭力狡辩，拒不供认。

第三，侥幸心理的矫正方法。由于犯罪嫌疑人强烈的自卫意识和信息的匮乏，形成侥幸心理的认识基础薄弱，因此，有侥幸心理的犯罪嫌疑人意志力差，疑心重，对证据非常敏感和惧怕。如果侦查讯问人员对侥幸心理的成因掌握准确，方法得当，是不难克服的。具体做法是：实践中，矫正犯罪嫌疑人的侥幸心理最有效的方法是在讯问中巧妙地使用证据，消除其主观自信和幻想。对我方掌握证据确凿、充分，而犯罪嫌疑人盲目侥幸、顽固拒供的，可采用正面、点滴、连续或包围使用证据法；对我方掌握证据不够确凿、充分，而犯罪嫌疑人又采取试探摸底、索要证据等手法对抗讯问的，则可采用侧面、暗示或演化使用证据法。在使用证据的同时，可以根据侥幸心理的成因，针对其弱点，配合进行说服教育法，如"犯罪必留痕迹""无证不立案""早交代早主动""分清罪责、突破攻守同盟"等内容说教，加强心理攻势，以坚定的意志力瓦解犯罪嫌疑人的侥幸心理。

（4）抵触心理。抵触心理是犯罪嫌疑人对侦查机关及其人员乃至对政府和社会的一种对立情绪和敌视态度，是在其错误认识基础上形成的情绪、情感状态。

第一，抵触心理产生的原因。抵触心理是对抗讯问、逃避法律处罚的心理反应，在侦查讯问阶段，犯罪嫌疑人都不同程度地存在着抵触心理。这种心理产生的原因主要有：①反动的立场和观点。主要存在于那些顽固坚持反动立场和政治观点的危害国家安全等案件的犯罪嫌疑人中。②强烈的反社会意识。那些惯犯、累犯和严重暴力犯罪分子，由于心灵扭曲、理智丧失、是非颠倒，形成了根深蒂固的反社会意识。③错误的自我评价和认知。有些犯罪嫌疑人缺乏应有的法律知识，甚至是"法盲"，有罪不知罪，认为自己的行为不是犯罪甚至有一定的道理，受拘留、逮捕是冤枉的，是侦查机关对其处理不当，从而产生抵触心理。④侦查讯问人员的失误。有的侦查讯问人员在讯问中采取了违法的方法或不当的言词，侵犯了犯罪嫌疑人在诉讼中的诉讼权利，损害了犯罪嫌疑人的人格和自尊心，使其产生抵触心理。

第二，抵触心理在讯问中的表现。有抵触心理的犯罪嫌疑人在讯问中的表现可分为两类：①积极的抵触行为。抵触心理使得一些犯罪嫌疑人的情绪冲动、抑制力差、行为暴躁、缺乏理智，表现为出言不逊、反诘顶撞、挖苦讽刺、气焰嚣张、蛮横对抗、发泄不满等，不顾法律的威严和抗拒行为所造成的后果。②消极的抵触行为。抵触心理也使一些犯罪嫌疑人的情绪受到压抑，表现为对讯问反应冷漠、漫不经心、答非所问，甚至沉默不语。

第三，抵触心理的矫正方法。抵触心理使犯罪嫌疑人同侦查讯问人员在讯问中冲突较多，往往易使讯问陷入僵局，对此，侦查讯问人员要保持头脑清醒，避免感情用事，注意并查明产生抵触的原因，采取适当方法，力求有效地控制讯问的气氛和进程。具体做法有：①缓释法。即以静制动，就是先不与犯罪嫌疑人正面交锋，让其尽情"表演"，释放对立情绪，等到时机成熟，再予以回击。②压制法。就是对犯罪嫌疑人的情绪进行压制，令其对立情绪不得表现出来，俗话说"有理不在言高"，严厉指出其目前所作所为的目的、用意何在，以及这种做法的错误及其后果。③心理接触法。良好的心理接触是对话的基础，对讯问中有抵触心理的犯罪嫌疑人，可以从感情入手或采取暂时转移、回避冲突问题的办法，以诚恳的态度，缓解其情绪，辅以摆事实、讲道理，取得犯罪嫌疑人的信任和尊重，使其愿意跟侦查讯问人员进行对话。

（5）悲观心理。悲观心理是指犯罪嫌疑人自知罪行将被揭露，面对法律的处罚而对自己的前途未来丧失信心的一种心理。

第一，悲观心理产生的原因。产生悲观心理的原因主要有：①害怕被判处重刑，或对日后漫长的监狱生活心怀恐惧，产生自由无望、前途渺茫的绝望感；②缺乏正确的人生观，无法摆脱和解决一些现实的问题，导致丧失生活情趣和希望；③原来的犯罪欲望和需求得到满足，或犯罪心理已经定型，不思悔改，但又无法摆脱人身自由受限制的局面，发展到极端对立的程度；④犯罪后自责、后悔，自认为已成为社会的罪人和家庭的累赘，失去了生活下去的勇气。

第二，悲观心理在讯问中的表现。悲观心理是犯罪嫌疑人最严重的一种心理障碍，在悲观心理的强烈冲击和压迫下，犯罪嫌疑人个性的稳定性发生急剧变化，丧失了生存欲望，生理和心理极端反常，不能控制自己的行为。在接受讯问时的表现为：有的迟钝、冷漠、忧愁、沉默；有的暴躁、烦闷，甚至歇斯底里；有的怀疑一切、仇视一切，不听任何劝告和警告，固执地采取自暴自弃或顽抗到底的态度；有的还会作出极端行为，进行暴力破坏或自寻短见等。

第三，悲观心理的矫正方法。力求生存是人的本能。悲观心理的出现只是暂时现象，一旦讯问情况表现出对其有利的变化，悲观心理依然可能恢复到稳定平衡状态。对有悲观心理的犯罪嫌疑人，侦查讯问人员要有极大的耐心和热情，唤起其对人生的留恋和对新生活的向往，激发其争取光明前途的信心。

悲观心理实际上是畏罪心理的极端化，因此畏罪心理的矫正方法也适用对悲观心理的矫正。

2. 供认心理及其影响因素。供认心理是指犯罪嫌疑人如实供认案件事实真相的心理意向。

犯罪嫌疑人虽然存在各种拒供心理，但在讯问活动及其自身心理活动的相互作用下，大多数犯罪嫌疑人都会克服拒供心理，形成供认心理。因此，引导犯罪嫌疑人形成供认心理，是讯问活动的主要目的。

（1）供认心理的类型。讯问实践中，犯罪嫌疑人形成的供认心理主要表现为：

第一，悔罪供认心理。在讯问过程中，经过侦查讯问人员的教育和帮助，经过道德法律的评判，犯罪嫌疑人对自己所犯罪行进行了重新认识，意识到了自己所犯的罪行造成的社会危害性以及对他人的伤害，因此，犯罪嫌疑人真心地悔过，希望痛改前非、重新做人。于是，犯罪嫌疑人如实、全部地供述自己的罪行，以此表现来获得侦查等机关的信任和给予改过的机会，争取得到宽大处理。这是讯问过程中犯罪嫌疑人最积极，也是对讯问最有利的心理状态。

第二，趋利避害供认心理。在讯问中，犯罪嫌疑人认为自己的罪行无法掩盖的时候，受趋利避害的心理本能的驱使，会产生一种供认动机和行为；但此时的犯罪嫌疑人对自己的罪行仍存在避重就轻的心理状态。一方面，认为罪行已经暴露；另一方面，认为侦查机关还未完全掌握证据材料，于是犯罪嫌疑人会按照问题的轻重大小、责任的划分作为趋向保护自己的供述。表现为关键的问题、重要的情节不供述，涉及自己的重要的问题不供述。在供述有保留的同时，供述或者附带说明自己的理由，或者还会有附加的条件。

第三，无可奈何供认心理。犯罪嫌疑人虽然主观上不愿意供认，但因侦查讯问人员已经掌握了其犯罪事实与证据，又进行了政策攻心、法律教育，犯罪嫌疑人自知事实无法隐瞒，证据无法抵赖，责任与罪责无法逃避，迫于无奈不得不供认罪行。犯罪嫌疑人在无可奈何情况下的供认，一般会尽量地保留案情，不会将全部的事实交代。实践中"挤牙膏"式的供认方式就是其中的一种情况。

第四，释压供认心理。犯罪嫌疑人犯罪后直至被羁押期间，心理上的压力是始终存在的。犯罪必然要受到司法机关的追究，法律强大的威慑力，罪责感的压力导致犯罪嫌疑人始终处于惶惶不可终日的境况下，使其被迫得喘不过气来。当犯罪嫌疑人这种坐立不安、寝食不宁的焦虑状况已无法承受时，为了摆脱身心疲惫的局面，会选择交代犯罪事实，从而释放难以承受的压力。

第五，回报供认心理。有些犯罪嫌疑人体会到了政策、法律的感召力，加之侦查讯问人员在执法过程中尊重其人格，给予其人性的关怀与生活上的帮助，这些真诚的教诲和关心常常会使犯罪嫌疑人受到感化，由此，犯罪嫌疑人会产生回报心理，产生如实供述的动机。

第六，替罪供认心理。替代他人承担罪责，不怕自己受到法律的惩处，这也是讯问中犯罪嫌疑人的一种供认心理。具有这种心理的人，一般有两种情况：一种是"哥们儿义气"，另一种是利益驱使。存在"哥们儿义气"的人，可能会把自己做的和不是自己做的事情一概兜揽，将所有的责任都包揽下来，供认时大大咧咧，一副无所畏惧的样子。利益驱使的替罪心理，则表现为供认时胸有成竹，对犯罪事实供认不讳，不会讨价还价。替罪供认的人往往会在案件的完整性上出现问题，编造的谎言容易出现漏洞，只要侦查讯问人员在时间和空间等问题上仔细查找，就容易发现问题所在。

除上述各种供认心理以外，在讯问实践中，有的犯罪嫌疑人在拘留逮捕之初，由于情绪紧张，没有应对讯问的经验，缺乏思想上的准备，也会产生供认心理，因此，侦查讯问人员要抓住突审的有利时机，固定口供。

（2）供认心理的影响因素。在讯问中，当出现满足其需要的情景或可能出现其追求的目标时，犯罪嫌疑人就可能形成供认心理。形成供认心理的因素是多种多样的，侦查讯问人员要正确加以区分和掌握，以便查清案件事实真相。

第一，犯罪嫌疑人个性特点和自我抑制力。每个犯罪嫌疑人都有不同的个性心理特征和不同的犯罪心理构成，不同的年龄、性别、经历，不同的犯罪动机、犯罪性质和犯罪严重程度，以及在共同犯罪中所处的地位不同，其供认心理的形成也有着明显的差别。在个性心理特征和讯问具体情况共同作用下，有两种主要的影响因素：①激情。在讯问中往往有这样的犯罪嫌疑人，他们智力水平不高、意志薄弱、神经过敏且性格外向，自尊心强，以我为中心等，由于受到特定讯问环境及各种信息的刺激，显现出失调的个性，容易接受暗示或冲动，表现为他们的情绪在受到激荡情景下，理智、情感系统迅速解体，处在某种强烈的情绪状态下，如刺激、愤怒、恐怖、嫉妒、怨恨等。此时的犯罪嫌疑人认识范围狭窄，理智分析能力受到抑制，自我控制力减弱，不能正确评价自己行为的意义和后果。因此，他们或滔滔不绝、一吐为快，或信口开河、急于表白，或顾此失彼、一语道破天机，或歇斯底里、竭力争辩，或胡搅蛮缠、钻牛角尖。②压抑。由于个性特点、文化程度等个性心理特殊和犯罪心理构成不同，犯罪嫌疑人在讯问期间每个人的心理承受能力、压力等都不同。人在压力下，可引起心理紧张，在紧张能量释放过程中，解除心理紧张，从而保持心理平衡。犯罪嫌疑人在对抗讯问中，会感到心力交瘁，忐忑不安，身心压力过大，随着犯罪嫌疑人意志减弱，其迫切需要释放包袱，放下负担，抒发其破碎的心理。此时，只要侦查人员讯问得法，极易使犯罪嫌疑人在寻找心理平衡需要释放压力的情况下形成供认心理。

第二，讯问态势。侦查讯问态势包括侦查讯问人员心理状态、讯问能力，对立双方直接接触的相容程度以及交往的气氛等所形成的侦查讯问形势。

在讯问中，侦查讯问人员是侦查讯问活动的主体，起主导支配作用，侦查讯问对象即犯罪嫌疑人是侦查讯问的客体，主要处于防御地位。侦查讯问人员的心理活动随讯问任务的不同、犯罪嫌疑人的拒供心理和供认心理之间的矛盾状况不同，处于不断调节变化之中，如果侦查讯问人员善于用适合犯罪嫌疑人的讯问策略，即适合犯罪嫌疑人的方式方法、语言艺术和心理学的方法技巧，晓之以理，动之以情，戒之以规，进行心理疏导和激发，造成一种有力的讯问态势，那么就容易促使犯罪嫌疑人由于消极的心理状态向积极的方面转化。因此，在讯问实践中，侦查讯问人员通过种种途径唤起犯罪嫌疑人的道德、良心，从而使犯罪嫌疑产生悔罪感、负罪感、谴责感、责任感、义务感，在各种压力要求与冲动下坦白认罪，积极忏悔。这种讯问态势，就是侦查讯问人员与犯罪嫌疑人心理接触良好的一种表现。

第三，政策、法律及证据的制约作用。在讯问中，多数犯罪嫌疑人是为了逃避罪责而拒供案件事实的，并形成贯穿讯问始终的拒供心理的主要原因。要消除犯罪嫌疑人的拒供心理，促使其供认心理的形成，侦查讯问人员对政策、法律的理解和执行，对证据的掌握和使用起着举足轻重的作用。如果侦查讯问人员正确地贯彻执行刑事政策和法律，结合具体情况和生动事例进行宣讲和说明，选择时机抓住火候使用证据，晓以利害，对犯罪嫌疑人心存的侥幸予以打破，解除畏罪顾虑，就能对犯罪嫌疑人起到有力的震慑作用，可使犯罪嫌疑人在利与害的权衡中选择坦白认罪，争取从宽处理的结果。

从讯问实践看，犯罪嫌疑人的拒供心理和供认心理的各种心理活动是反复交织在一起同时存在的，只是在某一阶段内某种心理状态较为明显，这就要求侦查讯问人员善于分析，及时调整讯问策略与方法。

（二）侦查讯问对象心理在讯问中的变化过程

讯问实践中，讯问一开始就如实供认罪行和顽抗到底、拒不认罪的犯罪嫌疑人是极少数，大多数犯罪嫌疑人是经过侦查讯问人员的教育和帮助，思想认识会有不同程度地改变，出现一个由拒供到供认的转化过程，由于不同犯罪嫌疑人的个性心理特点、犯罪动机和目的以及犯罪性质的差异，这一转化过程的长短、速度快慢也有差别。犯罪嫌疑人的这种转化过程是其内在的拒供心理和供认心理矛盾斗争的结果，是这两种心理对行为的支配力的消长过程。这一转化过程，一般要经历试探摸底、对抗相持、动摇反复、供认罪行四个心理阶段。

1. 试探摸底。试探摸底是犯罪嫌疑人在讯问之初的一种心理现象，这种心理现象是基于自我保护目的的心理反应。犯罪嫌疑人被拘捕后，因为与外界联系的中断和对侦查机关所掌握情况的不了解，按照自我保护的心理认识，一般犯罪嫌疑人都会先试探侦查讯问人员对其所犯罪行的了解程度，然后再在此基础上考量对讯问的态度。

（1）试探摸底的方法。在试探摸底的过程中，犯罪嫌疑人想试探的重点是弄清侦查讯问人员掌握案件证据的情况和侦查讯问人员的个性特点及其办案能力。为了达到这一目的，犯罪嫌疑人常用的方法有：

第一，索要证据。就是向侦查讯问人员公开索取证据，借此窥视和试探侦查讯问人员的反应，试探侦查讯问人员的口气，从中判断侦查讯问人员掌握证据的情况。

第二，以假乱真。是指在供述中有意打乱案情的发展过程，制造时间、顺序、情节、人物的混乱，以破坏侦查讯问人员提问的连续性，企图从侦查讯问人员的失言和不当反应中判断掌握证据的情况。

第三，编造伪供。就是在讯问中作出荒谬的供述，并顽固坚持，迫使侦查讯问人员作出纠正，从而了解罪行暴露的程度。

第四，抛小瞒大。就是只向侦查讯问人员交代罪行中的次要情节，或较轻的情节，或交代其认为侦查讯问人员已掌握的罪行，并顽固坚持已彻底交代，以此观察侦查讯问人员的反应。

第五，要求进行通信、接见、送物等。此方法的主要目的是犯罪嫌疑人急于与外界建立联系，了解证据、销赃的情况，并试探侦查讯问人员对自己的态度，从而判断自己罪行的轻重。

（2）试探摸底的表现。在试探摸底阶段，犯罪嫌疑人的思维是比较活跃的，会有一些明显的外部表现，一般来讲主要表现为以静观动，以虚代实，内紧外松。

（3）试探摸底阶段侦查讯问人员应注意的问题。在试探摸底阶段，侦查讯问人员首先应当全面分析犯罪嫌疑人在这一阶段的言行，找出其极力回避的问题和供述的心理障碍，有针对性地采取相应的讯问对策；其次，对犯罪嫌疑人的初步供述，要持谨慎态度，不要轻易表态，也不要流露出倾向性的表情，防止暴露讯问意图和所掌握证据的情况；再次，对犯罪嫌疑人提出的具体问题，要给予适当的回答，此时是双方心理接触的关键阶段，侦查讯问人员要使犯罪嫌疑人信任自己，愿意与自己交流，就应当对其合理的要求给予适当的满足，对不合理的要求，也要采取适当的方式给予回答，防止犯罪嫌疑人产生不信任的情绪，不利于以后讯问的进行。

2. 对抗相持。经过初期阶段的讯问，犯罪嫌疑人开始适应讯问环境，并对侦查讯问人员掌握证据的情况及其能力、经验等有了初步的判断和了解，自以为可以应付各种讯问情势，对抗意识也逐步上升。此时，犯罪嫌疑人与侦查讯问人员之间的防守与进攻、狡辩与批驳、逃避与揭露，争夺的一来一往、时起时伏、若明若暗，双方在意志、智力方面进行较量，使讯问活动出现尖锐复杂的对抗相持局面。

（1）犯罪嫌疑人对抗的方法。在对抗相持阶段，犯罪嫌疑人对抗讯问的方法多种多样，主要有：

第一，拒供。是指犯罪嫌疑人在讯问中矢口否认罪行或拒绝回答问题。或公开对抗，如软磨硬泡、肆意顶撞、推诿诡辩、喊冤叫屈、大哭大闹、胡搅蛮缠；或消极对抗，如沉默不语、一言不发，装着对讯问漫不经心的样子。

第二，谎供。是指犯罪嫌疑人在讯问中故意作出与犯罪事实不一致的陈述。当简单的否认不能掩盖犯罪事实时，则采用谎供来欺骗侦查讯问人员，以求蒙混过关；或者故意激怒侦查讯问人员，使其出现不理智行为，从而达到使讯问中断的目的。

（2）对抗相持阶段侦查讯问人员应注意的问题。在对抗相持阶段，侦查讯问人员在与犯罪嫌疑人对抗冲突的环境中，情绪容易受到影响。此时，侦查讯问人员必须保持冷静头脑，既不能感情用事，也不能丧失对已获取的犯罪信息的正确判断和继续追讯的信心。要判明犯罪嫌疑人形成拒供心理的主导因素，运用有针对性的策略方法，压制住犯罪嫌疑人的抗讯气焰，逐渐消除、消弱并转化其拒供心理。

3. 动摇反复。经过对抗相持阶段的激烈斗争，在侦查讯问人员有效的政策、法律教育和适当的讯问方法作用下，犯罪嫌疑人的心理防线渐渐出现动摇，拒供心理趋于消弱，供认心理得到激发、强化而上升，拒供与供认两种心理的力量处于相对平衡状态。此时，犯罪嫌疑人心理活动转入到动摇反复阶段。

（1）动摇反复阶段犯罪嫌疑人的表现。在动摇反复阶段，犯罪嫌疑人徘徊在是如实供述还是继续对抗的十字路口，供与不供的动机斗争激烈，此时其侥幸心理在明显减弱，但仍然存在，畏罪心理加重，处于想交代又怕法律惩罚，而不交代又抵挡不住追讯攻势的犹豫不决的心理状态，在讯问中主要表现为：

第一，态度由软变硬。当犯罪嫌疑人认识到自己的罪行已经或行将揭露时，丧失了继续对抗的信心，其突出的表现是态度由软到硬，有的低头不语，面红耳赤，呼吸短促；有的神色紧张，竭力回避侦查讯问人员的目光，一副欲言又止的样子；有的情绪波动，似有悔恨之意。

第二，极力表白，提出条件。犯罪嫌疑人产生供述动机的同时，必然会考虑到交代罪行后可能带来的法律后果。有的找出各种客观理由为自己的罪行或先前的对抗行为开脱，有的提出种种要求作为供述罪行的交换条件。

第三，惶恐不安，无所适从。当犯罪嫌疑人在讯问中突然感到罪行已经无法隐瞒时，常常会出现惊慌恐惧、举止不安、不知所措的情况。有的额头、鼻尖、手心冒汗，视线无固定目标；有的唇干口渴，要求喝水、抽烟；有的搓手、搓衣角，下意识的动作增多。在监室内，有的坐卧不安，不能入睡；有的沉闷无语、神情呆滞、萎靡不振，甚至食欲下降；有的自言自语、唉声叹气、寻求支援。

（2）动摇反复阶段侦查讯问人员应当注意的问题。在动摇反复阶段，由于犯罪嫌疑人的拒供心理尚未消除，其此时出现的动摇心理稳定性较差、持续时间不长且反复性大，是一种介于对抗与供认之间的临界心理状态。在这种讯问态势下，侦查讯问人员应当做好以下几方面的工作：

第一，避免不适当的外部刺激。此时，不适当的外部刺激，就可能使犯罪嫌疑人萌发畏罪、侥幸、抵触等心理，修补或重新构筑防御体系。

第二，促使犯罪嫌疑人转化。在此情景下，侦查讯问人员应及时抓住犯罪嫌疑人犹豫、心理动摇的时机，判明其残存的心理障碍，有针对性地宣讲政策和法律，加强攻心，做好心理转化工作。切忌因初步的胜利表现出喜形于色和急于求成，还要注意"搭梯子"，让犯罪嫌疑人体面地"下台"。

第三，合法、合理地处理犯罪嫌疑人的要求。对犯罪嫌疑人提出的各个方面的要求，侦查讯问人员既不能违法或无原则地许诺，也不能随便训斥或置之不理，应视不同的情况，依法、依理予以解答，如有承诺，必须兑现。

4. 供认罪行。当犯罪嫌疑人的心理防线已经瓦解，对抗讯问的意志已经崩溃，认识到继续隐瞒罪行有害无利，坦白交代才是唯一出路时，其心理活动就进入到供认阶段。

（1）犯罪嫌疑人供认心理的形成因素。实践中，下列各种情景会促使犯罪嫌疑人供认心理的形成：①侦查讯问人员已经将犯罪嫌疑人的罪行揭露；②犯罪嫌疑人发现侦查讯问人员证据在握；③同伙犯罪嫌疑人已经归案；④受到政策、情感的感召，自己良心发现；⑤为了立功减轻处罚。

（2）供认罪行阶段犯罪嫌疑人的表现。在这一阶段，犯罪嫌疑人的拒供心理得到了消除或遏制，供认心理成为主导心理，为了争取到较好的结局，对讯问活动表示配合，愿意回答侦查讯问人员的问题，如实供述罪行。但由于受畏罪心理的驱使、残存的侥幸心理作祟、不适当的讯问方法等影响，犯罪嫌疑人的供认心理仍具有不稳定性。

因此，在供述罪行时，缺乏彻底性，甚至出现反复，具体表现为：

第一，得过且过。表现为在供述罪行时，往往不是一次全部交代清楚，而是能隐则隐、能瞒则瞒、能辩则辩，出现如问一句答一句、且战且退、追记一条罪行就承认一条罪行，形成"挤牙膏"式的供述。

第二，留有余地。表现为虽然承认犯罪，但对犯罪事实不愿作具体交代或隐瞒关键情节，或是推卸责任，甚至隐瞒重大罪行。

第三，翻供。犯罪嫌疑人供述罪行后，又为后果担忧，感到后怕，或受他人教唆又推翻原来的供述。

（3）供认罪行阶段侦查讯问人员应当注意的问题。上述情况表明，在供认罪行阶段，犯罪嫌疑人仍要进行最后的挣扎，因此，侦查讯问人员不得掉以轻心。

第一，做好思想教育工作。要对犯罪嫌疑人做好疏导教育工作，肯定和鼓励其已有的进步，稳定其情绪，强化和巩固其供认心理，并可结合使用证据，迫使其端正态度，如实交代罪行。

第二，深究细问，讯清并固定犯罪的具体情节。在犯罪嫌疑人承认犯罪后，侦查讯问人员不要盲目乐观，麻痹松懈，而应再接再厉、乘胜追击，对犯罪的每一个具体情节都要深究细问，尤其要把影响定罪量刑的细节审清固定，防止犯罪嫌疑人以后翻供。

第三，对交代不彻底的犯罪嫌疑人，要查清原因，在掌握足够证据的基础上推进讯问，切不可半途而废。

第四，对犯罪嫌疑人在本阶段的翻供应具体分析区别对待。如果是推翻过去所作的伪供、假供就应该及时鼓励，肯定其表现，稳定其情绪，固定其陈述的内容；如果是为了抵赖罪行、统一前后口供，就应及时予以揭露和批驳，并做好各方面工作，防止供述的反复。

（三）不同类型侦查讯问对象的心理特点与讯问对策

不同类型侦查对象，即不同类型的犯罪嫌疑人，是指犯罪嫌疑人在年龄、性别、气质类型、犯罪经历、文化程度、社会背景等各方面的不同。在讯问中，侦查讯问人员既要把握犯罪嫌疑人具有的共性的心理特征和心理变化规律，同时也要研究和掌握不同类型犯罪嫌疑人的心理差异和行为特征，这样才能在讯问中分析问题，为制定有效的讯问策略提供依据。

1. 不同自然生理因素犯罪嫌疑人的心理特点与讯问对策。年龄和性别是人的两大自然生理因素，是决定人的心理特征的物质基础。

（1）未成年犯罪嫌疑人的心理特点和讯问对策。根据我国有关法律的规定，14周岁以上18周岁以下的犯罪嫌疑人称为未成年犯罪嫌疑人。未成年犯罪嫌疑人由于受身体年龄的制约，其心理、生理处于一种半成熟、不定型状态，世界观、人生观和价值观尚未完全形成，易受外界不良影响并与其心理品质中不良因素产生共鸣而导致犯罪。

第一，心理特点。未成年犯罪嫌疑人的心理特点主要表现为：①缺乏正确的思维判断能力。未成年人因受教育程度限制、社会生活阅历浅等影响，在认识事物和分析事物方面带有很强的片面性和表面性，思考问题简单化，很难形成正确、全面的认知和判断。②自我控制能力差。未成年人的情绪容易波动，易感情用事，听到鼓励的话就高兴、反对的话则抵触，自我控制能力表现较差。③情感和情绪极端化严重。未成年人对事物的认识和看法多以自我为中心，少顾及社会标准和他人的感受，思想情感缺乏连续性和辩证思维，情绪易现极端化。

第二，讯问对策。针对未成年犯罪嫌疑人的上述心理特点，对其进行讯问，要立足于教育、感化和挽救。如要着重稳定其情绪，帮助其分清是非、善恶，态度上要诚恳、耐心，不讽刺、不训斥、不恐吓，而要多鼓励和肯定等。

（2）老年犯罪嫌疑人的心理特点和讯问对策。老年犯罪嫌疑人一般是指年龄在60岁以上的犯罪嫌疑人。由于自然规律，老年犯罪嫌疑人普遍会出现身体和心理上的老化现象，在讯问过程中呈现出个性心理特征方面的特异性变化。

第一，心理特点。老年犯罪嫌疑人的心理特点主要表现为：①自信固执。经验丰富、倚老卖老、固执己见是老年人的重要特点。②悲观绝望。因受年龄、名誉、家庭子女等因素带来的影响，老年犯罪嫌疑人在讯问中易产生绝望的情绪，常出现沉默不语，供述时多考虑后果，犹豫不决，反反复复。

第二，讯问对策。针对老年犯罪嫌疑人的心理特点，讯问中既要对其教育，又要尊重其人格，要把说服教育和使用证据结合起来，用事实和证据打消其自信、固执的心态，使其正视讯问；唤起其罪责感和老年人特有的羞耻心，使其悔悟和自责；在生活上适当照顾，做好家属工作，减少其后顾之忧，促其尽快如实供述。

（3）女性犯罪嫌疑人的心理特点和讯问对策。由于生理上性激素的制约作用，加之传统习惯和社会环境的影响，导致了女性犯罪嫌疑人在认知、情感、意志、个性心理等方面诸多的差异，反映在侦查讯问阶段的心理表现亦不尽相同。

第一，心理特点。女性犯罪嫌疑人的心理特点主要表现为：①认识直观，直觉判断能力较强，理性分析判断能力偏低。在讯问中，对侦查讯问人员的提问反应敏感、多疑，富于联想；对问题理解偏狭，易产生抵触情绪；供述问题摇摆不定，反复无常。②内心体验丰富，情绪情感波动较大。在讯问中，侦查讯问人员的言行举止都会对其产生较强的心理影响并表露明显，一旦罪行被揭露其情绪变化异常激烈，甚至难以控制，会因此对前途失去信心而悲观轻生。③意志薄弱，自制能力差，家庭观念较重，畏罪心理较重。在讯问中，较少顶撞并易接受暗示，顺应问话的情形较为明显，供述问题较快，但翻供也快；常现思亲恋家之情，有的情绪激动，追悔莫及。

第二，讯问女性犯罪嫌疑人，要针对其认识上的直观性特点，耐心、细致地教育疏导，切忌简单粗暴、恐吓等；要针对其情感细腻、意志薄弱的心理特点，注重感化的力量，加强心理接触，使其供认罪行。

2. 不同气质类型犯罪嫌疑人的心理特点与讯问对策。气质是表现在心理活动中的速度、强度、稳定性、指向性等方面典型的、稳定的心理特征。在讯问中，不同气质的犯罪嫌疑人在情绪体验和行为反应方面会存在种种差异，因此，有必要研究不同气质的犯罪嫌疑人的心理特点，以便根据其不同的气质特点因人施策。

（1）兴奋型（胆汁质）犯罪嫌疑人的心理特点与讯问对策。兴奋型气质的基本特征是：情绪兴奋性高，容易冲动，抑制力差，变化剧烈，外向性明显。

第一，心理特点。兴奋型（胆汁质）犯罪嫌疑人的心理特点主要表现为：①反应速度快，对侦查讯问人员的提问反应敏捷。但因思考问题不周详，防御体系不严密，对侦查人员的提问回答快，少有思索，供述中常现漏洞且自相矛盾。②言语直率，不善掩饰。这种性格的人性情急躁、粗鲁，喜欢争辩，敢于公开顶撞，"吃软不吃硬"，越压越不服输。③控制能力较差，缺乏耐心。这种性格的人说话直言快语，少拐弯抹角，一旦供认罪行，就较为干脆利落，一吐为快。

第二，讯问对策。①态度明确，进行正面教育，提问直截了当；②针对其控制力差、缺乏耐心、易冲动等弱点，有意加快讯问节奏，采用"激将法"等方法，瓦解其防御体系；③当正面进攻不能奏效时，应避开罪行实质，从侧面迂回，采取"以柔克刚"的策略，以消磨其抵抗讯问的意志。

（2）活泼型（多血质）犯罪嫌疑人的心理特点与讯问对策。活泼型气质的基本特征是：反应速度快且灵活，兴趣和情绪容易变换，注意力容易转移，适应性和应变能力较强，善于交往，能言善辩，喜欢表现自己。

第一，心理特点。活泼型（多血质）犯罪嫌疑人的心理特点主要表现为：①对讯问反应灵活，适应性强。善于察言观色、试探摸底，揣摩侦查讯问人员的特点和讯问意图、判断侦查讯问人员掌握证据的程度，以构筑自己的防御体系。②能言善辩，善于交往，会以各种方法企图取得侦查讯问人员的信任和同情。③情绪变化快，注意力不易集中，缺乏持久性，容易转移讯问的话题。

第二，讯问对策。①抑制其反应灵活、适应性强的特点，降低讯问的速度，松懈其意志，然后采取迂回策略，不暴露讯问意图，攻其不备；②针对其注意力容易分散的特点，采用跳跃式提问，声东击西，分散其注意，打乱其阵脚，伺机突破；③针对其能言善辩的情况，采用"欲擒故纵"的策略，抓住其口供中的矛盾、漏洞及时反击。

（3）安静型（黏液质）犯罪嫌疑人的心理特点与讯问对策。安静型气质的基本特征是：稳重、安静，沉默寡言，善于忍耐，注意力稳定但难以转移，情绪变化慢且不易外显。

第一，心理特点。安静型（黏液质）犯罪嫌疑人的心理特点主要表现为：①具有较强的自我抑制力，在受讯时一般态度沉着，没有激烈的对抗言行，情绪变化慢且不易外显。②言行稳重，工于心计，供述谨慎，对侦查讯问人员的提问不轻易回答，常在揣测意图及权衡利弊之后才作供述。③防御体系比较严密、稳固，讯问中按事先考虑好的防御计划行事，任凭侦查讯问人员深究细问也不轻易开口，具有较强的韧性和耐力性。

第二，讯问对策。①态度坚决，适当地对其施加一些压力，或有针对性地给其增加一些心理刺激，使其兴奋、紧张，打破其按部就班、步步设防的心理状态，促使其产生供述心理；②针对其防御体系严密稳固的特点，应采取循序渐进、由浅入深的讯问方法，先从一些与案件的主要犯罪事实关系不大的问题入手，使其注意力分散，促其暴露破绽，然后扭转锋芒、直取要害，摧毁其防御体系。

（4）抑制型（抑郁质）犯罪嫌疑人的心理特点与讯问对策。抑制型气质的基本特征是：情感发生慢，性格严重内倾，顾虑多、疑心重，缺乏自信和热情，受不了刺激，孤僻、刻板，行动迟缓，不善言谈，顺应性差。

第一，心理特点。抑制型（抑郁质）犯罪嫌疑人的心理特点主要表现为：①疑心重，戒备心强，对讯问环境和侦查讯问人员的言行举止非常敏感多疑，常因一些细微的刺激或讯问用语不当而无端猜测或引起种种顾虑和伤感。②畏罪心理严重，对其犯罪行为可能承担的法律后果顾虑重重，惴惴不安，自信心差，自卑感强。③对讯问的反应迟缓而冷漠，心理承受能力和顺应性差，受不了刺激，容易产生悲观绝望情绪。

第二，讯问对策。①特别注意掌握好讯问的速度和讯问的用语，速度要慢而平稳，语言要减少刺激性；②加强心理接触，耐心开导，多做感化工作，多鼓励，使其产生积极向上的热情和正视罪行的勇气；③选择犯罪嫌疑人愿意谈或容易回答的问题入手，以提高其谈话的兴趣，并适时使用证据打消其幻想，使其内心体验与客观现实统一起来。

需要注意的是，在现实生活中，属于某一种典型气质的人毕竟少数，多数人的气质类型属于混合型，即介于不同气质类型的中间类型。因此，侦查讯问人员应对犯罪嫌疑人的气质进行综合分析研究，抓住其主要气质特征加以利用并适应其特点采取相应的对策，以矫正其消极心理。

3. 不同犯罪经历犯罪嫌疑人的心理特点与讯问对策。

（1）初犯、偶犯的心理特点与讯问对策。初犯、偶犯是指第一次犯罪或犯罪经历较浅、作案次数不多，初次接受讯问的犯罪嫌疑人。

第一，心理特点。初犯、偶犯的心理特点主要表现为：①紧张、恐惧心理强烈，常常神色慌乱，坐立不安，不知所措；缺乏受讯经验，想防御却无从着手，狡辩时漏洞较多。②对所犯罪行的危害性认识肤浅，对将要受到的处罚估计偏轻，往往抱着幼稚、盲目乐观的心理，供述时检讨多于陈述事实，强调客观原因多，有的甚至认为供述了就不会追究其刑事责任，有的则容易受同监犯罪嫌疑人的教唆而盲目抗拒。③悔罪心理较为突出，心情沮丧，有的甚至悲观、绝望，破罐破摔。

第二，讯问对策。因为初犯、偶犯没有被关押和讯问的体验，表现为紧张、恐惧、疑虑和侥幸等心理特点，因此，在讯问时，应多做思想转化工作，以消除其因紧张、恐惧心理造成的精神负担，把对犯罪的悔恨变为交代罪行的动力，克服不切实际的免受惩罚的幻想。

（2）惯犯、累犯的心理特点与讯问对策。惯犯是指反复实施某种行为，犯罪成性或以作案为常业的人员。累犯是指因犯罪受过一定的刑罚处罚，在刑罚执行完毕或赦免以后的一定时期内，又犯应被判处一定刑罚之罪的犯罪行为人。

惯犯和累犯之间虽然存在着某些区别，但他们在心理和行为上都有许多共同特征，如犯罪经历较长，反社会心理强烈，熟悉诉讼程序和讯问方式，有一套对付讯问的经验，他们在讯问中的表现带有明显的适应性、狡诈性和顽固性。

第一，心理特点。惯犯、累犯的心理特点主要表现为：①情绪稳定，对讯问有心理准备，并善于建立防御体系，施展反讯问伎俩。善于揣摩侦查机关对其案情的掌握程度，并以此决定供述与否及程度。同时，随着讯问的进展，不断分析侦查人员的讯问意向，及时调整自己的防御计划和反讯问伎俩。②善于掩饰、伪装，应变能力较强。在讯问中，能较好地控制情绪，克制冲动，谨慎回答，以掩饰自己的心理活动；善于伪装，迎合侦查人员的心理，以取悦侦查人员；当供述中出现漏洞或破绽时，能灵活应变，及时修补、调整自己的防御体系。③侥幸心理严重，对抗讯问意志坚定。自恃作案经验丰富，对付讯问有办法，侥幸心理严重，坚持"不见证据不供述"的信念，能瞒则瞒，能推则推；寻机设置障碍，借故挑起事端，激怒侦查人员，制造僵局，以达到中断讯问的目的。

第二，讯问对策。①侦查讯问人员对讯问中可能遇到的困难要有充分的心理准备，要有韧性和耐心，表现出查清案情的态度和决心；②在讯问对策的运用上，力求稳打稳扎，循序渐进，不急于求成，不气馁，巧妙地使用证据，瓦解犯罪嫌疑人的侥幸心理；③在进行思想政策教育时，要有诚意，依法依理，循循善诱，当犯罪嫌疑人以种种理由为其犯罪进行辩护时，要客观分析其犯罪的原因和危害，进行通情达理的教育。总之，只要能在心理上压倒对方，对策得当，说教有力，惯犯、累犯中的多数人是能够如实供述罪行的。

4. 不同文化程度的犯罪嫌疑人的心理特点与讯问对策。文化知识对人的活动起着指导和调节作用。不同文化程度的人，其认识、需要、动机、信念及行为方式都不尽相同，这些差异的存在会使犯罪嫌疑人在讯问中表现出不同的心理水平。

（1）文化程度较低的犯罪嫌疑人的心理特点与讯问对策。文化程度较低的犯罪嫌疑人，因受文化知识较贫乏的影响，往往头脑简单，思想狭隘，行动盲目，道德和法制观念淡薄，犯罪多属冲动行为，或满足私欲，或寻求刺激，或被人利用。文化程度较低的犯罪嫌疑人在讯问中常表现为幼稚无知、无所谓的态度；或心虚害怕、手足无措；或发痴发呆、沉默不语；或硬顶硬撞，盲目抗拒；难以接受教化。

讯问文化程度较低的犯罪嫌疑人，主要应加强思想政策教育，消除其恐惧情绪和盲目的轻松感，使之对自己的罪行有正确的认识，促其坦白从宽、悔过自新。同时要针对其文化程度低、接受能力较差的特点，语言要形象，讲理要通俗，问话要直接，以适应其反应和接受能力。

（2）文化程度较高的犯罪嫌疑人的心理特点与讯问对策。文化程度较高的犯罪嫌疑人，因受教育的时间长，知识面较广，思维较严谨，多具有较强的分析判断能力，且自尊心较强，对自身的名誉、前途看得重。他们的犯罪行为多有预谋，计划周密，反映在讯问中则情绪较稳定，侥幸心理较严重，一般不与侦查讯问人员公开对抗，而是不动声色地与侦查讯问人员周旋；或自恃知识渊博，在讯问中咬文嚼字，钻空子，耍花招，妄想逃避罪责；或自暴自弃，认为自己从此声名狼藉，悲观消沉，满怀顾虑或一味对抗。

讯问文化程度较高的犯罪嫌疑人，应坚持"高智取胜"的原则，选派文化程度高、经验丰富的侦查人员承办。讯问时态度要诚恳，说话要有理有据，从心理上压倒对方，使之心服口服。针对其侥幸心理严重的特点，要适时出示证据，揭露其谎言，揭穿其反讯问的伎俩，使其理屈词穷，无计可施。而对那些悲观心理严重的，则要鼓励其看到未来光明的一面，使之悔不当初，促其认罪服法、重新做人。

拓展阅读

侦查讯问对象的反讯问手法

反讯问是讯问中的一种普遍现象，是犯罪嫌疑人有意识、有目的的行为。反讯问手法是指犯罪嫌疑人为了隐瞒案件真相，逃避或减轻罪责，而掩盖、否定和歪曲客观事实，抗拒、阻碍讯问的各种方式方法。它不仅直接影响讯问的进程，而且严重妨碍侦查办案任务的顺利完成。因此，在分析研究犯罪嫌疑人心理状态的同时，也要认真研究犯罪嫌疑人由此生成的反讯问手法，并总结出相应的对策、措施，对于提高讯问工作效率，保证侦查办案质量，具有十分重要的意义。

在侦查讯问中，犯罪嫌疑人的反讯问手法，形式多样，表现各异，主要有以下几种：

一、拒供

拒供是指犯罪嫌疑人在讯问中采取各种积极或消极的方式，拒不如实供认罪行的行为，是犯罪嫌疑人反讯问最常见的手法。犯罪嫌疑人在讯问中拒供的表现形式多种多样，有的沉默不语，一言不发；有的矢口否认，一概抵赖；有的公开顶撞，以攻为守；有的索要证据，摸我底细等。

二、谎供

谎供是指犯罪嫌疑人以虚假的供词隐瞒案件真相的行为。根据谎言与事实的关系，谎供可分为否认犯罪事实的谎供、缩小犯罪事实的谎供、夸大犯罪事实的谎供和揽罪的谎供、顶罪的谎供等多种类型。

三、少供

少供是指犯罪嫌疑人避重就轻只供认一部分罪行而隐瞒、掩盖另一部分罪行的行为。少供的具体表现可以归纳为以下"七供七不供"：供轻不供重、供远不供近、供现行不供历史、供表不供里、供事不供赃、供事实不供动机目的、供自己不供同伙或供同伙不供自己等。

四、翻供

翻供是指犯罪嫌疑人推翻原供，作出新的供述的行为。翻供有两种类型：一是推翻了原来真实的有罪或罪重的供述，代之以虚假的无罪或罪轻的供述；二是推翻了原来虚假的有罪或罪重的供述，代之以无罪或罪轻的真实供述。前者是犯罪嫌疑人反讯问的行为，后者是犯罪嫌疑人正当的辩解。翻供的原因主要有蓄意翻供、后怕心理、受人教唆、违法讯问等。对犯罪嫌疑人的翻供现象，讯问人员应采取有效措施巩固犯罪嫌疑人口供，防止翻供，如采用细节讯问法，或消除其翻供的心理因素等。对已经翻供的案件，侦查讯问人员应认真审查犯罪嫌疑人翻供的供词，分析其翻供的理由，看是否有理有据，并进行调查核实。

五、狡辩

狡辩是指犯罪嫌疑人故意歪曲客观事实，以逃避罪责的一种反讯问行为。犯罪嫌疑人狡辩的主要形式有抵赖犯罪事实和狡辩罪名两种。讯问有狡辩行为的犯罪嫌疑人，侦查讯问人员首先要分清狡辩与辩解的区别。辩解是犯罪嫌疑人根据事实和法律提出有利于自己的理由，对侦查机关的指控内容进行申辩，以证明自己无罪或罪轻。这是法律给予犯罪嫌疑人的一项合法的诉讼权利。辩解与狡辩行为有明显的区别，狡辩一般是强词夺理，歪曲事实，并伴有谎言；辩解则能提出一些理由，摆出一定的事实根据，即有理有据，讯问中应注意区分这两种行为。当确定犯罪嫌疑人进行狡辩时，侦查讯问人员要据理驳斥，用确凿的证据和事实揭露批驳犯罪嫌疑人的狡辩。如果证据不足，则应详细讯问其辩解的理由，从中发现矛盾，抓住漏洞，予以揭露，或进行调查，用获取的证据进行批驳。

六、伪装

伪装是指犯罪嫌疑人假装无辜，迷惑侦查讯问人员的行为。常见的伪装手法以及表现有伪装无辜、伪装愚笨、伪装精神病、伪装失忆、伪装聋哑、伪装急病、伪装身份等。对犯罪嫌疑人的种种伪装行为，侦查讯问人员应仔细观察分析，识破并揭穿其伪装。揭露伪装的方法有两种：一是及时揭露，迎头痛击，一举揭穿；二是采取欲擒故纵的方法，让犯罪嫌疑人编造谎言，尽情"表演"，待矛盾充分暴露、漏洞百出后再集中揭露，剥其伪装。

七、诬陷

诬陷即诬告陷害，是指犯罪嫌疑人捏造犯罪事实，意图使他人受到刑罚处罚的行为。犯罪嫌疑人在讯问中的诬陷行为，主要表现在两个方面：一是把罪责嫁祸于人，栽赃陷害，诬陷他人，以便浑水摸鱼，逃避打击；二是反诬侦查讯问人员，攻击办案"违法"，借机翻案，开脱罪责。如有的犯罪嫌疑人诬告侦查讯问人员对其刑讯逼供，使他忍受不了"皮肉之苦"，而作虚假的有罪供述。

八、其他反讯问手法

犯罪嫌疑人除了上述七种直接的反讯问手法外，还有其他多种间接的反讯问手法，如闹监、自伤自残、自杀、脱逃等，对犯罪嫌疑人的这些间接反讯问的破坏行为，侦查讯问人员应保持高度的警惕性，并积极主动与看守、警戒人员配合，严密监视，掌握动态，防患于未然。一旦发生上述破坏行为，应迅速、果断地予以制止。

技能训练

一、训练内容

犯罪嫌疑人拒供心理分析与对策思路训练。

二、训练目的与要求

（一）目的

通过完成该项训练，使学生掌握对犯罪嫌疑人拒供心理进行分析并确定对策的基本思路。

（二）要求

1. 掌握犯罪嫌疑人心理现象的基本内容。
2. 掌握犯罪嫌疑人在讯问中的拒供心理表现与矫正思路。
3. 掌握犯罪嫌疑人在讯问中的心理变化规律与对策思路。

三、训练的基本方式

1. 通过完成典型案例中犯罪嫌疑人拒供心理的分析并制定讯问方案，训练学生的基本思路。
2. 通过实际参加模拟审讯，体验犯罪嫌疑人拒供心理及对策思路。
3. 可分组进行，角色扮演，制作分析报告和写出训练心得。

四、训练方法

采取操作性训练方法进行。

五、训练素材

训练案例（或音像资料）由指导教师另行提供。

单 元 三

侦查讯问程序

学习目标

知识目标：明确侦查讯问的常规流程，掌握侦查讯问各阶段工作的主要内容及要求。

能力目标：培养程序意识，强化法制观念。

学习提示

本单元教学主要采用课堂讲授、案例演示及讨论相结合的方式，结合《刑事诉讼法》《程序规定》等法律法规，力求理解和掌握侦查讯问程序的基本流程与内容。

内容结构图

$$
侦查讯问程序
\begin{cases}
侦查讯问的准备 \\
第一次讯问（初讯）\\
续讯 \\
结束讯
\end{cases}
$$

项目一　侦查讯问的准备

案例导入

20××年 6 月 18 日晚 10 点左右，张×与同厂的王×一起在张×家吃饭，吃完饭后王×便骑摩托车回家。此时，张×发现其妻子刘×也不在家中，认为其妻刘×与王×有奸情，遂骑摩托车去找王×，在太阳百货临时工地旁遇见王×并殴打王×，王×便拿起石头将张×砸倒，在张×昏迷时还不断击打其头部而至张×死亡，后王×骑摩托车慌忙而逃，被巡警抓住将其送至派出所。

案件受理后，在对犯罪嫌疑人开展讯问之前，侦查人员通过现场勘查、询问证人和查阅案卷材料等途径，获知如下有关案件、犯罪嫌疑人及被害人的信息：

1. 案件本身的情况。

（1）案件发生的准确时间与地点：20××年6月18日晚11点左右；在太阳百货临时工地旁。

（2）案件性质：属于故意杀人。

（3）犯罪的可能实施方式及已知事实：工具：一块扁的石头。活动情况：与被害人发生冲突，在被害人动手后予以正当防卫，但之后有了杀人的念头，用石头猛击被害人后逃窜。遗留物品情况：犯罪嫌疑人的手机一部。

（4）犯罪的动机及目的：动机是为被害人的妻子（其情妇）打抱不平，希望与其联合解决后顾之忧。目的是杀死被害人。

2. 犯罪嫌疑人情况。

（1）个人情况：王×，男，30周岁，汉族，高中学历，单身；没有受过刑事、行政等处罚或者被劳动教养。

（2）目前身体状况：良好，对毒品、酒精没有成瘾性。

（3）与受害人关系：同属一个厂，受害人是仓库管理员。

3. 被害人情况。

（1）个人情况：张×，男，30周岁，汉族，高中文化，已婚，妻子刘×是该厂小卖部营业员，家庭经济条件一般，之前无违法犯罪记录。

（2）死前身体状况：良好，对毒品、酒精没有成瘾性。

（3）伤害或损害的性质及其具体情况：死亡。

在此基础上，侦查讯问人员就作案时间、犯罪现场、作案动机、作案工具、作案手段、体貌特征、现场痕迹物证等相关证据材料的情况进行了严格审查。同时，根据犯罪现场遗留下的犯罪嫌疑人的手机与凌乱的现场，以及嫌疑人在被抓捕羁押后沉默不语、低头流泪等情况，对犯罪嫌疑人王×的心理进行了详尽的分析，作出了准确判断。

据此，侦查讯问人员制订了如下讯问计划：

1. 案件简要情况：20××年6月18日晚11点左右，张×认为其妻刘×与同厂的王×有奸情，发现刘×不见后，骑摩托车去找王×，找到后，在太阳百货临时工地旁殴打王×，王×便拿起石头将张×砸死，骑摩托车慌忙而逃，被巡警抓住送至派出所。

2. 讯问中需查明问题：是否知道将张×打死；是否与刘×有奸情；在与张×吃饭期间有无争执；与刘×是怎样交往的；打张×事前刘×是否知情；当时张×和王×的具体地点在哪里；怎么打的；王×说的"大一点的石头"有多大；张×怎么知道王×和刘×有奸情；王×为什么一直用石头砸张×的头部；王×的状态怎样；王×现在大脑清不清醒；王×还有什么需要补充；以上说的是否属实等。

3. 结合犯罪嫌疑人的具体情况，把握好讯问的时机，适时开展讯问。

由于讯问前工作做得充分，计划周详，侦查讯问人员很快查清了案件事实真相。

📖 **工作导向**

一、案例评读

案例中，在对犯罪嫌疑人王某开展讯问之前，侦查讯问人员做了大量、有效的准备工作，如对案情的深入调查和了解；对涉案证据的审查；对犯罪嫌疑人王某进行心理分析等。在此基础上，制订了确实可行的讯问计划，确保讯问工作顺利进行，最终达到查清案件的目的。

二、问题思考

结合上述案例，分析侦查讯问前有哪些准备工作？实践中如何做好这些工作？

📖 **内容导入**

侦查讯问的准备工作是取得讯问成功的重要环节，具有十分重要的意义。与其他侦查措施相比，侦查讯问具有"短兵相接"的特点，侦查讯问人员在与犯罪嫌疑人面对面的交锋中，要随时根据变化的形势作出相应的对策反应，不能单纯依靠"临场发挥"，必须做好讯问前的准备。讯问前的准备是侦查讯问人员在讯问中控制讯问局势、掌握主动、克服临场的盲目性和随意性、最大限度地减少失误、以获得最佳讯问效果的保障。因此，在进行讯问活动之前，要认真做好准备工作。

讯问准备工作应因案而宜，详略得当，通常情况下，讯问之前应做好如下准备工作：

一、组织侦查讯问力量

（一）配备侦查讯问力量

1. 配备侦查讯问力量的法律要求。

（1）侦查讯问主体的身份要合法。《刑事诉讼法》第118条第1款规定："讯问犯罪嫌疑人必须由人民检察院或者公安机关的侦查人员负责进行……"这是法律对讯问主体的身份要求，因此，讯问主体必须是侦查人员。

（2）侦查讯问主体的数量要合法。《刑事诉讼法》第118条第1款规定："……讯问的时候，侦查人员不得少于2人。"这是对一次讯问参加人员的数量要求，因此，每次参与讯问的侦查人员不得少于2人。

（3）侦查讯问主体的回避。《刑事诉讼法》第29、30条规定，侦查人员具有下列情形之一的，应当自行回避：①是本案的当事人或者是当事人的近亲属；②本人或他的近亲属和本案有利害关系；③担任过本案的证人、鉴定人、辩护人、诉讼代理人；④与本案当事人有其他关系，可能影响公正处理案件；⑤接受当事人及其委托的人的请客送礼，违反规定会见当事人及其委托的人。当然，如有上述情形，当事人及其法定代理人也有权要求侦查人员回避，以确保案件的公正处理。

（4）第三人参与讯问。《刑事诉讼法》第9、121条和《程序规定》第199条规定，讯问聋、哑和不通晓当地语言文字的犯罪嫌疑人，应当配备翻译人员。《刑事诉讼法》第281条规定，讯问未成年犯罪嫌疑人时应当通知其法定代理人到场。如果是女性未成年犯罪嫌疑人，还应当有女工作人员在场。

2. 配备侦查讯问力量的案件条件要求。除了法律对组织讯问力量的要求之外，讯问实践中，侦查部门还应当根据案件的不同情况和侦查讯问人员、犯罪嫌疑人的不同特点，妥善组织相应的讯问力量，在具体选配侦查讯问人员时，应考虑以下因素：

（1）案件的性质和重大、复杂、疑难程度。由于每个侦查讯问人员文化专长、办案经验、办案风格和特点、兴趣取向以及工作分工等不同，在讯问不同类型案件及犯罪嫌疑人的优势上也各有不同。因此，在选配侦查讯问人员时应考虑其专业和特长，尽量发挥其长处，以达到事半功倍的效果。

（2）犯罪嫌疑人的个性特征。讯问过程是侦查讯问人员和犯罪嫌疑人之间面对面的交锋，是一种特殊的人与人之间的交往，如果双方在气质、性格和能力等主要个性特点上相距较大，则很难建立心理接触，更不易在对话中战胜对手。依此，可参照心理学上"性格相融"的原则选配侦查讯问人员，使其在个性特点上既能符合犯罪嫌疑人的特点，又能在讯问过程中驾驭和超越对手，始终占据主动的地位，保证讯问工作的顺利进行。

（3）犯罪嫌疑人的性别、语言和籍贯等。对于犯罪嫌疑人的性别，主要是考虑讯问女性犯罪嫌疑人时，最好安排有女侦查讯问人员参加。对于流窜犯罪案件，如果犯罪嫌疑人使用某个地域的方言，最好选择能够使用、听懂这种方言或同一籍贯的侦查讯问人员参加讯问工作，这将有利于增强犯罪嫌疑人对侦查讯问人员的认同感和信任感，从而使侦查讯问人员达到与犯罪嫌疑人进行情感接近、语言交流和扩充话题的目的，利于讯问活动的开展。

（4）犯罪嫌疑人的年龄、职业、职务、受教育程度和经历等。在条件允许的情况下，犯罪嫌疑人年龄大的，最好安排年龄较大的侦查人员负责讯问；对于知道犯罪嫌疑人的职业的，最好安排对这一职业较为熟悉的侦查讯问人员负责讯问；对于犯罪嫌疑人受教育程度、职务、职称较高的，最好能安排同其文化程度、职务、职称相适应或高一些的侦查讯问人员负责讯问；而对经历复杂、阅历较深的犯罪嫌疑人，应当安排社会经验和讯问经验丰富的侦查讯问人员负责讯问。如此配备侦查讯问力量，目的是便于开展讯问。

（二）侦查讯问人员的组成及其工作要求

1. 组成。通常讲的侦查讯问人员，包括讯问的组织指挥人员、主讯人员、助讯人员及记录人员。讯问的组织指挥人员是案件讯问工作的主要领导，是讯问工作的决策、指挥、协调人员，主要负责侦查讯问人员的组织分工调配、讯问计划的研究、批准实施以及对临时应急情况的指挥处理；主讯人员是讯问的主体，是讯问的直接操作人员，负责制订讯问计划并按计划进行讯问，控制讯问的全过程，并对出现的情况作出临时处理；助讯人员是协助主讯人员进行讯问、对讯问起辅助作用的人员；记录人员负责对讯问的全过程进行记录，并对主讯人员起协助作用。在讯问时，主讯人员、助讯人员、记录人员根据各自的分工和事先约定的方法，各负其责，互相配合。

2. 工作要求。

（1）一般案件，按"讯调同一"的原则，组织不少于2人的侦查讯问小组负责讯问工作。

（2）犯罪嫌疑人分布在不同县、市或不同省（区），跨县、市或跨省（区）犯罪的案件，按照"讯调分工"的原则，可以由有关的县、市公安机关协商组织侦查讯问力量进行讯问，也可以由有关县、市的共同上级公安机关牵头组织侦查讯问力量进行讯问，或由共同的上级公安机关指定有关的某一个下级公安机关组织力量进行讯问。

（3）影响大、危害后果严重的重特大案件，应组织2人以上的侦查讯问小组负责讯问工作。而对于犯罪嫌疑人人数较多的复杂的团伙或集团犯罪案件，应按"同线分讯"的原则，应适当增加讯问力量，统一部署，统一指挥，相互协调，密切配合，分组同步开展讯问，以利于彻底查明案情。

二、熟悉、研究案件材料

熟悉、研究前期侦查所获取的案件材料是做好讯问工作的基础，因此，负责讯问的侦查人员在讯问前应通过听取相关人员介绍、复勘现场、调查走访、阅卷等途径，全面熟悉、研究案件材料，弄清案件的现状和存在的问题，明确讯问和调查的方向，为确定确定讯问策略和方法提供依据。

（一）熟悉、研究案件材料的要点

1. 熟悉案件的基本情况，研究案件的性质、特征。要熟悉案件发生的时间、地点；犯罪行为的性质及其造成的后果；犯罪使用的工具、行为方式和具体情节；犯罪的主要动机、目的及其根据；确定犯罪嫌疑人的依据和其他犯罪嫌疑人的情况等。主要了解上述情况中哪些情节清楚了，哪些情节还不清楚，据此来分析研究案件的性质和特征。

2. 熟悉案件的证据材料。侦查讯问人员在熟悉案件基本情况的基础上要重点研究前期侦查所获取的证据。首先要了解这些证据是怎样获得的，是否符合法律手续，并判断其可靠程度；其次是要审查犯罪事实和证据材料是否一致，核对各证据之间是否矛盾及查明矛盾的原因；再次是弄清楚需进一步收集哪些证据，如何收集，从何处收集；最后是要明确哪些证据可以在讯问中使用，哪些证据不能在讯问中使用。

3. 分析案件是否涉及专门性的技术问题。案件如果涉及专门性技术问题，侦查讯问人员可以查阅有关资料或向有关的专家咨询、请教。

（二）熟悉、研究案件材料应注意的问题

1. 对案件的全部资料和实物证据都要认真过目和研究。要边审阅边摘记，对复杂和重大的问题，还可以制作单项或综合性的图标，以便于消化理解、分析研究。

2. 力求以第一手材料作出判断，以免因"人云亦云"而出现错误的判断。

三、分析研究犯罪嫌疑人

犯罪嫌疑人是侦查讯问的对象，俗话说"知己知彼，百战不殆"。通过对犯罪嫌疑人情况的了解和分析，并根据案件性质和案情的需要，以确定讯问的策略、方法和节奏。

（一）犯罪嫌疑人基本情况

犯罪嫌疑人的基本情况包括姓名（别名、曾用名、绰号等）、性别、出生年月日、户籍所在地、暂住地、籍贯、民族、工作单位、文化程度、家庭情况、社会关系、个人经历、是否有前科以及与案件其他人的相互关系等。熟悉这些情况，不单是审查有无错拘、错捕的问题，往往也能影响讯问的效果。

（二）犯罪嫌疑人与犯罪事实

犯罪嫌疑人与犯罪事实要有一定的联系。讯问前，要熟悉已收集的证据材料和其他材料，并通过分析研究，审查证据材料的可靠程度，弄清哪些犯罪事实、情节有证据证明及其内在的关联；哪些没有证据证实；哪些还有疑点、矛盾。必要时，应进行实验、鉴定，弄清有无查清犯罪事实疑点、矛盾的线索，这些线索涉及什么地方、单位或个人，应当采取什么方式调查取证，哪些疑点或矛盾要通过讯问犯罪嫌疑人才能排除或证实。对于共同犯罪，通过分析证据材料，看共同犯罪行为中有几个犯罪嫌疑人，从已有证据材料中能否确定主犯、从犯、胁从犯、教唆犯，有无同伙漏网。通过分析其他材料，了解犯罪涉及的范围，犯罪嫌疑人犯罪行为的暴露程度和影响程度。将已有的证据材料和其他材料进行加工整理，能对犯罪事实作出判断，并对犯罪嫌疑人的供述意向有所了解，这对制订讯问计划，确定讯问策略、步骤、方法是十分重要的。

（三）犯罪嫌疑人心理状态

心理状态是指人在一定时间内心理活动的综合表现。对于讯问阶段的犯罪嫌疑人来说，就是他是否愿意供述，原因是什么。犯罪嫌疑人心理变化虽有共同的规律，但由于每个犯罪嫌疑人生活经历、社会关系、文化程度、性格气质和生理条件等方面的差异，在接受讯问时，其心理状态是不同的，即使是同一犯罪嫌疑人，因讯问情境的变化，心理状态也有不同的表现。掌握犯罪嫌疑人的心理状态，对确定讯问策略和方法具有重要意义。

1. 分析条件。人的任何一种心理状态都要依存于当时的客观条件，同时也受其个性特点的制约。为了准确地分析判断犯罪嫌疑人的心理状态，需要了解下列条件：

（1）犯罪嫌疑人犯罪时的主客观原因；

（2）犯罪嫌疑人在被拘捕时和羁押中的行为表现；

（3）对犯罪嫌疑人实施拘捕、羁押过程中有无特殊或违法的行为；

（4）犯罪嫌疑人对侦查情况的知情程度；

（5）犯罪嫌疑人的平时表现及其个性特点等。

2. 分析途径。针对上述条件，一般可以通过下列途径分析犯罪嫌疑人的心理状态：

（1）审阅犯罪嫌疑人的历史档案和犯罪事实材料；

（2）向社区民警、看守人员及其他相关人员进行调查了解；

（3）通过讯问正面观察；

（4）对犯罪现场和相关证据材料进行分析；

（5）对通过秘密侦查获得的材料进行分析等。

分析研究犯罪嫌疑人的心理不是一次性的，要真正掌握犯罪嫌疑人的心理，须经过不同途径、采取多种方法，并不断跟踪才能实现。

四、制订侦查讯问计划

讯问计划是指导讯问工作、实现讯问目标的具体安排，是组织、指挥讯问过程的依据。讯问计划是在熟悉和研究案情、初步了解犯罪嫌疑人情况的基础上，根据案件的具体情况和侦查人员的讯问特点制定的。讯问计划一般包括下列内容：

（一）简要案情

包括案件发生、发现以及侦查破案的情况；对犯罪嫌疑人采取强制措施的情况；已查明的犯罪事实、已掌握的证据以及有无疑点和矛盾等。

（二）讯问的目的和要求

即确定本次讯问要达到什么目的，要查明的事实、情节及核实的证据是什么，为了达到讯问目的，要注意什么问题，有哪些要求。

（三）讯问的步骤、重点

先问什么后问什么，怎么开头，怎么切入主题，怎么结束讯问以及讯问的重点是什么，或者讯问的主要问题是什么，都应在计划中列出。

（四）讯问的步骤、策略和方法

计划中要明确讯问的步骤、策略，讯问的突破口，证据出示的时机、使用的方法以及讯问中采取的行动方式等。

（五）如何应对犯罪嫌疑人的辩解和提出的条件

讯问中，犯罪嫌疑人可能在哪些问题上作出辩解，如何应对。如果犯罪嫌疑人的辩解有理有据，应如何处置，如果无理无据，应如何揭露、批驳。另外，犯罪嫌疑人在讯问中可能提出一些条件，侦查讯问人员该如何作答，是否能给予满足等。

（六）讯问中出现僵持局面、紧急情况的应对和处置

在讯问过程中出现了僵持局面，可采取什么措施来打破僵局，变被动为主动；讯问确实无法进行下去时应如何结束讯问等。讯问中犯罪嫌疑人如出现行凶、自杀等情形，侦查讯问人员应怎么处置；犯罪嫌疑人突然病倒应如何处理，以及如何防范出现意外情况等。

（七）与其他侦查措施相配合

包括讯问与录音、录像相配合；讯问与调查取证相配合；讯问与监控技术相配合；讯问与狱侦相配合等。

制订讯问计划要集思广益，以上所列各项应当尽量考虑到，但根据案件的具体情况，并不一定要面面俱到，应有详有略，突出主要问题。一般的案件不必制订书面计划，但参与讯问的侦查讯问人员应进行商量、探讨，形成初步的讯问方案。重特大案件必须制订书面讯问计划并报经领导审批后执行。重大复杂的案件每次讯问前都要作出具体安排，列出讯问提纲。讯问计划要经过实践检验，根据案情的变化和讯问的进展，不断加以修改和调整。

五、选择讯问的场所和时机

（一）讯问场所

讯问场所，是讯问犯罪嫌疑人的地点和环境。选择和布置适当的讯问场所可对犯罪嫌疑人起到一定的心理刺激作用，也是实施讯问谋略的重要条件。因此，讯问实践中应重视讯问场所的选择和布置。

1. 选择讯问场所应考虑的因素。选择和布置讯问场所是讯问准备工作的一项重要内容。要根据案件的性质及严重程度，证据的多少及可靠程度，犯罪嫌疑人的身份、地位、年龄、性格、身体状况、社会关系以及是否对其采取了强制措施等来确定，同时还要考虑是否有利于犯罪嫌疑人产生供述心理，是否有利于占据时间上的优势和把握讯问时机，是否有利于营造和渲染讯问氛围等因素。只有这样，才能创造适宜的讯

问场所。

2. 常见讯问场所及其要求。

（1）看守所讯问室。《程序规定》第152条规定：犯罪嫌疑人被送交看守所羁押以后，侦查人员对其进行讯问，应当在看守所讯问室内进行。

看守所讯问室是专门为讯问设置的场所，具有专业性、保密性和安全性的特点，是理想的讯问场所。看守所讯问室分为普通讯问室和能录音、录像的讯问室。看守所讯问室的设置应考虑：①空间。根据心理学关于空间视觉的研究和长期的讯问实践经验，讯问室的面积要适中，不宜过大，也不宜过小，否则，不利于建立良好的心理接触和营造适当的讯问气氛。②物件摆设。讯问室的布置应当以简洁为原则，一般的讯问室内仅摆放一张讯问桌和供讯问双方坐的椅子，特殊讯问室则可安装录音、录像和通信联络等设备，室内不能有其他的杂物。③颜色和照明。讯问室内的颜色和照明应遵循一定的规律和准则。从颜色的角度来看，总体要求是神圣、庄严、洁净，讯问室内的墙壁和天花板选择光洁度较弱的乳白色为主色调，也可以根据讯问对象的气质的特殊性，选用其他颜色为主色调。从光线的角度来看，讯问室内的照明以能比较准确地观察讯问对象的神态和情绪变化为宜，过强或弱容易产生干扰和影响，分散讯问双方的注意力。

（2）其他讯问场所。根据《刑事诉讼法》第119条的规定，对不需要逮捕、拘留的犯罪嫌疑人，可以传唤到犯罪嫌疑人所在市、县内的指定地点或者到他的住处进行讯问。对在现场发现的犯罪嫌疑人，经出示工作证件，可以口头传唤。对惯犯和已采取取保候审或监视居住的犯罪嫌疑人的讯问，最好传唤到其居住地的派出所进行，对初犯或胁从犯，可在其所在市、县内的适当地点讯问，如其住所或单位。讯问实践中，为了把握讯问时机，还可在拘捕现场或押解途中对犯罪嫌疑人进行必要的讯问。上述临时讯问场所选择的总体要求是：严肃、安静、无外界干扰，有利于保密，能有效地防止犯罪嫌疑人行凶、逃跑和其他事故的发生。

（3）异地讯问场所。异地讯问就是将犯罪嫌疑人转移关押场所，脱离原有的讯问环境进行讯问。实践中，异地讯问常适用于两类犯罪嫌疑人：一类是有抗御能力的犯罪嫌疑人，另一类是因证据不足或讯问失误而久讯不下的犯罪嫌疑人。通过异地讯问，可以减弱和打消犯罪嫌疑人的心理优势，打破并摧毁犯罪嫌疑人已形成的拒供心理防线，再现拘捕初期的心理状态，从而为重新确定讯问策略和方法创造条件。

（二）讯问时机

在讯问前做好上述准备后，就要考虑对犯罪嫌疑人适时进行讯问，以便发挥证据威力和取得良好的讯问效果。此中所指适时开展讯问，就是要抓住讯问的时机，俗话说"机不可失，时不再来"。讯问实践中，抓住讯问时机，易于获得真实口供，查明案件事实真相；失去讯问时机，不仅会给讯问带来困难，而且可能造成讯问工作的失败，贻误整个侦查工作的进程。

讯问时机是指在讯问过程中最有可能获取犯罪嫌疑人真实供述的带有时间性的客观条件。讯问时机是多种多样的，在讯问实践中，常见的有：

1. 犯罪嫌疑人刚被抓获时。刚被抓获泛指犯罪嫌疑人刚被留置、传唤、拘传、拘留或者逮捕。这个时候，犯罪嫌疑人思想压力大，情绪较不稳定，不了解侦查讯问人员掌握证据的情况和讯问方式，面对突然而至的讯问，还没有系统的思想准备，来不及深思熟虑以对付讯问，使其陷入思想混乱，促其作出真实供述。

2. 询问中发现破绽时。如果侦查中掌握的证据不够确实、充分，侦查人员通常是将犯罪嫌疑人先当作知情人进行询问。通过询问，如发现了涉嫌犯罪的证据或有关情况，可证实该知情人可能是犯罪嫌疑人时，即可将询问转化为讯问。

3. 犯罪嫌疑人思想斗争激烈时。当犯罪嫌疑人意识到自己的罪行已败露，无法继续隐瞒，而萌生畏罪、悔罪心理，又无解脱良策之时，往往思想斗争激烈，常表现为情绪紧张、少言寡语、寝食不安、长吁短叹、异常敏感、行动反常等。如果侦查人员能及时发现犯罪嫌疑人的上述心理状态，不失时机地组织讯问，可以收到较好的讯问效果。

4. 悉知其他犯罪事实时。在对侦查讯问的犯罪事实没有太大的取胜把握或证明犯罪的证据尚不够充分的情况下，可利用犯罪嫌疑人较轻的又有确实证据的其他违法犯罪事实为由进行讯问，充分利用已掌握证据、事实的威慑、震撼作用，使犯罪嫌疑人形成所有犯罪事实都已被侦查人员掌握的错觉，促其承认现行侦查的犯罪事实。

侦查讯问人员对于讯问时机，一要善于捕捉，二要积极创造。要发挥侦查讯问人员在讯问中的主动权，以敏捷的思维、快速的反应、果断的措施，通过对犯罪嫌疑人的外在行为表征，透视犯罪嫌疑人心理变化的规律，抓住犯罪嫌疑人的薄弱环节，扬长避短，主动出击，迅速突破犯罪嫌疑人的心理防线，直至取得讯问的成功。

项目二　第一次讯问

📖 案例导入

20××年 3 月 15 日 17 时许，巡警在某商场附近当场抓获一盗窃摩托车的犯罪嫌疑人黄×，随即移交公安机关。值班侦查员录制了摩托车主及巡警的证实材料后办理了刑事拘留手续将黄×送入看守所。第二天交侦查员刘×、王×审理此案。

抓获过程：事主汪女士骑摩托车到某商场购物，因购物地点在门口处并急于赶路，就没有拔下车钥匙，谁知购物出来后看到一个人正把摩托车骑走，于是大喊"抓小偷"，这时巡警赶到，追过去将偷车人抓住。

巡警提供的情况："我们两人巡逻至某商场附近，听到有人喊'抓小偷'，并看到一个女士正在追赶一个骑摩托车的人，我们迎上去堵截，骑摩托车的人看到我们后想沿马路向东左转弯，结果摔了，他爬起来就跑，跑出10多米时，胳膊一扬，边跑边向外扔了一串带有特殊形状的钥匙，我们追了50多米把他抓住，后来有群众将带有特殊形状的钥匙串送到警队。我们审查他，他对盗窃案供认不讳。"

两名侦查讯问人员到看守所提审黄×。

讯问笔录（第一次）

时间：20××年3月16日9时30分至16日12时55分

地点：×市公安局第三看守所第六提审室

侦查人员姓名、单位：刘×，王×，×市刑警支队××大队

记录员：王×　　　　工作单位：×市刑警支队××大队

犯罪嫌疑人：黄×　曾用名：无　　　性别：男

出生日期：1975年7月3日　　　文化程度：高中

户籍所在地：×市××区××镇　　　民族：汉

现住址：×市××区××街一平房

犯罪嫌疑人身份证件名称及号码：身份证，×××××197507034577

工作单位：无

联系电话：135××××254

家庭成员：

简历：1983~1988年在×市××镇小学读书；

1988~1991年在×市××镇一中读书；

1991~1993年在×市××镇高中读书；

1993年10月因父母双亡而辍学；

1994年3月至今在×市打工。

问：我们是×市刑警支队的民警（出示证件），现依法向你讯问，你要如实回答，对与案件无关的问题，你有拒绝回答的权利，你听清楚了么？

答：听清楚了。

问：你以前是否被公安机关或其他的部门处理过？

答：没有。

问：这是诉讼权利义务告知书，你能看吧？给你看一看。

答：我现在就看（看告知书约3分钟）。

问：你看明白了？

答：我看明白了。

问：你有什么要求？

答：我想请我叔叔为我聘请律师。

问：讯问结束后我们会把你的这一要求转告你的叔叔。我们再向你强调一下，根

据法律规定，你有义务如实回答我们的提问，说假话、出伪证你要负法律责任的，但是对于与本案无关的问题，你可以拒绝回答，你听清楚了么？

答：知道。

问：你是因为什么被拘留（或逮捕）的？

答：偷摩托车。

问：你把偷摩托车的时间、地点、经过详细讲一讲。

答：昨天晚上快5点时，我往住处走，路过某商场门口时，看到一个女的骑摩托车停在那里后没拔钥匙就进了商场。我凑过去打开钥匙门，启动了摩托车，刚刚开走时，那个女的从商场里出来，见我骑她的车，边追边喊"抓小偷"。我加油向南骑，忽然看见两个警察，赶紧向北拐，由于心急拐弯太猛，一下子摔了。我起来就跑，没跑多远就被抓住了。我一时贪心偷人家的车，犯了错，你们能不能放了我，以后我再也不敢了。

问：你为什么要偷摩托车？

答：本来也没想偷，当看到她没锁车时突然想偷的。

问：你做这事是什么行为？

答：是盗窃。

问：在昨天这件事上你是配合我们的，表现得比较好，希望你能再接再厉，把其他的问题也都说清楚（暗示、点出其还有问题）。

答：……（沉默）

问：你把摩托车的特征和停放情况详细讲一讲。

答：（关于摩托车的颜色、牌子、型号、新旧程度、停放位置、方向、支架停靠方式等能够讲清的细节内容。）

问：你的事情你我心里都有数，虽然咱们刚刚接触，但公安机关（或刑警队）是做什么的你不会不知道，现在有两条路摆在你面前，一是顽抗到底，必将受到法律的严惩；二是走坦白从宽的道路，争取得到从宽处理，早日悔过自新，你听明白没有？（再次暗示、点出其还有问题，指明出路。）

答：听明白了。

问：那你还有什么要说（或交代）的？

答：我现在头脑乱得很，也很痛，能否让我休息一下。

问：好，我们可以给你时间。也希望下次能看到你的良好表现。你的态度直接关系到对你的处理，你要抓住机会。还有什么要说的吗？

答：没有了。

问：以上讲的都属实（或是实话）吗？

答：属实（或是实话）。

问：看一看，没有问题签字吧。

答：是。

以上记录看过和我说得一样（或一致或都对或相符）。

工作导向

一、案例评读

法律对第一次讯问有较为详细和严格的规定，在讯问实践中要加以遵守。案例较为详细地记录了对犯罪嫌疑人黄×开展第一次讯问的程序及其内容。学习中要结合法律规定和课程内容对案例展开认真阅读和讨论，以理解和掌握第一次讯问的步骤及其内容要素。

二、问题思考

结合案例、课程内容和相关法律法规，详细谈谈第一次讯问所必须遵守的程序规定及其内容要求。

内容导入

一、含义

第一次讯问，也称初讯，是侦查讯问人员对犯罪嫌疑人的首次讯问，是指在刑事案件立案后，根据法定的程序正面接触犯罪嫌疑人以后，在法定时限内，侦查讯问人员依法对犯罪嫌疑人所进行的第一次讯问。依据《刑事诉讼法》的有关规定，对于被拘留、逮捕的犯罪嫌疑人，应在拘留、逮捕后的 24 小时内进行第一次讯问。传唤、拘传的时间最长不得超过 12 小时。体现了第一次讯问的初始性、紧迫性和程序性的特点。

法律程序上的第一次讯问一般是侦查部门对犯罪嫌疑人采取了强制措施之后的第一次正面接触，是讯问工作的开始，对于整个侦查工作有至关重要的作用。如果第一次讯问做好了，就能为顺利突破案情、及时讯清案件打好基础；如果第一次讯问没做好，就可能使讯问工作陷入僵局，不利于侦查工作的有效开展。为做好第一次讯问工作，侦查人员要遵守法律的相关规定，并结合犯罪嫌疑人的心理表现和案件的实际情况，努力完成下列任务：首先要核对犯罪嫌疑人的基本情况，防止错拘、错捕，更要注意挖掘有利于讯问的积极因素；其次要掌握犯罪嫌疑人的个性特点、心理状态、知情程度和认罪态度，判断其防守能力，为今后的讯问创造条件；再次要缓和犯罪嫌疑人的对立或紧张情绪，初步建立起交往关系；最后要明确讯问的重点，向犯罪嫌疑人提出思考命题。

二、一般步骤

根据《刑事诉讼法》和有关法规的规定，第一次讯问一般包括以下几个步骤：

1. 讯问犯罪嫌疑人的基本情况。第一次讯问，应当问明犯罪嫌疑人的基本情况。依据《程序规定》第 198 条第 3 款的规定，犯罪嫌疑人的基本情况包括姓名、别名、曾用名、出生年月日、户籍所在地、现住地、籍贯、出生地、民族、职业、文化程度、家庭情况、社会经历、是否属于人大代表、政协委员、是否受过刑事处罚或者行政处理等内容。

2. 宣布犯罪嫌疑人已被指控有罪，并告知有关事项。在问清犯罪嫌疑人的基本情况以后，侦查讯问人员应告知犯罪嫌疑人已被指控犯有罪行，并告诫犯罪嫌疑人，依法律规定，对侦查讯问人员的提问，应如实回答。与此同时，简明扼要地对其讲解一些相关的形势政策，要求犯罪嫌疑人配合讯问，走坦白的道路。

为了保障犯罪嫌疑人的依法行使诉讼权利，约束侦查讯问人员自身的行为，还应告知犯罪嫌疑人承办此案的侦查讯问人员的姓名、单位和职务。如果聘请有翻译人员应当同时告知，并讯问犯罪嫌疑人是否申请回避，然后，再告知犯罪嫌疑人依法应当享有的诉讼权利和应当履行的诉讼义务。

对于上述告知内容以及犯罪嫌疑人是否要求回避、聘请辩护律师的回答，都应如实记录。

3. 讯问犯罪嫌疑人是否有犯罪行为，并听取其供述和辩解。《刑事诉讼法》第 120 条规定："侦查人员在讯问犯罪嫌疑人的时候，应当首先讯问犯罪嫌疑人是否有犯罪行为，让他陈述有罪的情节或者无罪的辩解，然后向他提出问题……"在讯问犯罪嫌疑人是否有犯罪行为之后，犯罪嫌疑人会作有罪的供述或者无罪的辩解，对此，侦查讯问人员必须认真仔细地倾听，一般不要随便打断犯罪嫌疑人的陈述，既要认真听取其有罪的供述，也要耐心听取其无罪或罪轻的辩解，从中分析其陈述是否有矛盾，这样，有利于在侦查人员和犯罪嫌疑人之间建立较稳定的讯供关系，保证今后讯问工作的开展。

4. 有计划地提问。在听完犯罪嫌疑人的陈述后，侦查讯问人员即可按照既定的讯问计划、讯问提纲，或者根据犯罪嫌疑人陈述中露出的矛盾，采取相应的方式和方法，向犯罪嫌疑人进行实质性的提问，并且讲政策、读法律、指出路，敦促犯罪嫌疑人尽快把全部或主要问题交代清楚，争取讯问能够深入或澄清案情。

5. 结束讯问。对于讯问没有取得实质性进展或者未能排除犯罪嫌疑人犯罪嫌疑的案件和有证据证明有犯罪事实的案件，结束讯问时，应当提出问题，责令犯罪嫌疑人反省，为以后的讯问创造条件。对于已经排除了犯罪嫌疑的，结束讯问时要做好善后工作。

三、注意问题

1. 第一次讯问应当做到问题集中，指向明确，不可把摊子铺得过大，什么问题都问，什么问题都没有突破。

2. 第一次讯问中除要用简洁明了的语言宣讲政策、法律外，侦查人员要少讲多听，尽量让犯罪嫌疑人多说，促其暴露矛盾，以便获取更多的信息。

3. 第一次讯问要尽量少使用证据，如果需要使用，必须把握使用证据的时机和技巧，切不可盲目使用，暴露侦查人员的底细，不利以后的讯问。

4. 第一次讯问中，对犯罪嫌疑人所作的有罪供述或无罪辩解，无论我们是否掌握，都让他把话说完，再进行提问。在听取犯罪嫌疑人有罪的供述时，侦查人员应做到不露声色，以免影响口供的客观性。

✍ 拓展阅读

国外讯问犯罪嫌疑人的权利告知[1]

讯问嫌疑人之前，侦查官员必须依成文法或判例规则的要求告知其一定的权利（尤其是了解受到怀疑的犯罪和沉默权），这已经成为一项国际公认的刑事司法准则。世界刑法协会第15届代表大会《关于刑事诉讼中的人权问题的决议》规定："被追诉者有权保持沉默，并且从警察或司法机关进行首次讯问开始即有权知悉所受到的指控。"但告知的具体内容及方式，各国国内法的要求不完全一致。英美法系国家一般要求在讯问前告知沉默权、委托或指定律师帮助权，并且明确告诉嫌疑人，其对于侦查官员的讯问所作的回答可以在审判中用作证据，如果嫌疑人主张任何一项权利，讯问原则上不得开始或继续。这一要求在美国自20世纪60年代"米兰达规则"出台以后、在英国自《1984年警察与刑事证据法》实施后、在加拿大自1982年《自由与权利宪章》生效以后，通过更加严格地执行违法自白的排除规则而得到进一步的强化。但英国1994年修改沉默权规则时对告知的内容也相应地作了如下的补充：在符合法定的可以推论的情形时，为了能够依法作出这样的推论，讯问官员必须用通俗语言告知嫌疑人：如果嫌疑人不能或者拒绝对所提的问题作出回答，法庭可以根据情况作出适当的推论，而且讯问的内容正在被录音，如果案件进入审判程序，该录音将来可以在法庭上被用作证据。总之，必须在警察讯问前告知嫌疑人的权利以及拒绝回答提问可能产生的不利后果。大陆法系国家传统上只是在预审法官讯问时才要求进行权利告知，但在警察取代预审法官成为主要的侦查机关以后，特别是随着《欧洲人权公约》的实施，对于警察讯问嫌疑人时的权利告知（特别是沉默权的告知）规则逐步向英美法和国际

---

〔1〕 选自郑海："国外讯问犯罪嫌疑人综述"，载《福建公安高等专科学报》2003年第4期。

准则靠拢，少数国家的告知要求甚至比美国还要严格。如德国《刑事诉讼法》规定，不论嫌疑人是否在押，警察在第一次讯问之前都必须告知其受到指控的行为、依法有权就指控进行陈述或不予陈述的权利、与自己委托的辩护人员随时（包括在讯问之前）进行协商的权利以及申请收集有利于自己的证据的权利，在适当的情况下还应当告知嫌疑人可以书面陈述；讯问时并且要给予嫌疑人以消除嫌疑和提出有利于自己的事实的机会。意大利《刑事诉讼法》明确规定，被告人的权利对于侦查期间的嫌疑人同样适用，如无罪推定、保持沉默、律师帮助等；还规定："如果未受到控告或者未受到调查的人员在司法机关或司法警察面前所作的陈述表明该人具有犯罪嫌疑人嫌疑，有关诉讼机关应当中断对他的询问，并告知该人这种陈述可能使他受到调查，同时要求他为自己指定一名辩护人。在此之前作出的陈述不得被用来支持对该人的指控。"在开始讯问前，必须告知被讯问者"有权不回答提问，并且即使他不回答，诉讼也将继续进行"。德国、意大利的上述规定与美国、加拿大仅仅要求在讯问在押的犯罪嫌疑人时才必须提出沉默权和律师帮助权的警告相比，显然更有利于保护嫌疑人的利益。

　　法国法至今不要求警察在讯问嫌疑人之前告知其有权保持沉默，但是迫于欧洲人权法院的压力，法国于 1993 年 1 月 4 日和 8 月 24 日通过专门的法律改善嫌疑人在警察拘留期间的法律地位。对于被拘留的人，司法警察官必须用他听得懂的语言告知其一系列权利，告知的内容除法定的拘留时限外，还包括下列各项权利：①用电话将被拘留的事实通知一名通常与其共同居住的人、直系亲属、兄弟姐妹或者雇主。根据侦查需要，司法警察官如果认为不应让被拘留人行使此项权利时，必须立即提请检察官决定。②要求由一名经检察官或司法警察官指定的医师进行体格检查，在延长拘留的情况下，可以要求进行第二次体格检查。在被拘留人没有提出此项要求、检察官或司法警察官也没有主动作出此项指定时，被拘留人的家庭成员也可以要求对被拘留人进行体格检查。③与委托律师的会见交流权。可以看出，法国法对于警察讯问嫌疑人的程序虽有详细规定，但给予嫌疑人的实质性权利与其他法治国家相比还有相当差距，有关立法上应否规定警察必须告知嫌疑人沉默权的问题，法国国内长期存在争论，相关法案多次未获得通过，但其动态值得继续关注。

项目三　续讯

案例导入

　　20×× 年 6 月 17 日，×市××区公安分局刑警队接到××有限公司总经理张×报案，称其秘书彭××（女，25 岁，贵州人）于 6 月 12 日失踪，至今去向不明。

　　接到张×的报案后，分局派员立即进行调查工作。通过初步调查认为，彭××不会离家出走，也不存在自杀的可能。由此推断彭××不是被杀就是被非法禁锢，彭××的失踪应立案侦查，并成立了"6·12"专案组。经多方调查认定，张×之妻刘××和其朋友张××的嫌疑最大。嫌疑的根据是：

1. 据张×说，他在彭××到其××有限公司工作不久就对其产生了感情，最近其老婆知道了他与彭××的关系，他已向老婆提出离婚，因此他老婆十分恨彭××。他讲："我回家后就问刘××，小彭是不是被你赶走了？"她不承认，我们就吵了起来，她当时怒气冲冲地说："张×，现在我什么都不告诉你，30年后，我要写一本书，肯定很精彩，到时候你就明白了。"另外，我从外地回来后就想报案，她不同意，要我先等等再说。所以我怀疑彭××的失踪与她有关。

2. 对××有限公司的员工进行走访得知：12日下午公司只有3名女员工在办公室工作。12日下午18∶00左右（下班时），有一名女员工隐隐约约听见彭××与刘××在里间办公室讲话，但并未见到彭××。

3. 对刘××进行询问，刘××说，6月12日下午下班后，办公室里只有她一人，彭××下班后的去向她不知道。她下班后在办公室等其生意伙伴张××来公司洽谈业务。张××是18∶30左右到的，他们谈了大约半个小时，就一起下楼准备去某海鲜餐厅吃饭，因张××的车里有烟味，所以用的是她的面包车。饭后，约20∶00左右，她的几个朋友打电话说在她家等她打麻将，于是她驾车回××山庄的家。21∶00多，张××的妻子也来到她这儿打麻将，直到夜里23∶00张××才来她家把老婆接走。之后她和朋友一直打到13日凌晨才睡觉。

4. 对张××的调查发现，张××系广东人，×桑拿中心副总经理。他的发达主要依赖与刘××的生意往来，二人关系密切。询问他12日下午的情况，他说，下午18∶00他驾着自己的红色跑车来到××山庄，将车停在三楼停车场，然后坐电梯到刘××的办公室。当时办公室里只有刘××一人，没有看到彭××。他与刘××谈到19∶00多，就去某海鲜餐厅吃饭（因刘××说他的车有烟味，所以开的是她的面包车）。饭后，刘××驾车回家，他"打的"回公司洗桑拿。到23∶00左右，张××"打的"到刘××家接自己的妻子，并开自己的车回家。而从××山庄物业部门拿回的视频里发现，6月12日确有张××上楼去××有限公司，但没有他下楼的镜头。且下午18∶00~19∶00之间也没有刘××下楼的镜头。

5. 通过对××山庄出入车辆登记表的调查，并向保安人员了解证实：6月12日下午18∶30张××确实开车进了××山庄停车场，一直到深夜23时才将车开走。因为刘××的公司在这里，又住在××山庄，保安员对他们公司出入车辆的登记比较马虎，无法确定刘××当晚车辆出入的具体情况，表上只记录了刘××的面包车有两次出去的记录，一次是6月12日晚19∶00，另一次是次日早8∶00，而没有此车进入山庄的登记。同时，调查中还了解到一个反常情况，即刘××平时开宝马轿车，一般不动公司那辆面包车，可12日晚和次日早晨刘××却两次动了该车。

6. 通过电信局协查得知，彭××的手机在6月12日中午后就再也没有用过。而刘×

×和张××在 6 月 12 日晚 19：00~21：00 的手机信号先后在×市××区水湾头、吉大、大环山、前山、拱北出现，几乎围绕×市转了一圈，且次日下午张××的手机信号又一次出现在大环山与新香洲一带。同时，12 日刘××与张××多次联系，尤其是下午 4：00~6：00。这种情况在以往从来未出现过。

鉴于上述情况，经反复综合分析研究，决定对刘××、张××二人采取强制措施。

讯问前，侦查讯问人员对两名犯罪嫌疑人的情况进行了分析了解。

刘××，山东人，现年 36 岁，毕业于山东某医科大学护理专业。她与张×生有一女，此人自负且很狂妄，仇恨第三者，她在同事、朋友及警察面前都不掩饰对彭××的厌恶与敌视。刘××是有丰富的阅历和经验的人。在彭××的问题上，她自认为是道德上的正义者，抵触心理严重，不易突破。

张××，广东人，现年 28 岁。有前科，曾因经济犯罪被判过刑。他的发迹主要是依靠与刘××的生意往来。换句话说，没有刘××就不会有他的今天。他今年 7 月刚结婚，对生活的渴望更甚。此人性格较懦弱，又有案底在身，心理防线较弱。同时，他与彭××之间不存在利害冲突。以他为本案的突破口，应有利于案件的突破。

首先讯问张××：

问：你是否认识彭××？

答：认识。我常去××有限公司谈生意，所以认识她。

问：你知道彭××出什么事了吗？

答：听张×和刘××说她失踪了。

问：什么时候失踪的？

答：听说是 6 月 12 日。

问：你 12 日去干什么了？

答：我 12 日上午在家休息，下午在公司。18：30 左右到××有限公司找刘××谈生意。19：00 左右去某海鲜餐厅吃饭，饭后就回公司了。

问：你去××有限公司的时候看见彭××了吗？

答：没有。当时公司只有刘××一个人在。

问：12 日这天你还去过其他什么地方吗？

答：没有。

问：你 13 日去干什么去了？

答：13 日上午休息，下午和晚上在公司上班。23：00 左右回家。

问：13 日你还去过其他地方吗？

答：没有。

问：你上面所说的 12、13 日的活动情况还有什么遗漏？你认真想一想！

侦查人员有意加重了"认真想一想"这句话的语气，张××翻了翻眼睛，想一会儿说："没有。"

接下来的讯问就不像开始那么轻松了。

问：张××，你与彭××的失踪是有直接关系的，这点我们很清楚，你应该老实交代问题，争取宽大处理。

答：（理直气壮地）她的失踪跟我有什么关系？我不知道。

问：抵赖是没有用的，你应该知道你现在处境如何，这一点还要我们给你说吗？

答：我没干坏事，有本事你们就去查好了。

……

初讯在张××的那一句"我没干坏事，有本事你们就去查好了"中不得不结束。

对刘××的讯问更是举步维艰。在12、13日的去向问题上她与张××的供述完全一致。

一天过去了，工作仍然没有进展。侦查讯问人员再次召开了案情分析会，确定了下一步的工作方案：

1. 通过对张××、刘××二人的讯问发现，选择张××为突破口的决定是正确的。要充分利用二人一天没有见过面、互相猜忌和彼此利益上的矛盾，抓住张××的弱点进行说服教育，争取使他交代。

2. 此案目前我们并没有任何直接证据，只有电信局的资料能证明刘××、张××二人在12、13日的去向问题上说了假话，那么在使用证据时一定要慎之又慎，不能有任何疏忽让他们钻我们的空子。

3. 要树立必胜的信心，在气势上压倒对方，攻其心，夺其气。

第二天，刑警队长和一名富有讯问经验的老民警坐在了审讯桌前。张××的气焰没有前一日那么嚣张了，他可能感觉到自己的问题将要暴露，大多数时候都是以沉默来回应侦查人员的提问。

侦查讯问人员先和他谈家庭、谈工作、谈国内的趣闻轶事，对这些轻松的话题慢慢有了兴趣，开始侃侃而谈。侦查讯问人员突然话锋一转："你是坐过牢的人，知道坐牢的滋味，只有坐过牢的人才能够真正体会到自由的珍贵。我们和你的妻子谈过了，知道你们感情很深，她让我们带话给你：她希望你能够尽快把问题讲清楚，争取从宽处理，她会等着你的。"

张××低着头不说话。

"拖延不是办法，对你自己也没有任何好处，何况彭××这件事你又不是主谋，只是出于帮朋友的目的才去做的，你是为了友情而牵涉进来，被人连累。而别人这个时候不一定会跟你讲友情，甚至会把责任都推到你身上，你又何苦去当替罪羊呢？"

张××看了看侦查讯问人员，还是不说话。

"不要再编假话了，你已经编了不少假话了，再编下去只会使事情越搞越糟，以致最后不好收拾。"

"我没有说编假话。"张××在做最后的挣扎。

"我们提醒你一下，6月12日晚你和刘××有没有去过香洲？"（注：香洲包括新香洲和大环山一带）

张××沉默一会儿，叹了口气，说："队长，我想和你单独谈谈……"

经过十几个小时的较量，终于打开了张××的口。一宗预谋已久的杀人埋尸案真相大白。

在铁的事实面前，刘××也不得不承认了自己和张××共同杀害彭××的犯罪经过。

工作导向

一、案例评读

本案讯问的成功之处在于：

1. 前期的侦查取证工作做得细致、全面。

2. 案情分析到位，准确选定讯问突破口。讯问中，对案情分析深入、细致，特别是对犯罪嫌疑人刘××、张××的分析较全面，并选定张××作为本案讯问的突破口。实践证明，这一选择是正确的。

3. 贵在坚持，且方法得当。本案初审时虽遇到困难，但侦查讯问人员没有放弃，坚持既定计划，及时调整方法、策略，利用张××、刘××二人的矛盾，并抓住张××的弱点进行说教，终于突破了张××，进而查清了全案事实真相。

二、问题思考

结合案例思考下列问题：

1. 犯罪嫌疑人在续讯阶段存在哪些供述障碍？实践中如何进行纠正？

2. 讯问实践中怎样选择讯问的突破口并实施突破？

3. 讯问突破后，如何继续追讯以查清犯罪事实？

内容导入

侦查讯问中的续讯，即继第一次讯问后的后续讯问，是指对犯罪嫌疑人第二次及其以后的讯问。

犯罪嫌疑人经第一次讯问后，主要表现为否认犯罪并作出辩解、抗拒（公开抗拒或消极抗拒）、承认犯罪并作了初步供述等三种情形。实践表明，绝大多数犯罪嫌疑人表现为第一、二种情形，极少数有第三种情形，因此，在讯问过程中，多数犯罪嫌疑人都有一个从否认或抗拒到如实供述的心理转变过程。要实现犯罪嫌疑人的这一心理转变，即要在第一次讯问后，经侦查人员后续的多次讯问，方能促成。具体来说，就是要通过续讯，查明犯罪嫌疑人犯罪的动机、过程、事实情节、罪证物品的去向和共同犯罪中其余犯罪嫌疑人的下落等，实现这一目标要完成下列环节。

一、纠正犯罪嫌疑人的供述障碍

在续讯阶段，随着犯罪嫌疑人对侦查讯问人员的逐步了解，对讯问环境的不断适应，在初次讯问就表现出来的否认犯罪或抗拒讯问的心理会更加突出，并展施各种伎俩，干扰讯问的正常进行，妄图蒙混过关。

（一）犯罪嫌疑人供述障碍的表现

在纠正供述障碍阶段，侦查讯问人员与犯罪嫌疑人之间的进攻与防守、揭露与逃避、批驳与狡辩的斗争十分激烈，双方在智谋、信心和意志上进行着较量，在此过程中，犯罪嫌疑人妨碍供述的行为会逐渐暴露出来，对侦查人员指控犯罪的态度，会表现为：

1. 否认犯罪或拒供。针对侦查讯问人员的犯罪指控，犯罪嫌疑人多表现为或矢口否认，或沉默不语，或喊冤叫屈，有的甚至会提出指控错误的理由，来说明自己无罪。

2. 谎供。谎供是指犯罪嫌疑人承认犯罪而不作真实供述的行为，表现在讯问中就是犯罪嫌疑人故意作出与犯罪事实不一致的陈述。在讯问实践中，通常有三种情况：一是把故意犯罪说成过失犯罪或意外事故；二是隐瞒犯罪事实中的重要事实和情节；三是把主要罪责推给同案犯或者无辜者，或者替人顶罪，把主要罪责揽在自己身上。

3. 翻供。翻供是指犯罪嫌疑人在讯问中作出有罪供述后，又部分或全部推翻原来的供述的行为。翻供使讯问工作从查明犯罪事实阶段又反复到纠正供述障碍阶段，对此，侦查讯问人员需重新调整讯问的策略方法，促使犯罪嫌疑人再次供述。

（二）纠正犯罪嫌疑人供述障碍的方法

针对犯罪嫌疑人存在的供述障碍，讯问活动中要根据犯罪嫌疑人心理和讯问的条件，进行教育转化、扫清障碍，实践中，可从以下方面着手：

1. 转变认识。犯罪嫌疑人之所以形成供述上的障碍，一个很重要的原因就是其对自己行为有错误的认识。有的认为自己的行为不是犯罪；有的强调犯罪的原因和理由，认为犯罪有理；有的则存有侥幸心理等。在这些情况下，讯问往往容易陷入僵持局面，此时，侦查讯问人员应着重对犯罪嫌疑人的错误认识进行纠正，采取有针对性的讯问策略方法以逐步削弱犯罪嫌疑人的原有认识对抗拒心理的支持，力争走出讯问的僵持局面。

2. 情感感化。通过关心、同情、帮助解决困难等举动，着重对犯罪嫌疑人的情感进行感化，弱化其对抗情绪。有些犯罪嫌疑人对侦查讯问人员或讯问活动存有抵触情绪，难以接受正面的引导、教育，对此，侦查讯问人员应当转变讯问的策略思路，充分利用犯罪嫌疑人生理、生活上等方面的困难并注入一定的同情、理解，加大心理攻势，使其感受到侦查讯问人员是有人情味的，是在真心诚意地帮助自己，从而放弃正面对抗。

3. 消磨意志。实践中，有些犯罪嫌疑人的意志较为坚强，运用常规的讯问策略、方法很难奏效，需要有针对性地从瓦解其意志的角度着手进行讯问，以达到摧毁其意志的目的。常用的方法有如连续讯问、冷置、以毒攻毒等，让其感到讯问活动无法抗拒，无法忍受。

4. 扫清外围。犯罪嫌疑人的心理供述障碍，很容易受到外面消极因素的影响，如同监室在押人员的教唆、外界所谓"保护网"的庇护暗示或者人身受到非法侵犯等。实践中，侦查讯问人员要设法尽量减少或消除这些干扰讯问的不利的外围因素，使犯罪嫌疑人向有利于讯问的方向发展。

二、讯问的突破

纠正犯罪嫌疑人供述障碍的过程就是消除其供述心理障碍、转变其思想认识的过程。经过侦查人员的工作，犯罪嫌疑人的供述障碍发生动摇，抗拒讯问的意志减弱，意识到拒供并不能得到预期的目的，供述动机逐渐形成。此时，犯罪嫌疑人的供述障碍与供述动机发生着激烈的争斗，使其徘徊在是供认还是继续抗拒的十字路口，处于权衡利弊得失的犹豫不决的矛盾状态，也称之为讯问的临界点或犯罪嫌疑人的临界状态。实践中，犯罪嫌疑人的这种临界状态会在讯问中出现一系列的行为表征，即供述征兆，如态度由软变硬、极力表白、提出条件，举止不安、无所适从等。因此，侦查讯问人员要准确作出判断并抓住讯问的这一临界点，趁热打铁，实施突破。

突破是侦查讯问人员在时机成熟时对犯罪嫌疑人发起总攻，力争使其在案件实质问题上作如实供述。它是讯问过程的核心环节，也是整个讯问活动的高潮。要突破案件，首要的工作是要选准讯问突破口。

（一）选择讯问突破口

1. 讯问突破口的含义。突破口是军事术语，是指进攻的军队在对方防御阵地上打开的缺口。讯问突破口，是指刑事案件中客观存在的、对查清全案具有决定意义而又容易被攻破的薄弱环节，具有客观性、连环性、易攻性的特点。

讯问突破口的选择是实施侦查讯问策略、方法的前提条件，突破口选择得准，有利于迅速突破犯罪嫌疑人的心理防线，打乱其反讯问计划，提高办案效率，获取犯罪嫌疑人供述，使讯问工作向纵深发展，全面深入追查犯罪嫌疑人的犯罪事实，达到查明案情、证实和揭露犯罪之目的。

2. 选择讯问突破口的条件。讯问突破口的选择，贯穿于侦查讯问的各个阶段，选择讯问突破口是原则性和灵活性相结合的体现。实践中，侦查讯问人员应根据犯罪嫌疑人、案件事实和情节等情况，综合全面考虑，在选择时既要有必胜的突破把握，又要能在突破后顺利追查案件的全部事实。

（1）从犯罪事实和情节中选择突破口。一个案件有许多犯罪事实组成，一个事实又有许多情节构成。不同的犯罪案件有不同的案情，不同的犯罪事实有不同的犯罪时间、地点、手段、经过、动机、目的等情节要素。在这些犯罪事实和情节当中，有的犯罪嫌疑人防守严密，不易攻破，而有的则防守相对薄弱，易于攻破。实践中，侦查讯问人员应当在认真熟悉、研究案件情况的基础上，权衡利弊，根据已知的犯罪事实和情节所应具备的条件来选择讯问突破口，这些条件通常是：

第一，选择证据比较确实、充分的犯罪事实和情节。在犯罪嫌疑人的多种罪行中，应从侦查讯问人员掌握证据比较确实、充分的一种罪行入手，在选定一种罪行后，从侦查讯问人员掌握证据最确实、最充分的情节作为突破口。

第二，选择与主要犯罪事实有关联的事实和情节。比如，犯罪嫌疑人为了达到某一犯罪目的而采取的手段，与其他犯罪事实有连锁关系的一些情节，与犯罪事实组成要素相关的问题等。

第三，选择较为公开暴露、犯罪嫌疑人难于掩盖的事实和情节。例如，群众经常见到或知情者较多的事实和情节，有证人或者同案人在场的事实和情节等。

第四，选择犯罪嫌疑人为掩盖罪行而暴露出的口供中的矛盾。犯罪嫌疑人为了掩盖罪行，经常会在讯问中编造一些假口供，而这些假口供与侦查机关掌握的案件事实存在矛盾，此时侦查人员可把发现的口供中的矛盾作为突破口。

第五，选择犯罪嫌疑人最担心的事实和情节。犯罪嫌疑人受趋利避害心理的影响，最担心自己的犯罪事实和情节被侦查人员所掌握，因而在讯问中采取多种方法摸底试探，侦查讯问人员应根据已掌握的案件情况，剖析犯罪嫌疑人试探摸底的实质内容，把犯罪嫌疑人最担心的事实和情节作为突破口。

第六，选择犯罪嫌疑人错误估计的事实和情节。如犯罪嫌疑人认为无直接联系，其实却与犯罪事实有密切内在联系的事实和情节；犯罪嫌疑人认为最放心、保险而不加防范或疏于防范的事实和情节；犯罪嫌疑人认为同案犯不会供认的事实和情节；犯罪嫌疑人认为亲属不会说出或知情人不会举报的事实和情节；犯罪嫌疑人认为无法查到的物证、无法找到的证人证言的事实和情节等。

第七，选择只有犯罪嫌疑人知道的特殊犯罪情节。犯罪嫌疑人在犯罪过程中，有时出于实施犯罪、伪造现场或其他原因的需要，而实施了一些与案件有关的特殊情节，而这些特殊情节只有犯罪嫌疑人知道，其他人是无法知道的，如果侦查讯问人员能够掌握这些特殊犯罪情节并把它作为讯问突破口，就能起到"牵一发而动全身"的功效。

第八，选择可以减轻罪责的犯罪动机。犯罪嫌疑人的犯罪动机是多种多样的，一般来说有"恶性"和"良性"之分，所谓"良性"的犯罪动机，是指可以减轻犯罪嫌疑人罪责的犯罪动机，如犯罪嫌疑人在万般无奈之下为给身患重症的父母等筹措治病资金而实施盗窃或抢劫等。讯问中，侦查人员把可以减轻罪责的犯罪动机作为突破口，以消除犯罪嫌疑人的畏罪心理，进而促其交代犯罪事实。

（2）从犯罪嫌疑人身上选择突破口。

第一，从犯罪嫌疑人心理上选择。犯罪嫌疑人被拘捕后，围绕着罪行暴露的多少和将来会受到何种处罚等基本问题，其心理活动表现得异常复杂，有的畏罪、有的侥幸、有的对立、有的绝望、有的忏悔、有的动摇等，讯问中摸准犯罪嫌疑人的心理状态，采取有针对性的对策，常常能一举突破全案。其条件有：①犯罪嫌疑人赖以抗拒的精神支柱或者主要的心理障碍。②能激发犯罪嫌疑人"良知"的事实和道理。如给被害人造成的损害、给亲人带来的痛苦等，利用能触及犯罪嫌疑人心疼、心酸或牵肠挂肚的事情，以引发或强化其悔恨心理，导致"良心发现"。③犯罪嫌疑人的心理弱点。如有的犯罪嫌疑人心理素质差，临场慌乱，缺乏耐力；有的犯罪嫌疑人感情脆弱等。

第二，从犯罪嫌疑人自身特点上选择。由于犯罪嫌疑人生活、学习、工作的环境不同，他们的生活习性、性格特点也不一样，从而影响对讯问的态度也不一样。如有的人吃"软"不吃"硬"、有的则吃"硬"不吃"软"、有的特别重义气、有的性格内向、有的性格外向等。侦查人员要善于捕捉犯罪嫌疑人自身存在的薄弱点，从这些薄弱点入手，打破其思想上的防御体系，使其交代犯罪事实。这些条件常用的有：犯罪嫌疑人的性格；犯罪嫌疑人的事业、亲情、家庭方面；犯罪嫌疑人的内心隐痛处；对犯罪嫌疑人有特定意义的日期；犯罪嫌疑人的生活规律、习惯、嗜好；犯罪嫌疑人的宗教信仰；等等。

第三，从共同犯罪嫌疑人中选择。共同犯罪的案件，犯罪嫌疑人比较多，他们为达到某种个人的利益而结合在一起，具有相同的犯罪目的，但他们的动机不完全相同，在犯罪的过程中所处的地位、所起的作用、所获得的非法利益不一样，在拘捕后认罪的态度也有区别，这就为侦查人员选择突破口提供了有利条件。因此，讯问共同犯罪的案件，不能对所有犯罪嫌疑人平均使用力量，而是要选择其中最脆弱的犯罪嫌疑人，先行突破，以推动查清全案事实。从共同犯罪成员中选择讯问突破口，应考虑以下条件：掌握了该犯罪嫌疑人实施犯罪的确实证据的；初犯或者被胁迫参加犯罪的；有悔改、主动赎罪愿望或者动摇脆弱的；没有与侦查机关打过交道或反讯问经验较少的；与主犯或其他案犯关系不够融洽，甚至有利害冲突的；对全案案情或者对主犯情况了解较多的；年轻的犯罪嫌疑人；等等。

3. 选择讯问突破口的方法。

（1）明确讯问的问题。侦查讯问人员要全面深入研究案情和熟悉认定犯罪嫌疑人的依据，并根据侦查所获得的情况，提出尚未弄清楚或尚未全部弄清楚的问题，分出轻重缓急，确定必须通过讯问才能解决的问题。在明确讯问的问题时，有两点应特别注意：①存在现实危险性的问题，应首先讯问，如枪支、弹药等罪证急需缴获的；同案犯在逃并有可能继续犯罪而需缉捕归案的；等等。②根据案件的性质，确定先行解决的问题，如对流窜犯罪案件应当在问清现案的基础上，重点查明其真实身份，以便追清其全部罪行。

（2）选择讯问突破口。

第一，列出可供选择的讯问突破口。就一个案件而言，不论是犯罪嫌疑人的犯罪事实、情节，还是犯罪嫌疑人的心理状态、个性特点和自身情况方面，可供选择的讯问突破口都是客观存在的。侦查人员应根据选择讯问突破口的条件，结合案件具体情况，列出案件中有哪些事实、情节或犯罪嫌疑人可以作为讯问的突破口。

第二，筛选讯问突破口。侦查讯问人员应综合案件和犯罪嫌疑人的情况，反复研究列出的每个讯问突破口，并进行对比、筛选，把获胜把握最大、最接近讯问目标的突破口确定下来。

第三，明确最佳突破方案。在讯问实践中，由于多数犯罪嫌疑人具有一定的反讯问准备，加之侦查讯问人员选择的讯问突破口往往是根据案件情况分析、判断而确定的，实施突破时，有时难以达到预期目的。为了使讯问不至于出现僵局，及时有效地获取犯罪嫌疑人的真实供述和辩解，侦查讯问人员应围绕要讯问的主要问题，准备多个讯问突破方案。

（3）调整讯问突破口。讯问突破口一经确定，具有相对的稳定性，一般不应轻易变动。但在实践中，当围绕讯问突破口实施讯问突破时，可能会因为种种原因而没能达到预期目的，与此情形，就需要及时调整讯问突破口。侦查人员要认真总结讯问失败的原因，如选择的突破口是否符合条件；运用的讯问谋略、方法是否正确；侦查讯问人员的能力是否适应等。当经过调整讯问突破口后，讯问仍无进展时，就要停止讯问，重新分析案情和犯罪嫌疑人的有关情况，再次选择讯问突破口进行讯问，直到查明案件全部事实真相。

（二）实施突破

选准突破口后，侦查人员运用适当的突破方式实施突破。实践中，讯问突破的方式有很多，但重要的是要从案件的具体情况和犯罪嫌疑人的心理特点出发，有的放矢，攻其要害。突破方式主要有：

1. 加压突破与减压突破。这是从心理压力角度进行分类的。加压突破是对犯罪嫌疑人施加一些心理压力，使其造成心理紧张，从而被迫供述犯罪事实。减压突破则是减轻犯罪嫌疑人的心理压力，适当缓和讯问气氛，减轻其心理紧张感，从而促进讯问向纵深发展。

2. 理念突破与事实突破。这是从突破材料角度进行分类的。理念突破是让犯罪嫌疑人转变认识和态度，从内心意识到自己的犯罪行为危害了社会和他人，为主动、全面地交代犯罪事实打下基础。事实突破则是让犯罪嫌疑人面对事实，在事实面前认罪。

3. 正面突破与侧面突破。这是从突破途径角度进行分类的。正面突破是直截了当地切入犯罪事实，开门见山，直接追问案件的核心问题。侧面突破则是采取迂回包抄的方式，在犯罪嫌疑人不警觉的情况下，先扫清外围，堵死退路，最后再突破全案。

（三）应注意的问题

1. 不断选择和调整。案件的情况千变万化，犯罪嫌疑人的心理状态各有不同，很难说从哪一个问题突破是最合适的，但应从最优化出发，在一个方面不能突破的情况下，侦查讯问人员应不断调整突破路线和突破对象，在运动中寻找，在运动中突破。

2. 创造有利于突破的讯问环境和气氛。突破往往与特定环境中犯罪嫌疑人的心理倾向有直接的关系，这就要求侦查讯问人员要创造一定的环境和气氛，使犯罪嫌疑人产生有利于交代的心理倾向。

3. 掌握好突破的最佳时机。突破有一个时机的问题，讯问中一定要注意在火候到的时候再实施突破，切忌过早暴露我们的意图和底细。

4. 抓住突破的有利时机向纵深发展。突破本身就是一个过程，侦查讯问人员在撕开犯罪嫌疑人的防线缺口时，应乘胜追击，向纵深发展，力争把定性定罪的问题情节问清楚。

三、查明犯罪事实

当突破犯罪嫌疑人的供述心理障碍后，犯罪嫌疑人初步承认犯罪或有承认犯罪的表示，讯问就进入查明犯罪事实阶段。这一阶段的讯问目标是进一步扫清供述障碍，找准讯问的切入点，将讯问的目标直接指向案件的核心问题，将犯罪嫌疑人承认犯罪扩展为具体化的供述供述犯罪，查清犯罪行为的过程和具体细节，揭示犯罪事实真相。

（一）步骤和方法

1. 促使犯罪嫌疑人供述犯罪行为的概况。犯罪行为概况是犯罪嫌疑人供述决意的外化，是判断犯罪嫌疑人供述真实性、明确下一步讯问具体情节的基础，没有犯罪行为的概况，则很难获取犯罪行为的细节。

2. 问清犯罪嫌疑人具体的犯罪细节。犯罪嫌疑人供述了犯罪行为概况后，侦查讯问人员要根据案件的性质、犯罪构成的具体要件以及犯罪嫌疑人供述的真实性，详细地问清那些与定案和定罪相关的各种犯罪行为细节和具体情况，这对已获取的证据和可供查证的问题都是至关重要的。

3. 让犯罪嫌疑人确认各种犯罪证据。如果犯罪嫌疑人在供述犯罪行为细节中所提到的作案工具、获取的物品、伪造的票证等在侦查时已被查获，那么侦查讯问人员都应将它们提供给犯罪嫌疑人进行确认，并做好笔录，以便在讯问后进行有效的查证。

（二）应注意的问题

在讯问实践中，为促使犯罪嫌疑人供述犯罪行为，侦查讯问人员应注意一下问题：

1. 在犯罪嫌疑人愿意供述的前提下，要仔细倾听，不要轻易打断和干扰，保持犯罪嫌疑人回忆的连续性、准确性。同时，为了保持犯罪嫌疑人供述的态势，当犯罪嫌疑人继续供述有顾虑而出现停顿，或者陈述不得要领，侦查讯问人员可以给予热情的鼓励，或者在综合条理方面给予适当揭示让其继续供述下去。

2. 侦查讯问人员提出的问题应当简单、明确，不能冗长，也不能离开主题。而且，这些问题不要带有任何刺激性或感情色彩的谴责语言。

3. 在犯罪嫌疑人供述犯罪行为时，如果侦查讯问人员有证据证明或者认为犯罪嫌疑人的供述是虚假或不真实的，在没有特别需要的情况下，先不要向其指出，而应放在犯罪嫌疑人供述犯罪行为概况之后再进行更正。此时进行更正，因为犯罪嫌疑人的悔罪心理已占据主导地位，或是已经无法将犯罪行为隐瞒下去，一般说来，此时纠正犯罪嫌疑人比较容易接受，从而作出如实的回答。否则，很可能使犯罪嫌疑人放弃供述犯罪事实的念头。

项目四　结束讯

内容导入

结束讯是对犯罪嫌疑人的最后一次讯问，是讯问过程的最后一个阶段。其主要任务是进行讯问记录的系统制作、稳定犯罪嫌疑人心理及对口供中出现的矛盾进行分析研究等。

一、结束讯的目的与任务

（一）获取犯罪嫌疑人系统完整的供述并制作系统的讯问记录

经过多次讯问，许多犯罪嫌疑人不得不作出如实的供述，但就整个案件而言，其每次供述往往是零散的。因此，利用结束讯这种形式，可在犯罪嫌疑人以往从不同侧面、情节供认案件事实的基础上，就全案事实向犯罪嫌疑人提问，获取犯罪嫌疑人对全案事实全面、详尽的供述并据此制作系统的讯问记录，使犯罪嫌疑人对案件的真实供述更清晰、更具条理性。

（二）核对有关证据并解决与口供的矛盾

在侦查即将终结，对案件作出处理前，进行结束讯，即利用不同的方式方法，在此向犯罪嫌疑人核查有关证据，通过核查，确认有关证据的客观真实性，使全案证据更加确实、可靠。同时，还要发现并解决口供之间、口供与其他证据之间的矛盾，确保证据的一致性。

（三）告知犯罪嫌疑人用作证据的鉴定意见

根据《刑事诉讼法》和《程序规定》的有关规定，公安机关应当将作为证据使用的鉴定意见告知犯罪嫌疑人。如果犯罪嫌疑人对鉴定意见有异议并提出申请，存在相关情形并经县级以上公安机关负责人批准，应当补充鉴定或重新鉴定。因此，在结束讯时，侦查人员应当履行告知义务，并征求其对鉴定意见的意见。

二、结束讯的条件

（一）案件事实清楚

案件事实清楚是指侦查终结对与准确定性定案处理紧密相关的案件事实、情节，即案件发生的时间、地点，犯罪嫌疑人是否作了案，作案手段、经过、工具、动机，犯罪嫌疑人一次作案还是多次作案，作一种案还是多种案等，都已一一查清，不存在漏掉犯罪嫌疑人其他犯罪的可疑情况或可疑线索。

（二）证据确实充分

案件证据确实充分是指侦查终结对定性定案处理有影响的案件事实、情节，要有确凿的证据证明，即刑事案件是否发生，发生的刑事案件是否为犯罪嫌疑人所为，犯罪嫌疑人的行为是否构成犯罪，作案的犯罪嫌疑人是否达到刑事责任年龄、是否具有刑事责任能力，有无法定从重、加重或从轻、减轻、免除处罚的情节等。所有这些，都要有确实充分的证据证明，不存在似是而非或有合理的理由怀疑的情况。

三、结束讯的内容和基本方法

（一）全面讯问案件事实

全面讯问案件事实的做法主要有以下两种：

1. 把案件事实作为一个大命题向犯罪嫌疑人提问，责令其作出全面和详尽的供述。对多次作案的，先把现行犯罪事实详细追讯清楚，然后责令犯罪嫌疑人按照时间顺序详细供述每宗犯罪事实。

2. 对案件定性定案处理有决定性影响的重要事实、情节，再次提问，重复核实。对于共同犯罪案件，责令犯罪嫌疑人详细供述犯罪的经过和每个同伙在犯罪中的地位、作用。

通过结束讯，进一步巩固犯罪嫌疑人的真实供述。

（二）完善相关的法律手续

在侦查案件的过程中，有些罪证物品、证据材料，应由犯罪嫌疑人辨认、签名、核对，但由于某些原因未及时办理相应法律手续，侦查讯问人员在进行结束讯时，应依照法定程序，组织犯罪嫌疑人辨认、签名或交犯罪嫌疑人核对，完善法律手续。

（三）教育犯罪嫌疑人

对犯罪嫌疑人的教育，应贯穿讯问过程的始终。在结束讯时，对犯罪嫌疑人的教育主要体现在两方面：

　　1. 对犯罪嫌疑人的认罪服法教育。在犯罪嫌疑人如实供述犯罪事实后，侦查讯问人员要对其口供给予中肯的评价和认可，并对其认罪态度给予积极的肯定，同时，还要继续对其进行政策、法律、形势、前途教育，巩固其认罪思想。通过教育，使其认识到虽然犯了罪，但只要改邪归正，重新做人，前途仍然是光明的，从而使犯罪嫌疑人能够真诚地认罪服法，积极配合起诉和审判活动，这既可以使前期的讯问结果得以延续，也可以使案件能够顺利地向起诉和审判阶段过渡。

　　2. 教育犯罪嫌疑人检举他人犯罪线索。犯罪嫌疑人往往结成群体生活于社会之中，互相之间有着各种各样的联系，他们除了自己违法犯罪外，对其他人的违法犯罪活动往往也有所了解，甚至是其他犯罪的知情人或关系人。因此，要教育他们检举所知道或了解的他人的犯罪线索，立功赎罪，将功补过。

技能训练

一、训练内容

　　讯问前的准备与讯问突破口选择训练。

二、训练目的与要求

　　（一）目的

　　通过完成该项训练，使学生掌握对犯罪嫌疑人做好讯问前的准备工作和选择突破口的基本要领。

　　（二）要求

　　1. 讯问前准备工作的基本内容与操作实务。

　　2. 讯问突破口选择的基本要求与操作实务。

三、训练的基本方式

　　1. 学生根据给定的案件条件，列出讯问准备工作的内容，完成讯问计划的制订。

　　2. 学生根据给定的案件条件，分析并确定讯问的突破口。

　　3. 学生进行分组训练，并在模拟审讯训练中，实际完成讯问前准备和突破口选择的操作工作。

四、训练方法

　　采取操作性训练方法进行。

五、训练素材

吴××毒杀妻女案

20××年1月，×市西城区百万庄发生了一起十分罕见的施放毒气谋杀妻女案。犯罪嫌疑人吴××，捕前是×科学院感光研究所的工人。本案的情况是：吴××结婚不久，其妻尚××怀孕后，吴××听了母亲的挑唆，说是预产期不对，怀疑不是他的孩子，遂下决心要除掉尚××。他想了许多办法，但觉得都难免被发现，于是，处心积虑试图寻找一种既能把人杀死，而又不露痕迹的毒剂。为此，他查阅了各种毒物化学书籍。由于吴××在感光研究所工作，该所实验室有很多药品，最后终于找到了一种剧毒药剂——硫酸二甲酯。据了解，硫酸二甲酯是一种具有洋葱味的油状液体，在50℃~60℃时可以蒸发。其蒸汽能强烈刺激呼吸器官，灼伤黏膜和刺激眼睛，并能伤害中枢神经系统，使人出现全身中毒症状。人在0.5毫克/升的浓度下暴露10分钟即可死亡。在第一次世界大战期间，法国军队曾将硫酸二甲酯用作毒剂使用，后来其他国家也曾以其制作毒剂，由于毒性太大，对自己人也会造成损伤，因此从第二次世界大战后各国早就不使用了。现在吴××却把它选用作为毒杀妻女的工具。

20××年1月3日，尚××在301医院生了一个女孩，1月6日出院回到家中。在其出院后的第三天（1月8日）早晨7时左右，吴××把一个装有毒剂的白色塑料瓶，揭开瓶盖，放在尚××住房的暖气上面，把门关好，就"上班"去了。真是"无巧不成书"，吴××刚刚出门，尚××的一个中学同学便来她家看望，一进去，见尚××母女都出现全身中毒症状，遂赶紧打开门窗，急送301医院抢救。当时临床症状是：双眼结合膜充血，鼻腔流出黄白色液体，呼吸道梗塞，属重度中毒。由于抢救及时，母女均脱险。

此案在侦查中，开始未能找到物证。现场勘查只在室内发现一个白色的空塑料瓶，因瓶内的毒气已经全部挥发掉了，未见其他异常现象。后来经过深入调查，才发现吴××曾将实验室的硫酸二甲酯倒走约100毫升，实验室的三氯甲烷也少了约100毫升。有人证明他曾向有关专家打听酯类化学毒剂的挥发性以及如何制取毒剂，而尚××母女的中毒症状又属于硫酸二甲酯的典型中毒症状。由此确认此案是一种高智能的犯罪，经多次讯问犯罪嫌疑人，吴××终于供述了他窃取实验室的剧毒剂硫酸二甲酯谋杀妻女的罪行。他还供称：为了加强硫酸二甲酯的挥发度，又在其中加入100毫升三氯甲烷，于1月8日晨7时许，将其放在房间的暖气上面。这一供述，与查获的物证相一致。至此，全案大白。

单 元 四

侦查讯问对策

📖 **学习目标**

知识目标：明确侦查讯问对策的含义，理解和掌握侦查讯问对策的具体内容。

能力目标：通过对侦查讯问对策内容的学习，培养学生开展实际侦查讯问工作的能力。

📖 **学习提示**

本单元教学主要采用课堂讲授、案例演示、讨论及训练的方式，结合《刑事诉讼法》《程序规定》等法律法规的相关规定，做好对侦查讯问对策内容的学习。

📖 **内容结构图**

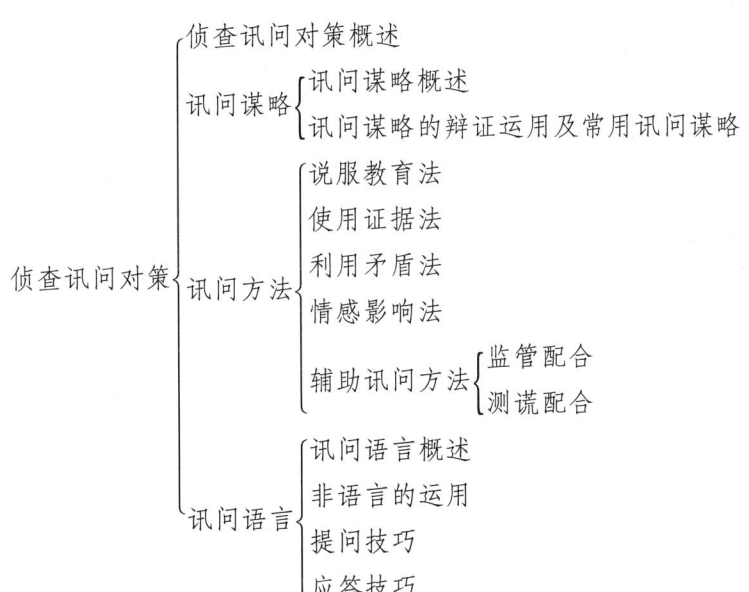

侦查讯问对策
- 侦查讯问对策概述
- 讯问谋略
  - 讯问谋略概述
  - 讯问谋略的辩证运用及常用讯问谋略
- 讯问方法
  - 说服教育法
  - 使用证据法
  - 利用矛盾法
  - 情感影响法
  - 辅助讯问方法
    - 监管配合
    - 测谎配合
- 讯问语言
  - 讯问语言概述
  - 非语言的运用
  - 提问技巧
  - 应答技巧

项目一　侦查讯问对策概述

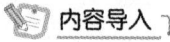 内容导入

一、侦查讯问对策的含义

侦查讯问对策是指侦查讯问人员在长期的讯问实践中总结出来的，具有普遍规律和经常运用的，对讯问各类犯罪嫌疑人具有指导作用的讯问办法。

侦查讯问，亦称为"讯问犯罪嫌疑人"，《刑事诉讼法》和《程序规定》对其程序作了规定，本书单元三进行了较为详细的阐述。然而，作为身处同犯罪作斗争的第一线的侦查讯问人员，仅仅掌握讯问犯罪嫌疑人程序是远远不够的，重要而关键的是要掌握讯问犯罪嫌疑人的对策，这是因为：

1. 绝大多数犯罪嫌疑人因怕受法律制裁这种"趋利避害"心理的驱使，一般不会轻易交代犯罪事实，必须采取相应对策才能促使其交代犯罪事实。

2. 讯问犯罪嫌疑人是一项复杂的对抗性的活动或称为竞争活动，因为侦查讯问的结果事关犯罪嫌疑人的前途、命运，遭遇对方的抗争在通常情况下是必然的，而凡具有对抗性、竞争性的活动，都涉及对策问题。

因此，为获取犯罪嫌疑人的真实供述和辩解，侦查讯问必须讲究对策。

二、侦查讯问对策的结构体系

侦查讯问对策是一个自成体系的庞大系统，包括讯问谋略、讯问方法、讯问语言以及讯问相关因素（讯问准备工作、犯罪嫌疑人心理状态、讯问场所、环境及气氛和讯问突破口的选择）等结构要素。上述结构要素之间的搭配和排列，以及它们相互联系而构成的一个整体，称之为侦查讯问对策的结构。这一整体的有机结合，即构成了侦查讯问对策的结构体系（见图示）。

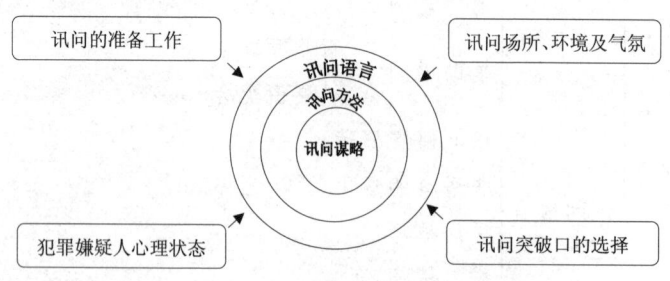

图示中可见，侦查讯问对策是由众多的内容构成的一个有机整体，既有核心内容，

又有表现形式；既有战略性指导思想，又有战术性行动方式。它们之间的关系不是并列的，也不是孤立的，更不是随意堆砌的。它们是以一定的方式有机结合在一起的整体，各部分有着自己的地位和作用。

在侦查讯问对策体系中，各项内容从整体上看可分为四个部分：

第一层次是讯问谋略。它居于核心、主导地位，是侦查讯问的总的指导思想，它是战略性的，是全案讯问的指导原则。它以查清全案并获得最佳办案效果为目的，不着眼一时一事之得失，以最佳的结局效益为目标，侦查讯问中所采取的步骤、方法、语言等均受讯问谋略的指导和制约。

第二层次是讯问方法。讯问方法是讯问策略的具体实现方式，在讯问方法的综合运用中体现讯问谋略的意图，在讯问中直接作用于犯罪嫌疑人，是战术性的、具体的行动方式。

第三层次是讯问语言。在整个侦查讯问对策结构体系中，不管是谋略、方法，都必须借助一定的载体才能实现，这个载体就是讯问语言。

第四层次是侦查讯问相关因素。侦查讯问对策的实现还受到相关因素的影响和制约，从整体上看，它们是侦查讯问对策的有机组成部分。相关因素的影响很多，主要有讯问的准备工作、犯罪嫌疑人心理状态、讯问场所环境及气氛和讯问突破口的选择等（相关具体内容前书中已有所述）的影响。这属于侦查讯问对策整体构成体系中的外围层次部分。

由上述四个要素构成的侦查讯问对策结构体系，是具有层次关系的讯问谋略、讯问方法、讯问语言以及讯问相关因素共同组成的一个有机整体。它体现了两个基本规律：①侦查讯问对策是一个整体性的有机结合体系，其中讯问谋略是核心，是侦查讯问人员策划的"战略部署"；讯问方法是受讯问谋略制约和指导并为其服务的，是讯问的"战术行动"；讯问语言是讯问谋略和方法的表现形式；讯问相关因素是讯问谋略和方法得以实现的外部条件，它们之间相互影响、渗透、烘托和渲染，共同形成讯问对策的"合力"。②讯问对策结构体系从外围层次（讯问准备等）、表现层次（讯问语言与方法）向核心层次过渡中，有一种包含关系，即语言、方法依次包含，外层次体现核心层次，越到外层次越具体，外层次是依次将内层次的意思逐渐变为具体行动。

事实上，侦查讯问对策的实施并不是各层次单独表现的，而是作为诸内容有机统一的整体发挥作用。可以认为，侦查讯问人员在讯问犯罪嫌疑人时，只要据情采取有针对性效果的讯问对策，一般都能获取犯罪嫌疑人的真实供述。

项目二　讯问谋略

刘×，男，28岁，汉族，××市人。学生出身，工人成分，无前科，系××市××厂工人，住××市××区××街××号。

嫌疑根据：刘×，于20××年8月17日因盗窃重大嫌疑被拘留。根据如下：①该厂财会室金库（简易铁柜）于8月17日0：00~1：00被撬开，被盗走现金10 300元。当日上午刑侦部门勘查现场，在铁柜门上侧，提取指纹一枚，经比对鉴定，系刘×左手食指纹无疑，但何时以及为何遗留不能最后肯定。②经查刘×在案发当夜，在本车间工人王×家和青工李×、张×共四人玩麻将。据王、李、张及其妻、其母证实：刘×当夜零点过二三分钟从王×家出来说回家，一点零几分到家。侦查实验得知，从王×家到刘×家经过其厂大门前共需二十一二分钟，其间有三四十分钟去向不明，具有作案时间。③据值班更夫说：0：45左右，在值班室透过玻璃窗看到一人从财会室后窗临街的小胡同走过，从房头灯光下，看到很像刘×，但未看清脸庞，只是着装和走路姿势大致相似。

根据上述案情，制订讯问计划如下：

一、通过讯问查清

1. 所提取和鉴定的刘×左食指指纹是否为作案时所留。

2. 发案时刘×约有三四十分钟去向不明，究竟干什么去了。

二、基本策略

对刘×的材料掌握得较少，指纹比较确切，但尚不能作为定案的根据，属于重大嫌疑。据此，不宜采取重点突破的审讯策略，开始讯问时，也不宜直接提问，而应采取以迂回渐进策略为主的讯问方法。应在不使之察觉到我之进攻方向（指纹何时所留以及半夜三四十分钟去向不明是否属实）和我之进攻路线（先讯指纹，后讯时间），扫清三个外围后，宜取要害的情况下进行攻坚。攻坚时抓住"三四十分钟干什么去了"这个突破口并酌情出示指纹证据照片，穷追不舍。

三、讯问分三步走

1. 问清有关情况，摸清他的态度，让他陈述前一天和当晚的活动情况，从中了解他如何供述指纹和占用时间的问题。

2. 在他供述之后，围绕指纹遗留时间及是否具有作案时间这两个关键性问题进行追讯。提问时，对何时遗留指纹问题不能直接提问，而应采取间接提问。

3. 攻坚：第一、二步扫清两个主要外围后转为攻坚。追讯核心问题，即三四十分钟究竟干什么去了，并辅以政策攻心，出示证据，直至追破为止。

讯问笔录

问：你讲一下案发前和当晚的活动情况。

答：8 月 16 日白天我在上班，晚上在王×家打麻将。我与此案无关。

问：案发前你到过财会室吗？

答：发案前 20 天内没有去过。

问：发案后你是否去过财会室？

答：我连边都没沾。

问：你在王×家打麻将，什么时候从王×家出来回家的？

答：十二点半。

问：你在回家的路上到过什么地方？

答：没有。

问：你在路上干别的事情没有？

答：没有。

问：你在路上用了多长时间？

答：半小时左右。

注：他实际上只用半小时不到就到家了，而从王×家到他自家实际却用了一小时。其妻、其母证实其到家是一点零二三分钟，那三四十分钟去向不明，具有作案时间，（侦查实验得知，途中只需二十二三分钟）。

问：既然你说案发前没到过现场，案发后也没到过现场，那么财会室金库怎么留下了你的指纹（出示指纹照片）？科学鉴定是否定不了的。你要老实交代清楚。

答：不语。

问：你说你在路上没有干任何事情，那么有三四十分钟时间你究竟干什么去了？

答：我什么都没干。

问：在时间问题上你是欺骗不了我们的。难道要我们出示你的同事、你的妻子、你的母亲的证言吗？

答：不语。

问：（政策教育。）

答：我交代。

🖐 **工作导向**

一、案例评读

这是一起采用"迂回渐进"谋略突破犯罪嫌疑人，取得讯问成功的案例。案中，侦查讯问人员对犯罪嫌疑人刘×的材料掌握得较少，但在具体讯问中，侦查讯问人员通过巧妙地利用"迂回渐进"谋略，一举突破了指纹遗留时间和是否有作案时间这两个关键性问题，然后乘胜追击，取得讯问的圆满成功。

二、问题思考

1. 结合案例思考：什么是讯问谋略？它在讯问中能起到怎样的作用？

2. 除了案例中提到的"迂回渐进"谋略外，还有哪些讯问谋略？实践中如何运用这些讯问谋略？

内容导入

一、讯问谋略概述

（一）含义

讯问谋略是从一般意义上的谋略中借鉴过来的，源于以智取胜的兵法思想。自古以来，人们对谋略有过许多的描述和解释，较多见的解释是，谋略即计谋策略，是主体从自己的目的和动机出发，针对被作用对象的具体情况和特点，通过思维运筹而形成的行动意图。

讯问谋略除了具备一般意义上的谋略特征外，还通过侦查讯问这一诉讼活动，被赋予了新的含义，是指侦查讯问人员为了实现一定的讯问目标，在法律允许的范围内，根据案件的具体情况，运用有关科学原理和实践经验所制定的科学、有效的讯问方式。讯问谋略对全盘讯问计划有着决定的指导作用，讯问中所采取的步骤、方式方法、语言及其运用时机等，均受讯问谋略的指导和制约，其任务在于使侦查讯问人员始终处于讯问活动的主导地位，克服犯罪嫌疑人设置的种种障碍，取得真实可靠的供述。

讯问谋略是根据讯问目标和态势决定的战略构思。这一构思包含施谋主体（侦查讯问人员）、施谋对象（犯罪嫌疑人）、讯问手段、讯问信息四个要素。在讯问活动中，四要素是互相依存、互相作用、互相配合、互相牵制的关系。从总体上来说，就是侦查讯问人员运用讯问手段和讯问信息作用于犯罪嫌疑人，目的是使讯问付出最少的人力、时间和物质消耗，快速突破犯罪嫌疑人的供述障碍，以取得如实供述，获取最佳的讯问效果。

（二）特征

1. 合法性。讯问谋略是为"讯问犯罪嫌疑人"服务的，因而制定和运用讯问谋略必须受《刑事诉讼法》的制约并在其许可的范围内进行。侦查讯问是国家机关的执法行为，刑讯逼供、恐吓、威胁和不负责任的许诺等，都与正确实施谋略毫不相容，并会损害执法机关的威信。

2. 全局性。谋略是全案讯问的指导思想、原则，要着眼于全局，以查清全案、获得最优讯问效果为目的，力求统筹兼顾，不拘泥于一时一事之得失，而以最佳的终局效果为目标。

3. 科学性。讯问谋略的科学性是指讯问谋略要反映讯问活动的客观规律。首先，讯问谋略必须建立在案件客观事实以及犯罪嫌疑人心理及其演变规律的基础上；其次，讯问谋略是依据有关科学原理，并在长期的讯问实践中产生的。

4. 隐蔽性。古人云："谋成于秘，败于泄。"隐秘是谋略意图得以实现的关键所在。如果谋略意图过早被对方识破，就会失去谋略应有的意义。当然，也不是让犯罪嫌疑人永远不得而知，而是其知道的时候已悔之晚矣。

（三）作用

讯问犯罪嫌疑人，从某种意义上讲，是一场没有硝烟的"短兵相接"的"唇枪舌战"，侦查人员要取得胜利，单靠政策、法律和证据是不够的，必须借助讯问谋略。为此，制定和运用有效的讯问谋略，对于征服犯罪嫌疑人，并及时获取其真实供述和辩解具有十分重要的意义。

1. 可以充分调动犯罪嫌疑人的趋利避害心理。通过运用讯问谋略，可以使犯罪嫌疑人在"两利相权取其重，两害相权取其轻"的心理规律的作用下，在"利"和"害"的权衡中，选择坦白认罪，争取从轻处理的道路。

2. 可以充分发挥心理相容规律。正确运用侦查讯问谋略，可以使犯罪嫌疑人在"合意性""合理性"的心理作用下，受我方谋略的影响，收到"以智谋兵""不战而屈人之兵"的效果。

3. 可以指导和协调侦查讯问活动。在有效的讯问谋略指导和制约下，可以使讯问对策的各项内容协调一致，发挥良好的综合效果。

4. 可以充分利用犯罪嫌疑人的思维走势和心理错觉，促使犯罪嫌疑人自我暴露，作茧自缚，陷入困境而无法挣脱。

5. 可以从心理、气势上压倒犯罪嫌疑人。通过运用谋略，使犯罪嫌疑人感到情况对自己不利，无力抵挡侦查讯问人员，从而挫败其嚣张气焰，瓦解其斗志，使其不得不低头认罪。

二、讯问谋略的辩证运用及常用讯问谋略

讯问谋略的辩证运用，即讯问的谋略思想，是指侦查讯问人员在讯问实践中对具体讯问谋略运用的效果及其所体现的精神进行认识而形成的感性观念或理性认识。在长期的讯问实践中，侦查讯问人员总结出一套辩证地运用讯问谋略的经验，如心与兵辩证结合、奇与正辩证结合、迂与直辩证结合、隐与露辩证结合、先与后辩证结合等，据此指导制定和运用讯问谋略，能获得良好的成效。

（一）心与兵的辩证结合

1. 辩证运用。心与兵，即攻心与攻城，研究和运用攻心谋略，在我国有悠久的历

史。《三国志·蜀书·马谡传》中有记载："夫用兵之道，攻心为上，攻城为下；心战为上，兵战为下。"阐述了攻心和攻城之间的关系，即攻心为上。认为夺城要夺人，夺人要夺心，要先从心理攻势上下功夫，瓦解对方的斗志，使其失去战斗力，最终达到不战而胜乃是上上策。这种重视攻心谋略运用的做法同样适用于侦查讯问工作。

侦查讯问的攻心，是运用真理和正义的力量去对犯罪嫌疑人施加影响，即运用正确的思想、道德观念，用客观事实以及法律和政策进行说服教育，对犯罪嫌疑人的内心世界特别是阻碍其如实供述的心理症结施加影响。侦查讯问的攻城，是对犯罪嫌疑人坚守而拒不如实供述的重要案件事实，实施短兵相接的强攻，力克犯罪嫌疑人防守的阵地，为全盘获胜开辟道路的做法，如使用证据、利用矛盾、公开对质等。

在讯问实践中，成功的攻心，能有效地摧毁犯罪嫌疑人拒供的精神支柱，从而出现犯罪嫌疑人主动供述的局面。在这种情况下，侦查讯问人员往往无须强攻硬取，出示证据，就能获得犯罪嫌疑人对重大问题的供述，乃至主动彻底地交代罪行。侦查讯问人员不暴露证据情况，就能达到"不战而屈人之兵"的效果。如果单纯依靠使用证据、利用矛盾等手段，犯罪嫌疑人的思想没有真正降服，只能获得"挤牙膏"式的进展，甚至会出现犯罪嫌疑人在证据和矛盾面前也矢口抵赖的局面。但是，单纯依靠攻心，没有一定的"火力"配合，会使犯罪嫌疑人感受到侦查人员无力而难以促使其思想发生根本转变，若以证据材料为后盾，使其处于"兵临城下"的境地，才能使其放弃对抗如实供述。否则，只凭单纯的攻心劝降，是难以奏效的。因此，二者是辩证的关系，即攻心为上，但攻城的作用也不能忽视。

以辩证唯物主义的观点来看，攻心和攻城两者结合，以攻心为主，攻城为辅，既要强化攻心，建立获胜的思想基础，又应在适当时机，在关键问题上巧妙地使用证据，揭露矛盾，驳斥谎言，造成"兵临城下"之势，突破犯罪嫌疑人固守的防线，从而在两者的协同配合和相互促进中推进讯问工作。

2. 常用谋略。心与兵的辩证运用反映在侦查讯问中的谋略主要有攻心夺气和重点突破。

（1）攻心夺气。攻心夺气是指侦查讯问人员在讯问中，针对犯罪嫌疑人的个性特点和心理状态，运用政治、思想、政策、法律、形势、前途、亲情等对其心理施加影响，从而改变其认识，转化其情感，瓦解其意志，促使其如实供述罪行的一种讯问谋略。

攻心夺气是改变犯罪嫌疑人思想认识和道德情感，消除其供述心理障碍的有效谋略，尤其对那些具有错误认识、消极情感、抗讯意志和拒供、伪供行为的犯罪嫌疑人，更具效果。"气实则斗，气夺则走"。"夺气"才能瓦解犯罪嫌疑人心理意志，而"夺气之法，则在攻心"。攻心是夺气的途径，夺气是攻心的结果。攻心就是用正确的思想观念、道德意识、政策法律、客观事实和利害关系直接冲击犯罪嫌疑人虚妄的自信心理，揭露、批驳其错误认识，去启迪其正确情感，使其否定其错误的思想认识，抑制其不良的心理倾向。夺气就是要通过对犯罪嫌疑人直接施加心理影响和刺激，夺其志、挫其锐、消其势，动摇瓦解其对抗意志，使其心理防线瓦解，无法再形成对抗的意志，或不敢再坚持对立的态度。

攻心夺气的步骤是：①正确分析犯罪嫌疑人拒供、伪供的心理症结。如畏罪、戒备、侥幸、抵触、悲观等。②选择和确定攻心夺气的材料。例如，犯罪嫌疑人拒供的原因是自以为侦查讯问人员没有掌握其犯罪的直接证据，攻守同盟牢靠，此时，侦查讯问人员应收集或选择证明犯罪嫌疑人犯罪的直接证据，如证人证言、被害人陈述、同案犯的供述和辩解等。③入情入理地实施攻心夺气。既可以利用形势政策、法律的威慑力和感召力、是非和情理的说服力、亲情的感染力，也可运用证据的说明力、讯问环境的影响力，对犯罪嫌疑人进行攻心夺气。

侦查讯问所运用的攻心谋略，主要有政治攻心、思想攻心（有情攻心、理攻心、势攻心三个方面）和政策法律攻心等。攻心夺气的谋略由于在讯问中发挥着明显的积极作用而被普遍使用，它不仅避免了对案件事实进行每件事、每个情节的追讯，能够省时、省力，保证讯问质量，而且有利于犯罪嫌疑人的思想改造。

（2）重点突破。重点突破又称为正面突破或直接突破，是指侦查讯问人员在讯问犯罪嫌疑人时，运用已取得的证据或者利用其心理弱点，以查明全案具有关键意义的某一环节作为主攻方向，采取正面进攻的方式，迫使其如实供认，从而打开缺口，交代全部或主要犯罪事实的一种讯问谋略。

重点突破是因时、因事、因人制宜，抓住事物主要矛盾和矛盾的主要方面予以优先解决的唯物辩证法的具体体现。因此，实施重点突破谋略，不能盲目进攻，关键是要选择突破的重点问题。重点问题，既可以是犯罪嫌疑人的某一个犯罪事实，也可以是犯罪嫌疑人的某一种抗拒讯问的精神支柱。但作为重点突破的重点问题，必须具备两个条件：①通过对这个重点问题的突破，能够迫使犯罪嫌疑人交代全部或主要犯罪事实。②在这个重点问题上，侦查讯问人员必须具有较强的优势，既要对案情有较详细的了解，又要有确实、充分的证据和具有说服力的道理，从而足以迫使犯罪嫌疑人供述自己的罪行。

重点突破的条件有：①侦查讯问人员掌握确实、充分、有力的证据。这是采取重点突破谋略的决定性条件。证据是制服犯罪嫌疑人的有力"武器"，讯问中对拒不交代罪行的犯罪嫌疑人，应当使用证据，迫使其交代犯罪事实。②犯罪嫌疑人心理上具有易于攻破的弱点。这是采取重点突破谋略的参考性条件。在有些案件中，侦查讯问人员虽然掌握的证据不多或不够确实，但有的犯罪嫌疑人是初次犯罪，缺乏反讯问经验；有的文化水平、智力水平低，应变能力不强；有的感情脆弱，心理素质差；有的思想紧张，情绪紊乱，没有做好接受讯问的心理准备等，遇此情况，侦查讯问人员也可以围绕案件中的重点问题进行突破。

重点突破的步骤是：①选准讯问突破口。在确定的"重点"基础上，应选准讯问突破口，这是实施重点突破的关键（关于选择讯问突破口的内容，请参见前述内容）。②周密设计突破方案。此方案应当是以证据和信息为基础，以说服教育为动力，以语言、环境、气氛为中介的能获取整体效应的全方位突破方案。③单刀直入开展讯问。侦查讯问人员应围绕确定的重点问题，逻辑严密、快节奏地向犯罪嫌疑人提问，态度要严肃、坚定，做到理直气壮、胸有成竹，逐步加大犯罪嫌疑人思想压力，造成紧张的气氛。④适时突破。讯问时，侦查讯问人员要按照突破方案，步步紧逼，一旦突破口已经暴露，应锲而不舍，乘胜追击，一鼓作气讯问清楚犯罪事实。

实践中，运用重点突破谋略并非一用就灵，有时，运用了仍不能突破案件，此时，侦查讯问人员应当审时度势，灵活多变，讲究突破的技巧并及时予以调整，而不能为了取得突破，一味进行强攻，甚至将所掌握的证据材料不留余地地全部抛出，那样反而暴露我方底细，往往会使讯问陷入僵局，甚者影响其后的讯问。

（二）奇与正的辩证结合

1. 辩证运用。《孙子兵法·势篇》提出："凡战者，以正合，以奇胜。故善出奇者，无穷如天地，不竭如江河。"意思是说：作战时，要以正规部队和常规的打法，去应对正面的敌军，而以奇兵和奇袭的作战方式，袭击敌人缺乏防备的地方，就能取得战争胜利。善于出奇制胜的人，其变化是无穷尽的。《孙子兵法·势篇》还提出了"无奇不成正，无正不成奇"的论点，辩证地说明了奇与正相互对立而又相互依存的关系。

在侦查讯问中运用这项战略思想，既要做好正面的常规推进，又要针对讯问对象和情势，在适当的时机打破常规，采取"攻其不备，出其不意"的奇袭式进攻，两者妥善地结合，才能取得良好的成效。

奇与正相结合，一方面，要求侦查讯问人员应对讯问方法作全盘考虑，安排较多的循序渐进的常规讯问，系统而又有条理地向犯罪嫌疑人提问，让其思考后作出较详细的回答。在入情入理、深入细致的讯问下，犯罪嫌疑人供词中的破绽和矛盾也能较充分地暴露出来。另一方面，侦查讯问人员要依据讯问情势，在关键性问题上选择适当时机，奇袭式地向犯罪嫌疑人提问，使其防不胜防，从而突破关键性问题，为进一步深入进行常规讯问消除障碍。如此奇正结合，相得益彰，共同推进讯问工作。

奇正结合在侦查讯问中常见的弊病有：①有些侦查讯问人员不会运用"奇兵"和"奇袭"，更不懂正确处理奇与正的关系，只会直来直去地讯问，讯问方法简单且模式化，需要问什么便直接问什么，不会迂回转弯或旁敲侧击，甚者不会运用手中证据，这样讯问当然不会收到什么效果。②盲目追求出奇制胜。侦查讯问与用兵作战有所不同，用兵作战目的是要消灭敌人有生力量，而侦查讯问不仅要查明案件事实真相，还要消除对立，做好将教育和思想转化工作。因此，不能完全照搬"奇兵"和"奇袭"的做法，而是应当控制在一定的范围之内。例如，在讯问中问得庆气唐突，东一句西一句地讯问，犯罪嫌疑人对提问毫无思想准备，也无法连贯思考，导致其供词支离破碎，真伪难辨，而且犯罪嫌疑人会认为这是有意为难，从而导致加剧对立情绪。

2. 常用谋略。奇与正的辩证关系运用在侦查讯问中，有攻其无备和正面突破（可参见重点突破内容）的谋略。

攻其无备是趁犯罪嫌疑人对某一问题没有设防，来不及周密构思如何狡辩的情况下，突然集中火力进行追讯，令其猝不及防而收到奇袭之效。《孙膑兵法·威王问》把"攻其无备，出其不意"称赞为"以一击十之道"，说明其效果良好。

讯问中的具体做法是：对一些较为重大或关键性的问题，或作连珠炮式的提问，让其应接不暇；或尖锐地揭露矛盾、批驳伪供，让其难以自圆其说；或突然出示有力证据，使犯罪嫌疑人措手不及，不得不作出如实供述。

（三）迂与直的辩证结合

1. 辩证运用。《孙子兵法·军争篇》中说："迂其途，而诱之以利，后人发，先人至，此知迂直之计者也。"其意是说：用迂回绕道，并用小利引诱敌人，这样就能比敌人后出动而先到达所要争夺的要地，这就是以迂为直的方法。这段话从迂的角度阐述了迂与直的辩证关系，对侦查讯问工作有一定的启发意义。

2. 常用谋略。迂与直的辩证运用反映在讯问中有迂回围歼和直接突破（参见重点突破内容）的谋略。

迂回围歼又称为迂回渐进或迂回包抄，是指侦查讯问人员在不暴露讯问意图和讯问目标的情况下，先行讯问一些与讯问目标无明显联系的问题，通过隐蔽的途径，逐步推进，扫清外围，待时机成熟再采取正面突击核心问题，一举攻下既定的讯问目标的一种讯问谋略。

侦查讯问中遇到一些犯罪嫌疑人防守严密而证据又不够充分、有力的问题，往往需要采用迂回围歼的谋略。迂回围歼的目的在于麻痹犯罪嫌疑人，使其自己束缚自己，无法自圆其说，从而如实供述，突破案情。特点是具有曲折性和对犯罪嫌疑人的麻痹性。讯问中，侦查讯问人员向犯罪嫌疑人提出的一些问题，从表面上看，与追讯的核心问题没有直接联系，但实际上有着密切的内在联系。由于犯罪嫌疑人搞不清楚侦查讯问人员的讯问意图和进攻路线，丧失了警惕，在回答问题时就会不自觉地暴露出与核心问题有关的细节问题。一般来讲，细节问题不易作假，即使作假，也会漏洞百出，侦查讯问人员把每个细节问题讯问清楚，逐步缩小讯问范围，一旦时机成熟，就连续出击，集中力量突破核心问题，造成一种犯罪嫌疑人既无法否认已承认的犯罪事实，又推脱不了对核心问题的情节的讯问，最后不得不交代罪行的态势。

迂回围歼谋略能否运用成功，取决于三个条件：①能否切实隐蔽讯问的意图和目标；②能否使犯罪嫌疑人处于麻痹状态下，使其认为所提出问题是无关大局的细枝末叶，能如实回答；③暂时给犯罪嫌疑人一定的小利，如对一些被犯罪嫌疑人认为是无关大局的问题，如实回答能获得侦查讯问人员的赞扬，使其爽快流畅地回答，且不易翻供。

在讯问实践中，具体运用迂回围歼谋略时可以分为迂回、渐进和突破三个步骤。迂回就是先不要触及案件的核心问题或问题的本质，而是有意识地绕过案件的核心问题和问题的本质，从次要问题和外围情节入手，采取自由交谈的方式，向犯罪嫌疑人讯问时一些似乎与案件无关或与案件关系较小的问题，以麻痹犯罪嫌疑人，使其容易回答问题，在不知不觉中讲出侦查人员所需要的真实情况，从而对欲突破的问题形成"包围圈"，堵死其退路。渐进即选择一些与案件事实有关联的、对证实犯罪有直接作用的问题进行讯问，旨在进一步扫清外围，堵死犯罪嫌疑人可能进行的退路，缩小包围圈，使之作茧自缚。突破就是当外围问题已经问完，犯罪嫌疑人可能进行狡辩的各种理由已经堵死时，可以直接向犯罪嫌疑人发起进攻，讯问案件的核心或本质问题。

使用迂回围歼的讯问谋略，必须稳打稳扎，步步为营。①对讯问的总体次序要有精心的安排；②对犯罪嫌疑人可能做出的回答，要有充分的估计；③一定要把迂回的问题选择好，同时要考虑好渐进的步骤，关键是不要让犯罪嫌疑人意识到侦查讯问人员的意图；④要设计好提问的问题，逻辑性要强，讯问的次序要形成一个有机的链条，即提出的前一个问题要为后一个问题做准备，后一个问题要为前一个问题作补充。

（四）隐与露的辩证结合

1. 辩证运用。《孙子兵法·虚实篇》中说："故善攻者，敌不知其所守；善守者，敌不知其所攻……故形人而我无形，则我专而敌分；我专为一，敌分为十，是以十攻其一也……故形兵之极，至于无形；无形，则深间不能窥，智者不能谋。"此段话从隐与露的关系这一角度论述了军事作战中采用迷惑敌人的谋略，使敌人对我方作战意图和我军实力产生错误的判断，如运用"虚则实之，实则虚之，实则实之"等谋略，既有虚则实之、实则虚之二者交替使用，虚实颠倒，又有实则实之，能有效地迷惑对方。这些谋略原则在侦查讯问工作中值得借鉴，以提高讯问效果与效率。

在侦查讯问中，隐是指侦查讯问人员对讯问的意图、掌握的证据材料等都力求隐蔽，使犯罪嫌疑人无从准确地制定和有效地实施反讯问的手法。露是指侦查讯问人员有意向犯罪嫌疑人传递一定的信息，使其察觉到侦查机关已洞悉案件事实并掌握了证据，隐瞒和抵赖是徒劳的。

隐与露在侦查讯问中是一对既对立又统一的矛盾。讯问实践中，如果侦查讯问人员没有适当地暴露，事事守口如瓶，犯罪嫌疑人不能从中获得一定的信息，其侥幸过关和对抗心理受不到任何冲击，就不会如实供述。但是，如果侦查讯问人员暴露过渡，讯问意图或证据材料等被犯罪嫌疑人所了解，将助长其狡辩和抵赖等反讯问行为，不利讯问工作的推进。因此，在讯问中要做到隐蔽与暴露的辩证结合：①隐蔽有方。要求侦查讯问人员做到谋不外泄、情不外露，对讯问的意图、计划、掌握证据状况、证据来源、对案情的判断等，均要注意严格隐蔽；对自己的性格特点、办案风格等，也要力求隐蔽。②暴露得法。要用适当的方式方法和巧妙的讯问语言,积极对犯罪嫌疑人施加心理影响,使其认识到警方充分知情,掌握充分的证据,但究竟掌握到何种程度以及哪些具体的案件事实与证据已被掌握不得而知。

2. 常用谋略。隐与露的辩证关系在侦查讯问中主要体现为避实击虚的讯问谋略。

避实击虚是指利用犯罪嫌疑人防御的薄弱环节,造成其疏忽大意、不知所措或自相矛盾,进而使犯罪嫌疑人的防御体系崩溃,不得不如实供述罪行的一种讯问谋略。

避实击虚谋略是根据犯罪嫌疑人防御的特点提出来的。一般来说,犯罪嫌疑人被拘捕后,为了掩盖罪行、逃避罪责,都要不同程度地构建对付讯问的防御体系,由于这种防御体系的主观性与犯罪事实的客观性不完全相符合,并受到信息不灵的限制,而且又是在严重的侥幸心理支配下形成的,必然存在不少破绽之处。讯问中针对这些破绽之处进行突破,能使犯罪嫌疑人防不胜防,被迫交代犯罪事实。

犯罪嫌疑人防御的虚实,可以理解为犯罪嫌疑人防备意识方面和防备程度上的强弱,如没有防备、无法防备、防备不强等,反之就是坚实之处。实践中犯罪嫌疑人防御的虚实是相对而言的,它与侦查讯问人员对案件的判断是否清晰、掌握证据的多少和对讯问的适应能力的强弱有关,凡是侦查讯问人员对案件情况不明、掌握证据不足、适应性差的有关问题,均应视作犯罪嫌疑人防守上的坚实之处。

使用避实击虚谋略,要把握和处理好"虚""实"的关系。首先,通过讯问,弄清犯罪嫌疑人反讯问防御体系牢固与否及其虚弱之处。讯问时,侦查讯问人员可围绕案件事实,对犯罪嫌疑人进行试探性的提问,根据其供述和辩解,摸清其认罪态度、已经采取和将来可能采取的反讯问伎俩,分析其防御体系牢固与否及其虚弱之处,据此采取相应的讯问方法。其次,要善于运用多种讯问方法将犯罪嫌疑人的防守由实转为虚。讯问实践证明,犯罪嫌疑人防御的虚实不是固定的,在一定条件下,虚可以变为实,实又可以变为虚。因此,在讯问中,要善于运用各种心理学方法,如影响情绪、分散注意力、造成错觉等,把犯罪嫌疑人的防御由实转化为虚。例如,侦查人员可使用案件中的某一证据,表明证据在握,动摇犯罪嫌疑人的侥幸心理,使其感到原构建的防御体系有漏洞,防御体系崩溃危在旦夕。最后,侦查讯问人员一旦发现了犯罪嫌疑人防御的虚弱之处,就要不失时机地加以利用,及时予以突破,否则,当犯罪嫌疑人清醒过来或者赢得时间之后,防御上的虚弱之处就会因其增强防备意识或重新构建防御体系而变为坚实之处,从而失去有利的讯问时机。

(五) 先与后的辩证结合

1. 辩证运用。俗话说:"先下手为强,后下手遭殃"。《左传》中有"先人有夺人之心"的提法;《后汉书·项籍传》称"先发制人,后发制于人"。这都主张争取作战中的先机之利,掌握斗争主动权的重要意义。

然而,事情并不是绝对的,在一定条件下,"后发制人"也是重要的斗争手段,它与"先发制人"之间存在着辩证的统一，其实质是积极防御，即以防御为手段，以反攻为目的的攻势防御，它常成为较弱一方克敌制胜的重要法宝。《战国策·齐策》中说："骐骥之衰也，驽马先之；孟贲之倦也，女子胜之。"其意是说千里马用尽了力量，劣马也能超过它；勇士疲乏不堪时，女子也能战胜他。由此可见后发制人的有效性，是以劣胜优、以弱胜强的战策。《唐太宗李卫公问对》中说："后则用阴，先则用阳。尽敌阳节盈我阳节而夺之，此兵家阴阳之妙也。"意思是：后发制人要用潜力，先发制人则用锐气。把敌人的锐气挫损到最低限度而把自己的潜力积蓄到最大程度去消灭敌人，这才是军事家运用潜力和锐气的奥妙之处。

一般来说，敌人在进行一次大规模的进攻中，开始阶段组织得都比较严密，缺点和弱点不易暴露，随着时间的推移，战线拉长，敌我力量消长，敌人的许多弱点就会暴露出来。我方先暗中积蓄力量，然后等待和寻求敌人的可乘之隙，这就是孙子的"先为不可胜，以待敌之可胜"，也就是"后发"的用意。

2. 常用谋略。上述先与后的辩证关系，可借鉴于侦查讯问工作中，在讯问实践中体现为先发制人和引而不发的谋略。

（1）先发制人。先发制人是指侦查讯问人员在充分掌握犯罪嫌疑人心理，掌握其防御体系的部分或全部之后，以自己的优势，主动向犯罪嫌疑人发起局部或整体进攻一种谋略。

讯问中，侦查讯问人员首先发动进攻，做到旗开得胜，在关键问题上突破犯罪嫌疑人的防线，继而陆续开展攻势，使犯罪嫌疑人处于疲于应付的局面，而我方始终处于主动、有利的态势，这无疑是上乘之策。

实施先发制人的谋略时，应注意以下要点：①要出示强有力的证据，主动揭露犯罪嫌疑人的罪行；②使用措辞强烈、节奏快的发问语句；③发现犯罪嫌疑人有谎供、狡辩的意向，就先行一步，揭穿其供述中可能存在的谎言，不给其以喘息的机会，堵塞其退路，迫其供述。

（2）引而不发。引而不发是指侦查讯问人员通过一定的语言、行为和气氛的影响，使犯罪嫌疑人产生罪行已经被揭发的错觉，从而如实供述罪行的一种讯问谋略。

《孟子·尽心上》中称："君子引而不发，跃如也。"意思是说，善于教射箭的人，拉满了弓却不射出去，摆出跃跃欲射的样子，比喻善于引导和控制。这种谋略主要适用于那些侥幸心理严重，对侦查机关掌握证据盲目猜测的犯罪嫌疑人。在讯问中，犯罪嫌疑人为了逃避或减轻罪责，总是希望达到某种愿望或不愿出现某种结果，但处于被关押的环境中，又不可能知道自己罪行的暴露程度、侦查机关掌握了哪些证据等，因此，其不仅急于探听虚实，也对外界信息具有高度的敏感性。在这种心理状态下，侦查人员通过巧妙的方式方法向犯罪嫌疑人输入一定的信息，其就会依据自己的主观愿望对所获得信息进行判断，权衡利弊，而在没有其他信息来源的情况下，犯罪嫌疑人往往会产生错误的判断，接受自己的问题已经暴露、无法继续抵赖的现实，从而作出供认的选择。

讯问中，当案情尚不明朗，我方证据欠充分和确凿的情况下，或者是犯罪嫌疑人编造成套谎言，我方有把握予以戳穿的情况下，先让犯罪嫌疑人充分"表演"和暴露，侦查讯问人员从中选准薄弱环节，在适当时机发起反击，这种后发制人的谋略同样是很有效的。因此，引而不发谋略多在证据不足或证据不便公开的情况下使用，因为这种谋略传递的信息量很少，但信息扩张力很大，有利于隐蔽，谋不外露，情不外泄。使用引而不发谋略要注意以下四个问题：①提出的问题必须是真实的，要建立在一定证据或正确判断的基础上。引而不发和"诈唬"有着本质的区别，"诈唬"是凭主观臆断提出问题，并附以虚张声势的渲染，而引而不发是凭客观事实和对犯罪嫌疑人的个性特点、心理状态进行合乎逻辑的分析，进而进行提问。②讯问中要沉着、坚定，表现出胸有成竹的样子。要做到这一点，必须对案情和犯罪嫌疑人的心理进行透彻的分析，弄清其最关心什么问题、希望出现什么结果、担心发生什么情况，只有摸清了症结，才能作出正确的判断，才能对讯问充满信心。③力争速战速决，切忌久攻不下。这种谋略的成功，关键在于输出的信息要显示出证据本身的威力以及即将使用这些证据的态势，造成犯罪嫌疑人心理失衡而发生错误判断，如果对证据总是引而不发，作出跃跃欲试的架势，时间长了就易被识破。④要注意与其他谋略结合起来使用，虚虚实实地进行，以加强引而不发谋略使用的力度。

项目三　讯问方法

案例导入

20××年6月12日晚，一片愁云笼罩着××省××县××乡万民村八组组长周××家——12岁独生子周×突然失踪了！

第三天早晨，一村民在周××家责任田边拾得一封写有"周××收"的信。信中写道：

周××：

不要急，你的儿子很安全。不过，请于6月15日将3万元人民币送到齐天大桥，才能和儿子团聚。如果报警或者有其他不诚意的举动，你儿子绝没有好下场！我想，3万元不会比你的儿子的生命更贵重吧？记住，最好别耍花招！

江湖三怪

匿名信的出现，使本来就不安的周家又增添了几分恐怖气氛。为避免儿子遭遇不测，周××被迫按照信上要求，千方百计地筹措资金，并如期送达指定地点。可奇怪的是，一直无人来接头。

以后的12天中，他又接收到四封类似信件。因救子心切，每次接信后他都按对方的要求送钱去。然而，一次次都扑了空。周××大失所望，料定儿子已经出事，在百般无奈的情况下，于6月29日到县公安局报了案。

一个由副局长傅××挂帅、汇集经验丰富的侦查人员的专案组迅速建立起来。

专案人员从扑朔迷离的案情中认真地寻找犯罪分子的蛛丝马迹。作案嫌疑人很快集中到受害人邻居王××身上。此人先后两次为周××送信，两次在接头地点露面，且向周××讲解信件内容，为周××接头成功积极出谋划策。技术鉴定也确认，王××笔迹与五封匿名信笔迹同一。

7月20日下午，王××被带进了公安局。

"王××，该是老实交代的时候了！"侦查讯问人员单刀直入。

"交代什么？"王××故作镇定地反问。

"周×哪里去了？"

"我怎么知道？"

"不知道的话为什么写信？"

"哦……这个嘛……我是周××的邻居，晓得他们找儿子没有找到。写信只是想趁机诈点钱。承认错误好了嘛！"

王××镇定自若地回答着侦查讯问人员的问话，始终不承认与周×的失踪有关。侦查讯问人员由于没有掌握过硬的证据，侦查讯问工作陷入僵局。

是不是抓错人了？或是漏掉了犯罪同伙？

侦查讯问人员重新梳理着掌握的情况，分析认为：①周×过去无单独外出现象。若是他人骗出，必是熟人。②王××具备作案条件。他不可能在周×被别人弄走的情况下写信而"搬起石头砸自己的脚"。③若周×被王××绑架，遇害的可能性极大。因为王××若"放虎"，自然"自投罗网"。④王××可能认为作案隐蔽，不会露出马脚，因而有较强的侥幸心理。⑤王××在看守所内戒备其他人犯，说明他有顾虑、畏罪心理，加之审讯方式过于激烈，抵触情绪较大。

调整并制定出如下讯问方案：①改变策略，采取"温火炖猪蹄"的审讯方式，由此及彼，由表及里，循序渐进，打破其侥幸心理。同时，对王××的生活略加关心，从而逐步减轻和消除其内心的恐惧。②侦查讯问人员应当少而精。③内讯外查相结合，注意掌握王××的思想动态，争取主动权。

讯问的帷幕再度拉开，侦查讯问人员从了解王××的基本情况、社会关系、生活情趣、与哪些人往来等与案情无关紧要的问题入手，通过连续两天的讯问，逐步缓和了气氛，沟通了对话。

"王××，谈谈你写信的根源？"

"我爱看武侠小说、侦探小说，是从杂志《人质列车》上学来的。"

"《人质列车》写的什么内容？"

王××想了想："绑架人质、抢钱。日本一个资本家的儿子被黑社会的人绑架了，叫拿好多好多钱去取。"

"日本警方破案没有?"

"不清楚,最后两页被人撕掉了。"

"那你这件事我们又破案了没有呢?"王××低着头,长时间沉默。

"破了嘛,不然我怎么会坐在这里讯问呢?!"侦查讯问人员接着说。

"我……请求从宽处理。"

"这很好,但要取决于你的态度!"

王××又不答话了。

侦查讯问人员看出,王××虽然还未交代问题,但精神面貌显然不如当初,思想压力很大,正处于极度的矛盾斗争中,面临着一次重大的抉择。这种时刻对审讯员来说,需要的是一种等待,任何不适宜的"撞击"都将导致对方那已经涌上喉头的供词咽下肚里。侦查员叫王××回监舍认真考虑。

监舍里,王××一把鼻涕一把泪地提起了笔:

父母大人:

最近儿子身在铁窗,心情相当不好,晚上根本睡不着觉,前途一片茫然。哎,想起这些……请父母劝蓉蓉(注:王××爱人)去追求新的幸福和未来,不要为我而耽误了一切……请你们来看我,最好面谈!……

字里行间,反映出王××的精神防线开始崩溃,侥幸心理已经动摇,想与家人面谈,正暴露他做贼心虚,急于了解外界情况,以决定自己交代问题的程度。对王××发动攻势的时机已到!

"王××,考虑好没有?"

"没啥考虑的。"

"觉都睡不着,还没啥考虑的?"侦查讯问人员抓住王××的心理,开展政策攻心:"你父母很关心你,下雨天都给你送钱来。"

王××接过侦查讯问人员转交的20元钱,双手发抖,反复抚摸。刷地一声,泪如泉涌。

一阵沉默之后,王××突然试探性地问侦查员:"我们监舍里关了一个死刑犯,我的性质与他有没有区别?"

"他犯的是强奸杀人罪,按你说你只是写了几封信,当然有区别嘛!"

又是沉默,令人窒息的沉默。

"你知不知道,我们公安局两个多月在干啥?你们万民村有多大?挖地三尺总能把你的问题弄得水落石出吧?!"

"啊——你们全清楚啦?!"王××一下子脸色煞白,"我交代,我交代!"

6月12日晚,王××将周×诱骗到本村村部背后的烂空房,乘其不备,用手卡住周×的脖子,继而拖入附近一废沼气池进料口,用土和砖掩埋,致周×窒息死亡,然后写信诈钱。

8月31日，公安机关根据王××的交代，挖出一具男孩尸体。经周×父母辨别，确认系自己失踪两个多月的儿子。

📑 工作导向 ˥

一、案例评读

案例中，犯罪嫌疑人王××在初次讯问中的顽固对抗，虽一时让侦查讯问工作陷入了僵局，但侦查讯问人员并没有丧失信心与耐心，而是有针对性地做了如下工作：

1. 重新梳理案情。结合前期侦查情况和看守所工作的配合，分析认为：①周×过去无单独外出现象。若是他人骗出，必是熟人。②王××具备作案条件。③若周×被王××绑架，遇害的可能性极大。④王××可能认为作案隐蔽，不会露出马脚，因而有较强的侥幸心理。⑤王××在看守所内戒备其他人犯，说明他有顾虑、畏罪心理，加之审讯方式过于激烈，抵触情绪较大。

2. 调整并制定如下讯问方案：①改变策略，采取"温火炖猪蹄"的审讯方式，由此及彼，由表及里，循序渐进，打破其侥幸心理。②侦查讯问人员应当少而精。③内讯外查相结合，注意掌握王的思想动态，争取主动权。

通过上述工作，结合灵活有效的讯问方法和巧妙的讯问语言，最终突破了犯罪嫌疑人王××，查清了案件事实真相。

二、问题思考

结合案例思考：什么是讯问方法？常用的讯问方法有哪些？讯问实践中如何运用这些方法讯问犯罪嫌疑人？

📑 内容导入 ˥

侦查讯问方法是指侦查讯问人员为了实现讯问目的，对犯罪嫌疑人直接实施的，能够促使其如实交代罪行的各种讯问手段。

讯问方法是以达到一定讯问目的的具体的战术手段，在讯问中直接作用于犯罪嫌疑人，影响其对自己所犯罪行的认识和态度。讯问方法具有战术性、直接性、具体性和合法性的特点，在讯问方法的综合运用中体现着讯问谋略的意图。实践中，讯问方法有很多，只要能够促使犯罪嫌疑人如实交代罪行的各种讯问手段，都是侦查讯问方法。一般说来，讯问方法有基本讯问方法和辅助讯问方法之分，基本讯问方法中使用频率较高、比较典型的有说服教育、使用证据、利用矛盾和情感影响等，辅助讯问方法主要有监管配合讯问和测谎配合讯问两项措施。

一、说服教育

说服教育讯问法，是指侦查人员在讯问中通过语言、书面材料、视听资料等形式对犯罪嫌疑人进行政策、法制等内容的教育，帮助其弄清是非界限和权衡利弊得失，促使其转变错误认识和不良态度，如实供述罪行的一种讯问方法。

说服教育是针对犯罪嫌疑人在侦查讯问阶段对自己犯罪行为的危害性和应承担的刑事责任认识不足而不交代或不如实、彻底交代犯罪事实而采取的一种讯问方法，具有较强的政策性和思想性，适用于所有犯罪嫌疑人，是侦查讯问中最基本、使用最广泛的一种讯问方法，贯穿于侦查讯问活动的始终。

（一）说服的机理及其作用

1. 机理。说服是个人（或群体）运用一定的策略，通过信息符号的传递，以非暴力手段去影响他人（或群体）的观念、行动，从而达到预期目的。讯问中的说服是侦查讯问人员通过向犯罪嫌疑人传递一定的信息符号，意图促使犯罪嫌疑人改变态度、如实供述。说服信息能否改变一个人的观点或行为，取决于人们普遍具有的心理需要、自我形象、心理平衡等心理特征。在侦查讯问阶段，特别是在初期阶段，大多犯罪嫌疑人对侦查机关及其人员持怀疑的态度，不相信我国的刑事政策，更不愿相信自己的犯罪行为已经暴露，而对案件事实、政策法律、个人前途等产生错误的认识，进而采取对立、不合作的行为。因此，有效的说服就是要消弱乃至消除犯罪嫌疑人的对立态度，促其如实供述罪行。

讯问是具有强制性特征的诉讼行为，但这并不代表讯问中的说服教育等同于强制性手段的压服，强制性的压服常常是"口服而心不服""此时服而彼时不服"，甚者会出现后续诉讼阶段中犯罪嫌疑人翻供的情况。因此，侦查讯问人员在讯问中要力求使犯罪嫌疑人"内化"说服信息，做到心服口服，使其听从劝告转变态度，从而转化其拒供心理。

讯问中的说服教育是一个交互式、渐进的过程，在此过程中，侦查讯问人员要根据犯罪嫌疑人的态度、行为改变的程度及时调整说服教育的内容与方法，推进犯罪嫌疑人向良性转变。

2. 作用。说服主要是解决犯罪嫌疑人的思想认识问题，它的作用体现为：

（1）消除对立。犯罪与追究犯罪是矛盾的两个方面。受趋利避害心理的影响，多数犯罪嫌疑人为了逃避法律制裁，在侦查讯问阶段总是跟侦查讯问人员持对立态度，为了消弱乃至消除其独立情绪，侦查讯问人员应对其进行耐心细致的说服，讲明政策、法律，启迪和激发其对讯问活动的关心和责任感，取得其信任和尊重，使其认为侦查讯问人员是在真心实意地挽救他、帮助他，从而愿意接受和听从侦查人员的说服。

（2）转变认识。受错误的世界观、人生观的影响，犯罪嫌疑人和正常人对法律、道德、行为等规范有不同的认识，有些犯罪嫌疑人甚至有一套错误的为人处世的"理论"。这些错误的认识如不转变，会直接影响讯问的进程和效果，因此，侦查讯问人员应从多角度对犯罪嫌疑人进行政策、法律、理想、前途、道德等教育，同时还要讲明其行为对社会、他人家庭的危害性，增加其罪责感，促使其转变错误认识、如实交代犯罪事实、自觉接受法律制裁。

（3）促其坦白。通过说服，指出犯罪嫌疑人的现实出路，促使其权衡利弊，让其实在地感到如实供述罪行对其最为有利，进而产生供述犯罪的动机，选择坦白求生（宽）的道路。

（二）说服教育的时机与要求

1. 时机。说服教育要贯穿讯问过程的始终，并不是说进行说服教育时不需要考虑时机，而是要在讯问过程中不失时机地开展说服教育，只有时机恰当，才能取得说服教育的最佳效果。那么，什么是说服教育的恰当时机呢？概括地讲，犯罪嫌疑人思想斗争激烈的时候，正是进行说服教育的恰当时机。一般地说，犯罪嫌疑人供述心理障碍严重、心理防线坚固时，是不易形成接受说服教育的意识和兴趣的，这时给他讲政策、讲道理，让他坦白，是收效不大的。只有犯罪嫌疑人到了实在无法继续抵赖、隐瞒下去的时候，如使用证据击中犯罪嫌疑人要害时、犯罪嫌疑人对其伪供不能自圆其说时、犯罪嫌疑人抵触情绪有所缓和时等，或者犯罪嫌疑人良心发现、萌生了悔罪心理的时候，对其阐明政策、晓以利害、指明出路，才能使其抑制拒供的心理而强化供述的意识。

2. 要求。

（1）讲究分寸。说服教育应遵守国家法律、党的政策和社会主义道德规范，做到实事求是、分寸适当，不能言过其实、脱离政策法律的标准和案件的客观情况，更不能用欺骗、威逼和其他非法手段进行说服教育。说服教育的内容和用语，必须准确恰当、讲究分寸，既不夸大也不缩小，更不能进行恐吓和无原则许愿。夸大会使犯罪嫌疑人产生疑惑与不信任感，缩小则不易引起犯罪嫌疑人的重视，恐吓和无原则许愿则会损害政策威信和法律严肃。

（2）情理交融。说服教育的根本在于以理服人、以情动人，做到情理交融。以理服人，就是用说理的方法去教育犯罪嫌疑人，做到言之有理、理能服人、坚持疏通引导，侦查讯问人员要针对犯罪嫌疑人的思想认识和不良态度，分析开导，循循善诱，切忌强制压服。道理要让犯罪嫌疑人接受，单凭说理是不够的，还需要情感的注入。情感在人们的认识活动中有着广泛的影响，犯罪嫌疑人的情感一旦被激发，对其转变思想认识会产生巨大的影响。所以，说服教育的效果，在一定意义上决定于侦查讯问人员能够在多大程度上以感情去影响犯罪嫌疑人。经验证明，对犯罪嫌疑人进行说服教育，只要在动之以情的基础上晓之以理，情理交融，入情入理，就能使说理达到

"入心"的效果。

（3）有的放矢。说服教育是开启犯罪嫌疑人心灵的钥匙。犯罪嫌疑人的身份、经历和个性各不相同，犯罪原因和案情各有差异，其在讯问期间的思想表现和心理状态也不一样。因此，要说服教育犯罪嫌疑人，一是要因人施教，侦查讯问人员要根据不同犯罪嫌疑人的个性特点和接受能力确定说服教育的目标，选择适当的、有针对性的内容，采取有效的方法进行说服教育；二是要对症下药，侦查人员要掌握犯罪嫌疑人的心理状况，找准其拒供的思想障碍，有的放矢地开展说教，才能收到药到病除之效，否则，道理再多再生动，也无济于事，而且还可能暴露讯问的意图，助长犯罪嫌疑人拒供的心理。

（三）说服教育的内容与形式

1. 内容。

（1）政策教育。"惩办与宽大相结合"，"首恶必办，胁从不问，坦白从宽，抗拒从严，立功折罪，立大功受奖"是我国社会主义法治初期的刑事政策。它对于惩办犯罪分子，促其交代罪行起到了很好的作用，在讯问中应对刑事政策的基本内容结合真人真事的案例进行准确的阐述，并结合犯罪嫌疑人的思想和案情，有的放矢地进行教育。

（2）法制教育。对国家法律、法规的错误认识甚至无知既是犯罪嫌疑人犯罪的原因，也是其拒供的原因之一。侦查讯问人员要针对犯罪嫌疑人对国家法制的不同认识程度，有的放矢地宣讲有关的法律规定，使其认识到有法必依、执法必严、违法必究的社会主义法制精神，拒供对逃避国家法律的追究是无济于事的。

（3）世界观、人生观、价值观教育。错误的世界观、人生观、价值观是形成和巩固犯罪心理的重要基础之一，也是犯罪嫌疑人在讯问中拒供的主要心理基础。在讯问中，侦查讯问人员要针对犯罪嫌疑人开展世界观、人生观、价值观教育，逐步转变其对客观世界、人生、价值等错误、扭曲的认识，使其能分清是非、善恶、美丑，正确面对现实，懂得做人应具备的起码准则，消弱乃至消除其拒供的心理基础。

（4）前途教育。犯罪嫌疑人对个人前途的错误认识易产生悲观、绝望的情绪，有的还抱有"破罐子破摔"的心理，这对讯问是非常不利的。在讯问中，侦查人员应当用有目共睹的客观事实，对犯罪嫌疑人进行前途教育，指明出路，讲清改恶从善的前途，纠正其错误认识，使其下决心改邪归正，重新做人。

2. 形式。

（1）口头教育。是指侦查讯问人员根据犯罪嫌疑人的不同情况，选择不同的教育内容，以口头表达的形式对其进行的教育。在讯问中对犯罪嫌疑人进行口头教育时，应由浅入深、由近及远、多打比喻，使其逐渐加深认识，做到多激励、少训斥、不挖苦、不贬低，使其有勇气重新面对人生，有勇气如实供述。

（2）书面材料教育。是指在讯问中，侦查讯问人员有针对性地选用法律文件，结合图片、报刊、布告、案例等对犯罪嫌疑人进行的教育。这种方式由于图文并茂，可以增强说服力和感染力，消除犯罪嫌疑人对侦查讯问人员口头教育内容的怀疑，增强说服教育的效果。

（3）多媒体教育。是指在讯问中，侦查讯问人员运用多媒体手段对犯罪嫌疑人进行的教育。这种方式直观、生动、形象、感染力强，只要条件许可，在讯问中不妨多用。

（4）社会力量教育。是指侦查讯问人员根据讯问的需要和犯罪嫌疑人的具体情况，有计划、有目的地邀请犯罪嫌疑人的亲属、朋友、所在单位负责人等对其进行劝告和开导，促使其如实供述和辩解。这是说服教育的辅助方式，运用得好能取得良好的讯问效果。

（四）说服教育的方法

1. 疏导法。疏导法是指侦查讯问人员在讯问中针对犯罪嫌疑人的错误认识对其进行说理疏导，帮助其分析产生错误的原因，提出解决问题的方法，促使其转化认识，如实供述犯罪事实的方法。

这种方法主要是通过逻辑说理，使犯罪嫌疑人认识到错误认识的危害，深挖错误认识的思想根源，从而转变应讯态度。疏导法有三个密切联系的步骤：一是要用明确有力的言语，指出犯罪嫌疑人的错误认识并予以批驳；二是严肃指出犯罪嫌疑人错误认识产生的主要原因，作出一定结论；三是提出犯罪嫌疑人应该选择的唯一道路，防止其往拒供方向发展，引导其向如实供述方向转化。

2. 例证法。例证法是指侦查讯问人员在讯问中运用生动、有力的具体案例，对犯罪嫌疑人进行教育，让他自己得出结论的方法。

生动、有力的事实和案例比概括的论证更有感染力和说服力，侦查讯问人员在讯问犯罪嫌疑人时，应针对其思想实际和案情实际，举出一些让其易于相信和采纳的事例，如犯罪嫌疑人亲身经历和感受的、侦查讯问人员亲自办理的正反两方面的典型案例，促使犯罪嫌疑人根据"榜样"得出何去何从的结论。举例时，不要只举一个例子，要举多个，形成系列性，不要只举单方面内容的案例，要举有可比性的案例，案情尽量要与犯罪嫌疑人正被追诉的案情相近，好或坏的态度也要和犯罪嫌疑人相近。这样才更有说服的效果。

3. 利害选择法。利害选择法是指侦查讯问人员对犯罪嫌疑人所犯罪行可能触及两种轻重不同的刑罚时，在讯问中应分析利害得失及后果的严重性，促使其选择供述犯罪事实道路的方法。

这种方法是利用人们普遍存在的"两利相权择其重，两害相权择其轻"的心理规律，针对犯罪嫌疑人的罪行根据法律规定可能判处轻重两种刑罚，通过实事求是、恰如其分地帮助其分析坦白罪行、有立功表现和拒不交代罪行的利害得失及其后果，以促使其供述犯罪事实。在运用利害选择法时，侦查讯问人员要注意详细了解案情和犯罪嫌疑人以往的表现，确认可供利害选择的处理情形。在剖析利害关系时，要把法律规定的宽严条文说清楚，使教育更有说服力，同时态度要诚恳，要让犯罪嫌疑人感到侦查人员确实是在为他着想。

4. 规劝法。规劝法是指侦查讯问人员根据讯问的需要和犯罪嫌疑人的具体情况，邀请犯罪嫌疑人的亲属、朋友、所在单位负责人等，通过会见、通信等形式对犯罪嫌疑人进行劝告和开导，促使其如实供述的办法。

实践中，要使规劝取得效果，关键规劝人要选择好。侦查讯问人员可选择那些对犯罪嫌疑人的行为持否定态度，其思想和行为反映社会道德和法律规范，或希望犯罪嫌疑人得到从宽处理，并且愿意采取积极主动态度和行为配合讯问工作的人，而且，这些人与犯罪嫌疑人有特殊的情感联系，受其尊重和信赖并对其具有影响力。规劝一般可以通过转告、通信、录音、录像、会见等形式进行。实施规劝法前，要充分考虑犯罪嫌疑人存在的思想顾虑，进行周密的筹划和部署，才能收到规劝的效果。

（五）说服教育应注意的问题

1. 侦查人员要树立起一个可信的形象。树立可信的形象，是侦查人员赢得犯罪嫌疑人信任和尊重的基础，为此，侦查讯问人员首先必须加强自身素质和修养，坚持实事求是、严肃认真的工作作风；其次要容貌整洁、举止庄重、语言文明；最后，态度要诚恳、亲切，尊重犯罪嫌疑人的人格，不歧视、不侮辱、不讽刺挖苦，更不能体罚刑讯。

2. 要与其他讯问方法相结合。侦查讯问中单纯地使用说服教育方法有时还不足以使犯罪嫌疑人转变认识和态度，实践中，说服教育要与其他讯问方法结合使用，如使用证据方法、利用矛盾方法等，能够更有效地促使犯罪嫌疑人转变错误认识和不良态度，也有利于突破案情和巩固说服教育的成果。

3. 说服教育要政策兑现。执行"惩办与宽大相结合""宽严相济"的刑事政策是一项严肃的任务，一定要做到政策兑现，否则就会使这一政策失信于民，造成不良的社会影响。为此，侦查讯问人员须做到：一是要把犯罪嫌疑人在讯问中的态度好坏如实反映在讯问笔录和起诉意见书上，并注意收集证据，作为人民检察院、人民法院审判时从宽或从严处理的依据；二是侦查讯问人员要同人民检察院、人民法院取得联系，具体落实好从宽或从严处理的形势政策。

二、使用证据

侦查讯问中的使用证据是指侦查讯问人员为了揭露犯罪嫌疑人的谎供和伪供，破除其侥幸心理，打开讯问的僵持局面，针对其抗拒讯问的心理状态，有计划、有步骤地运用证据，促使其如实供述和辩解的一种讯问方法。

（一）使用证据中的证据属性及其机理

从严格意义上讲，在侦查阶段收集到的证据尚不是真正意义上的证据，一般称之为涉嫌证据，涉嫌证据能否在起诉和审判中使用，尚需在侦查中印证和完善。

涉嫌证据，是在证据体系中以作案人为核心所涉及的案件线索及其证据材料。在它们逻辑交叉相容的点和面中，已查明的是证据事实，由证据事实及其材料引导而半透明或不透明的是证据线索和侦查线索，不明区是案件构成要素中尚无证据而待查证的部分，也就是证据体系中还有缺失的环节。涉嫌证据作为形成证据体系的过渡材料，在数量上有缺失性，即是有限和孤立的，需要寻找其与案件相关点的联系；在质量上有未完善性，表现为不确定和待定，如其作为犯罪嫌疑人与案件事实的关联，还不稳定，质量不高，尚需确证，而对那些关键的案件事实则需要进一步查明；在逻辑上有不充分性。侦查讯问则是以涉嫌证据为起点，逐步完善其缺陷和不足，确立充分确实的证据体系为终点的侦查活动。

讯问的外在强制性是人身强制。它借助强制措施等具有攻击性的手段强行改变犯罪嫌疑人的生活环境，限制其人身自由，强制的是人的身体。法律之强制力，隐者是威慑，露者是攻击。讯问的内在强制性是心理强制，是侦查讯问人员有计有谋地利用强制措施操作讯问环境、有策略地使用涉嫌证据等向犯罪嫌疑人输入证据信息，使其确信或怀疑侦查机关已掌握其全部证据实施的威慑，这是一种为了控制对方心理而产生的内心强制，它借助诉讼证据的认定，导致一定的法律后果，对当事人形成威慑力。犯罪嫌疑人无力反抗，可化为内心抗拒，不肯轻易交代犯罪事实，但证据客观性体现的法律力量，则隐含杀机，让其心有余悸，从而实现心理强制。它能使犯罪嫌疑人在宽与严的抉择中被迫产生供述动因，讯问的技巧，很大程度上就是有谋有智地运用涉嫌证据的技巧。

讯问中的用证，既是印证扩线也是查证取证，它们都是在探测犯罪嫌疑人的内心虚实中进行的。供述，对已有证据材料是印证或扩线，对未知的案情则是发现线索的查证或取证活动。印证与取证、查证与扩线常存在于同一讯问过程中，涉嫌证据在其中的使用，既体现了讯问的技巧，也暗含了侦查人员对案件事实的间接认识与把握。讯问就是围绕涉嫌证据核证取证，查嫌释疑，用证据揭露案件事实真相的实践过程与认识过程，这种认知的载体就是证据体系，其认识过程就是完善证据体系的过程。

本节所论述的使用证据，指的是涉嫌证据。涉嫌证据是合法讯问的必备条件，没有它，讯问也就没有内在的强制性，简单、人为的外在人身强制，就隐含着刑讯逼供等非法讯问的危机。讯问如不能收集证据，充实与完善涉嫌证据，最终形成充分确实的证据体系，也就失去了客观的法律基础。

（二）使用证据的作用与要求

1. 作用。证据是认定案件事实和定罪量刑的依据，在讯问中使用证据，是促使犯罪嫌疑人如实供述的主要手段。正确适用证据，能发挥以下作用：

（1）突破犯罪嫌疑人的防御体系，消除其侥幸心理，打开讯问局面。讯问中通过使用证据，能够打掉犯罪嫌疑人的侥幸心理，转化其供述心理障碍，促使其承认证据所证明的案件事实，从而打开缺口，突破其心理防线，为深入追究案件事实，为讯问工作向纵深推进创造条件。

（2）打击犯罪嫌疑人的嚣张气焰，端正其供述态度。犯罪嫌疑人被拘捕后，总是用各种手法试探摸底，甚者假装喊冤叫屈，"理直气壮"地向侦查讯问人员索要证据，气焰十分嚣张。侦查讯问人员适时适度地出示证据，给犯罪嫌疑人当头一击，可端正其供述态度，使讯问工作顺利进行。对已作虚假供述的犯罪嫌疑人，通过使用证据揭露和批驳其伪供，能促使其承认错误，纠正虚假陈述，作出如实供述。

（3）检验证据的真实可靠性。通过使用证据，认真听取犯罪嫌疑人对该证据所作的辩解，掌握证据与其供述之间的矛盾，这既可以考察犯罪嫌疑人的供述态度，明确追讯的重点，又可以发现证据本身的不完善之处，为进一步核查证据，深入查证明确方向。

2. 要求。

（1）使用证据要有准备。使用证据前，要做好充分的准备，才能发挥证据的威力。首先要审查证据的可靠程度，仔细分析该证据并选择出效果最佳、暴露最少的方式方法使用；其次要弄清与证据有关的人和事，对涉及有关专门知识的，侦查讯问人员在使用前要学习和掌握好必要的相关知识，避免因无知而失误；最后是要根据讯问的情势和犯罪嫌疑人的个性特点，分析使用证据后对犯罪嫌疑人可能会产生什么影响，犯罪嫌疑人对该证据会有哪些狡辩，侦查人员应采用什么对策等。

（2）使用证据要做好安全工作。首先要尽量隐蔽证据的底细，不暴露或少暴露证据来源，使犯罪嫌疑人对侦查机关掌握证据的情况"讳莫如深"，不知如何进行防范，但不能使用假证据或用故意歪曲证据原意等手法使用证据；其次要注意保护报案人、控告人、举报人的身份，必要时还应保护他们及其近亲属的安全；再次要做好证据出示时的安全工作，防止犯罪嫌疑人抢夺、行凶甚至毁灭证据。

（3）使用证据要留有余地。要在必要的时候才使用证据，凡是能用其他方法促使犯罪嫌疑人如实交代的，即不轻易使用证据；要充分发挥证据科学性的作用，力戒将证据全盘拖出，力争用最少量的证据，取得最大的效果；不要一次把案件中的所有证据都拿出来使用，即使在一个问题上有若干证据，也要有选择地使用；如果使用证据的某一点或某一方面能促使犯罪嫌疑人如实交代的，就不要使用完整的证据。

（4）使用证据要与其他讯问方法相结合。犯罪嫌疑人内心尚未触动，单纯依靠使用证据的方法，可能不足以攻破其心理防线，如配以说服教育、利用矛盾等讯问方法，在犯罪嫌疑人产生动摇时再使用证据，往往会收到更佳的效果。

（三）使用证据的时机

有利时机是指使用证据成功把握大、收效好的时机。实践证明，讯问中使用证据的时机选择得当，使用较少证据就能取得重大突破，使犯罪嫌疑人的态度产生重大转变。不择时机、不看讯问工作态势而不当地使用证据，不但会使犯罪嫌疑人坚持抵赖，不作如实供述，还可能会让犯罪嫌疑人了解侦查机关掌握证据的底细，加剧其侥幸、对立心理，而使讯问陷入被动，增加讯问的难度。

在讯问中，侦查讯问人员要善于审时度势，抓住随时出现的有利时机，恰当地使用证据。一般来讲，当讯问中出现下列情况时，是使用证据比较适合的时机：

1. 犯罪嫌疑人思想动摇、内心矛盾斗争激烈时；

2. 犯罪行为有所暴露，犯罪嫌疑人尚未作出周密防御时；

3. 犯罪嫌疑人口供出现自我矛盾，不能自圆其说时；

4. 案情已有突破，但犯罪嫌疑人仍存侥幸、畏罪心理，欲言又止时；

5. 犯罪嫌疑人顽固抵赖，气焰嚣张时；

6. 犯罪嫌疑人的反讯问伎俩被识破，彷徨犹豫或沉默不语时；

7. 从犯罪嫌疑人身上或住处搜出证据，就地讯问时。

捕捉上述使用证据的有利时机，需要侦查讯问人员把讯问环境、犯罪嫌疑人心理和讯问对策内容等进行综合考虑，寻求它们的最佳结合点，并通过察言观色，分析犯罪嫌疑人的言谈、表情、举止等，以确定是否符合上述时机条件。必要时，如一时不具备上述时机，侦查讯问人员应结合案件具体情况和犯罪嫌疑人自身特点，设法创造使用证据的有利时机，如动员犯罪嫌疑人的亲属、朋友、单位同事或领导等对其进行规劝，动摇其思想；在一定的时间、地点让犯罪嫌疑人和同案犯、证人、被害人打个照面，给其施加压力，使其思想出现混乱；通过布置讯问环境有意制造"兵临城下"的阵势，让犯罪嫌疑人紧张情绪加剧，使其感到抵赖、蒙混过关的希望甚小等。

（四）使用证据的方式

证据的种类和特征不同，在讯问中使用的方式也不相同，不同的使用证据方式，产生的讯问效果也不同。使用证据的方式有：

1. 口头表述证据；

2. 宣读或出示书面证据；

3. 出示物证或物证照片；

4. 播放证词、供词录音；

5. 播放证据录像；

6. 证人、被害人、同案犯人等当事人当面指证。

上述六种不同的使用证据方式，各有其不同的优缺点和制约因素，效果比对列表如下：

效果\方式	优　点	缺　点	制约效果
口头表述	①能将表述内容压缩、简练化； ②可以不暴露证据来源； ③能用生动灵活的语言表达； ④表述的分量便于调节控制。	①受"口说无凭"观念的影响，真实感和可信度较差； ②侦查人员的口头表达能力及犯罪嫌疑人的理解能力也会影响效果。	①表述内容不同，效果差异大； ②触动力不如其他方式强。
宣读或出示书面证据	①可信度高，效果好； ②便于趁势揭示证词、供词的提供人，进行攻心和分化瓦解； ③便于控制，进退自如。	①通常会连带、暴露证据来源和底细； ②不利于保全书面证据。	①可信度大； ②威慑力比口头表述证据要强。
出示物证或物证照片	①真实、确凿，可信度高； ②出示方式方法可灵活多变； ③可不暴露证据来源。	①仅凭物证往往难以说明犯罪嫌疑人与案件的关系； ②常需要辅以鉴定或其他证据材料。	①该物证所证明事实的重大程度不明确； ②难以有力地证明该物证是因为犯罪嫌疑人的犯罪行为所产生的。
播放证词、供词录音	①真实感强，可信度高； ②声情并茂，能触动犯罪嫌疑人的情感； ③便于调节和控制（可选播或重播）。	①暴露证据来源； ②暴露证人的情感和态度。	①效果受证人情感、态度影响； ②录音质量对效果有影响。
播放证据录像	①如身临其境般真实、可靠； ②信息量大（有情景、动作、声音，声情并茂）； ③便于控制调节（可选播或重播，或无声播放）。	①会暴露证据全貌； ②被摄人的情绪、态度暴露无遗； ③证据获取的时间、情景也同时暴露。	①被摄人的情绪、态度影响效果； ②录制画面的清晰度也影响效果。

续表

效果\方式	优 点	缺 点	制约效果
当事人当面指证	①可信度大，可靠性强；②对犯罪嫌疑人有较大冲击力；③当事人能当场指责、规劝、驳斥犯罪嫌疑人，还能与犯罪嫌疑人对质。	①当事人可能受犯罪嫌疑人影响而改变作证态度；②可能产生双方串供的不良后果；③当事人如何得知该事实，如何提供证词，容易充分暴露。	①受当事人知情度大小制约；②当事人作证态度是否积极、坚决会影响效果；③当事人的文化程度、口才、经验也影响效果；④当事人如何有效控制，关系着成败。

讯问中，侦查讯问人员可根据上述六种使用证据方式的优点、缺点和制约因素，结合手中掌握的证据情况，针对不同案件性质和犯罪嫌疑人不同心理状态，选择不同的使用证据的方式。六种使用证据的方式，可以相互配合使用，扬长避短，力求做到运用最少的证据获取最佳的讯问效果。

（五）使用证据的方法

讯问实践中，通常有以下几种使用证据的方法：

1. 直接使用证据法。直接使用证据法是指在讯问中，侦查讯问人员将已掌握的证据以口头宣读、出示或播放的方式直接向犯罪嫌疑人使用，责令其回答，促使其如实供述的一种使用证据的方法。

直接使用证据的方法，正面作用于犯罪嫌疑人，对其心理直接冲击，刺激强、威力大、效果好。但是，此方法是将证据直接摆放在犯罪嫌疑人面前，回旋余地很小，因此，应用直接使用证据法须注意：①证据必须真实可靠。采用直接使用证据法所用的证据，必须经过严格审查，认真核实，确保可靠，绝对不能出示失实的证据，否则有碍讯问工作的开展，甚者可能造成冤假错案。②侦查人员直接使用证据后，质问的语气要坚定，态度要坚决，步步紧逼，迫使犯罪嫌疑人如实交代犯罪事实。

2. 间接使用证据法。间接使用证据法是指在讯问中，侦查讯问人员对犯罪嫌疑人未作如实供述的案件事实，用旁敲侧击的办法，揭露有关的片段情节，反映出与证据相关的人和事，使犯罪嫌疑人认为侦查人员已了解案件真相并掌握了证据而不得不如实供述罪行的一种使用证据的方法。

间接使用证据法是在掌握的证据较少，尤其是直接证据少的情况下采用，虽然没有直接使用证据那样威严有力，但如果能把握好使用证据的时机，也能收到良好的讯问效果。如出示与某项证据密切相关的物品，或者在犯罪嫌疑人视听范围内让其看见同案犯或被害人，或让其听见同案犯或被害人的声音，然后从侧面点出同案犯交代的罪行或被害人的陈述，使其感觉到侦查人员已掌握了他的犯罪事实，从而交代罪行。

3. 暗示使用证据法。暗示使用证据法是指在讯问中，侦查讯问人员不直接宣示证据的具体内容，也不说明证据的来源，而是把证据或与证据有关的物品放在能够让犯罪嫌疑人看得到的地方，或用含蓄的语言或者用示意的动作、表情等表明与证据相关联的内容和情节，使犯罪嫌疑人产生联想，意识到侦查讯问人员掌握了他的犯罪事实，进而交代罪行的一种使用证据的方法。

暗示的方法主要有两种：①言语暗示。用言语暗示已掌握了犯罪嫌疑人犯罪的证据，即用委婉含蓄、隐喻双关的语言，表明与证据相关联的内容和情节。②情景行为暗示。把证据或与证据有关的物品巧妙地引入犯罪嫌疑人的视线，但不说明证据的来源、名称和与犯罪的关系，而是用含蓄的语言或动作、表情暗示侦查人员已掌握了他的犯罪证据。

暗示使用证据法的关键是引而不发，给犯罪嫌疑人创造联想的空间并给其造成错觉，其优点在于不暴露证据的底细而掌握讯问的主动权，收到较好的讯问效果。

4. 点滴使用证据法。点滴使用证据法是指在讯问中案情已被突破，但犯罪嫌疑人对其罪行又不愿全部交代，表现出犹豫不决、吞吞吐吐、欲言又止的状态，此时，侦查讯问人员趁机准确地说出犯罪嫌疑人欲言又止的某个事实或情节，能击中要害，促使其继续供认罪行的一种使用证据的方法。

在讯问中，有时案情已有突破，但犯罪嫌疑人受畏罪心理驱使，心存侥幸和幻想，不愿全部交代自己罪行，常表现为思前顾后、欲言又止，刚露出一点问题的线索或刚说出前半句话时就停止供述，或想借此机会探听侦查人员掌握证据的虚实。在此情况下，侦查讯问人员要及时、适当地使用点滴证据，说出犯罪嫌疑人应说而未说的下半句话，或替其补充说出一两个关键的字词，或拿出其他少量点滴证据来揭露其罪行，例如把应说而未说完整的人名、地名、街道名、门牌、电话号码、密码等，准确地补充完整。这样既能让犯罪嫌疑人认识到侦查讯问人员已证据在握，使其摸不清底细，又能破除其侥幸心理和幻想，促使其全面、彻底地交代犯罪事实。

点滴使用证据法在讯问中能像顺水推舟一样，阻力小、成功率大。只使用点滴的一字半句的证据内容，不会暴露证据来源和证据全貌，还能从犯罪嫌疑人供述的片段言词中，进一步验证证据的真实可靠性，使证据使用起来更有把握。采用替犯罪嫌疑人补充一字半句的方式去揭露，完全不含引供和指名指事问供的成分，可防止其日后翻供。因此，讯问中及时、适当地采用点滴补充证据法，暴露少，收效大。

5. 连续使用证据法。连续使用证据法是指在讯问中，侦查讯问人员连续使用互相联系的、逐渐增加证明力的一组证据，直至突破案情，迫使犯罪嫌疑人交代罪行的一种使用证据的方法。

实践中，连续使用证据通常有两种做法：一是逐步推进使用证据。即使用一个证据，迫使犯罪嫌疑人交代一些问题；再使用一个证据，又迫使其交代一些问题，使其没有喘息的机会，直到交代清楚全部犯罪事实。二是接连使用多个证据。对比较顽固的犯罪嫌疑人，接连使用数个证据，尽管其暂时否认第一项证据，但否认不了相关联的第二、三项证据，迫使其在大量证据面前低头认罪。

连续使用证据的方法，用于证据比较确实、充分，而犯罪嫌疑人拒供心理比较严重的情况。在使用证据上，先用次要的，后用主要的；或先间接使用，后直接使用。

6. 分解使用证据法。分解使用证据法是指在讯问中，侦查讯问人员把一份证据材料所证明的事实或情节，分解成多项提问内容，从不同侧面多种角度分别向犯罪嫌疑人提问，揭露其犯罪行为的一种使用证据的方法。

分解使用证据，使每一项提问都体现为一次侧面使用证据，这样既对案件事实有所指，显示出一定的证据为后盾，表明侦查讯问人员掌握的证据数量多，又能不暴露侦查讯问人员掌握证据的底细，给犯罪嫌疑人造成强大的思想压力，使其难以防范。分解使用证据有利于扩大犯罪线索，深挖余罪，扩大战果。

7. 包围使用证据法。包围使用证据法是指在讯问中，侦查讯问人员围绕要讯问的中心问题，先将周围有关联的事实和情节讯问清楚，从而形成对中心问题的包围之势，然后再使用证据突破中心问题的一种使用证据的方法。

包围使用证据，要预先估计犯罪嫌疑人可能对中心问题提出哪些狡辩借口，在讯问中心问题前逐一予以排除，堵死犯罪嫌疑人狡辩的退路，而后接触中心问题，使犯罪嫌疑人无法再狡辩、抵赖，从而顺利地突破。包围使用证据法，适用于对付那些案情严重、态度恶劣、有反讯问伎俩或经验的犯罪嫌疑人。

8. 补充使用证据法。补充使用证据法是指在讯问中，当犯罪嫌疑人供出某一项犯罪事实后，侦查讯问人员及时出示原已掌握该项事实的证据，以此证明已掌握其犯罪行为的一种使用证据的方法。

补充使用证据法体现出三种效果：①巩固口供。通过此法使犯罪嫌疑人认识到侦查讯问人员确已掌握确凿证据，不能翻供。②破除侥幸。通过此法使犯罪嫌疑人认识到侦查讯问人员已掌握证据而不出示，说明是在考察其供认态度，给机会让其争取坦白从宽，从而为今后再追讯其他问题打下良好的思想基础。③核实证据。对一些尚有疑问的证据，侦查讯问人员不能冒失使用，而是当犯罪嫌疑人供述了与该证据相符的犯罪事实后，再及时出示，验证真伪。

三、利用矛盾

利用矛盾讯问法，是指在讯问中，侦查讯问人员通过发现犯罪嫌疑人在口供中出现的矛盾和同案犯在利害关系上的矛盾，选择有利时机，予以揭露矛盾，批驳虚假供述，分化瓦解同案犯罪嫌疑人，促其端正态度、如实交代犯罪事实的一种讯问方法。

利用矛盾是重要的讯问方法。在讯问工作中，利用矛盾讯问能起到发现讯问和调查的重点、端正犯罪嫌疑人态度、分化瓦解同案犯罪嫌疑人及澄清事实、纠正错误等作用。在讯问阶段的案件中，矛盾是普遍存在着的，常见的主要有犯罪嫌疑人口供中的矛盾和同案犯在利害关系上的矛盾，因此，侦查讯问人员要善于发现矛盾，正确分析矛盾，妥善利用矛盾，从中找到讯问突破口，有效地推动讯问工作向纵深发展。

（一）利用犯罪嫌疑人口供中的矛盾

1. 发现矛盾。犯罪嫌疑人为了掩盖罪行、推卸责任、逃避惩罚，常常采取避重就轻、歪曲事实、虚构情节等方法编造口供来对抗讯问，这就不可避免地要在其口供中埋下种种矛盾。及时发现犯罪嫌疑人口供中的矛盾，不仅可以有效地揭露其狡辩和欺骗，还有助于排除疑点，发现新的犯罪事实和线索。

（1）犯罪嫌疑人口供中矛盾的种类。常见的有：①犯罪嫌疑人口供前后的矛盾，亦即自相矛盾或逻辑矛盾；②犯罪嫌疑人口供与同案犯口供的矛盾；③犯罪嫌疑人口供与其他证据的矛盾，即与物证、书证、证人证言、被害人陈述、鉴定意见、勘验检查笔录、视听资料等有矛盾；④犯罪嫌疑人口供与有关社会科学、自然科学的矛盾，即犯罪嫌疑人的虚假供述常与有关历史事实、自然条件、地理环境、方言土语、宗教信仰、风俗习惯、法律及规章制度、科学常识等存在矛盾。

（2）发现犯罪嫌疑人口供中矛盾的方法。侦查讯问人员应对犯罪嫌疑人的口供进行深入研究，全面细致地分析，及时发现矛盾，在讯问实践中，行之有效的方法有：

第一，观察分析法。在讯问工作中，侦查讯问人员要善于边听边分析，对比分析犯罪嫌疑人前后供述的内容，结合观察其神态表现，如声调、表情、动作的变化，从中发现矛盾。

第二，比对法。一种事物或现象与另一种事物或现象进行比对，就可以发现二者间的同一性和差异性，这就是比对法。讯问中把犯罪嫌疑人的口供与其他证据材料进行比对，如对照犯罪嫌疑人口供与已有证据、与同案犯口供、与有关社会科学、自然科学等内容的吻合程度，看它们之间是否存在矛盾，如果有矛盾，还要查清原因，确定矛盾的主要方面。

第三，技巧讯问法。实践中，通过技巧讯问发现矛盾，通常有两种做法：①讯问具体化。即对需要核查的事实和情节，进行细致入微但又合情合理的详细讯问，一般来说，犯罪嫌疑人编造虚假供述最害怕的是寻根问底的详细讯问，讯问得越具体，就越容易暴露矛盾。②重复讯问。即重复讯问以前讯问过的情况，通过重复讯问可以发现犯罪嫌疑人口供中的矛盾。实践中，采取重复讯问有间歇式、变向式和分散式三种具体方式。间歇式重复讯问即对需要核实的同一事实在讯问后过一段时间再突然提出问题；变向式重复讯问即对需要核实的同一事实，从不同角度，用不同的话题重复讯问；分散式重复讯问即对需要核实的同一事实，拆散成若干具体问题，夹杂在其他事实中重复讯问。上述通过讯问发现矛盾的方法，既可以单独运用，也可以几种方法混合起来运用。

第四，调查核对法。就是对犯罪嫌疑人的口供，不论真伪都必须进行深入实际查证核对，收集有关证据或者查找敌情、社情资料，调查了解与案件有关联的人，以此来发现矛盾。这种方法既可以单独作为发现矛盾的一种方法，也可以作为发现矛盾方法的补充。

第五，鉴定法。是指侦查讯问人员对于犯罪嫌疑人在讯问中交代的一些事实和情节或涉及比较复杂的专业性问题不甚明白时，可以委托有关专家、技术人员进行鉴定，从中发现矛盾。

第六，逻辑推理法。即对犯罪嫌疑人的供述，运用形式逻辑学原理，分析判断供述内容是否符合逻辑、是否符合情理，从中发现矛盾。

第七，挖掘法。是指在讯问中，侦查讯问人员为了掌握讯问的主动权，可利用计谋促使犯罪嫌疑人暴露矛盾的一种方法。

2. 分析矛盾。发现犯罪嫌疑人口供中的矛盾后，谁是矛盾的主要方面、谁是次要方面，这就要找出该项案件事实的基准点。基准点是指有足够的证据材料互相印证，证明是确实无误的事实情节。找出的基准点越多，案件的脉络就越清楚。这些基准点应该成为检验口供和证据材料的准绳，与其有矛盾和差异的，就是不确实的事实和情节。

分清谁是谁非后，还应当实事求是地找出产生矛盾的原因。分析矛盾，就是为了找出产生矛盾的原因，确定可以在讯问中利用的矛盾。产生矛盾的原因，主要有以下四种情形：①犯罪嫌疑人故意编造谎言；②犯罪嫌疑人记忆错误或表述错误；③对事物的特殊性没有认识到；④其他证据不确实。

对上述情况，在讯问中应区别对待。对犯罪嫌疑人说错记错的，让其更正过来即可，不应过多训斥指责。对没有认识到事物特殊性而产生的矛盾，只要犯罪嫌疑人说清楚即可，不要过多纠缠，因为，这种情况多是侦查讯问人员调查不细造成的。对其他证据不实引起的矛盾，如证人作证动机不良或认识记忆有误、侦查讯问人员疏忽失误等，要重取或另取证据加以证明。只有犯罪嫌疑人故意编造谎言而产生的矛盾，才是我们在讯问中要利用的。如果不加区分地利用矛盾就可能授人以柄，使犯罪嫌疑人借机无理纠缠，或者摸到侦查讯问人员的底细和意图，而使讯问陷入僵局。

3. 利用矛盾。

（1）把握时机。利用矛盾要把握好时机，要考虑犯罪嫌疑人的谎言暴露到什么程度才加以揭露和批驳效果最好。通常有两种情形：

第一，见谎就批。即在讯问中发现犯罪嫌疑人说谎时马上就予以揭露和批驳，避免说谎以后不易纠正而形成的僵持局面，节省以后的讯问时间。

第二，欲擒故纵。即在讯问中发现犯罪嫌疑人说谎，不立即揭露和批驳，也不流露出任何怀疑和不信任的情绪，让犯罪嫌疑人把谎话说得更明确、具体、肯定，使其充分暴露矛盾，作茧自缚。然后，侦查讯问人员抓住矛盾，集中火力揭露谎言，批驳其不老实的态度。用这种方法使犯罪嫌疑人口供中的矛盾暴露充分，利用起来威力也大，有利于瓦解犯罪嫌疑人的抗拒心理。

这两种利用矛盾的时机，都是讯问实践中经常采用的，选择哪一种时机，要根据案情发展、讯问情势、犯罪嫌疑人个性特点及掌握证据多少等因素综合考虑。

（2）讲究方法。利用矛盾要讲究方法，根据不同情况可以采取以下具体方法：

第一，借题驳斥法。针对犯罪嫌疑人口供前后出现的矛盾，用犯罪嫌疑人口供中的一个谎言去揭露另一个谎言，即所谓"以子之矛，攻子之盾"。

第二，事实驳斥法。针对犯罪嫌疑人的谎言，使用所掌握的客观事实进行批驳，责令犯罪嫌疑人作出解释或说明。

第三，证据驳斥法。针对犯罪嫌疑人的谎言，使用证据进行揭露和批驳。

第四，对质法。针对犯罪嫌疑人口供中的矛盾，必要时，让同案人或证人、被害人当面同犯罪嫌疑人进行对质，以证明其供述的虚假性。

第五，结合法。即利用矛盾要注意与其他讯问方法相结合。当犯罪嫌疑人口供中的矛盾暴露的比较充分时，一般采取把矛盾揭露出来，让犯罪嫌疑人给予解释的方法。如果犯罪嫌疑人不能自圆其说，思想出现动摇，就要进行说服教育，强化其供述心理。如果犯罪嫌疑人继续狡辩抵赖，则要严加批驳，并适当使用证据，将其谎言和狡辩彻底驳倒。

（二）利用同案犯之间在利害关系上的矛盾

1. 发现和分析矛盾。共同犯罪案件中的成员，尽管臭味相投、互相勾结，但彼此都存在着极端利己主义思想和损人利己的本性，必然产生尔虞我诈和利害冲突，在利害关系上存在着各种矛盾，如争权夺利、争风吃醋、相互猜疑等，这些矛盾会随着他们处境的顺和逆的变化而变化。当犯罪得逞时，由于他们的一些需求得到某种满足，成员间的群体凝聚力会得到强化，彼此间矛盾也会暂时被掩盖起来。当他们被拘捕后，由于分别关押，彼此间既不能相互施加影响，也无法了解情况，这势必会加重彼此间原有的猜疑心理。同时，随着讯问工作的深入发展，当他们感到个人利益和团体利益无法兼顾时，其对抗讯问的力量就会逐渐减弱，他们中的多数往往会失信于原来订立的攻守同盟、转而相互揭发来换取对自己的宽大处理。

实践中，同案犯罪嫌疑人之间在利害关系上的矛盾一般表现为以下几个方面：①争权夺利引起的矛盾；②派系纷争引起的矛盾；③分赃不均引起的矛盾；④争风吃醋引起的矛盾；⑤相互猜疑引起的矛盾；⑥推卸罪责引起的矛盾。

同案犯在利害关系上的矛盾是客观存在的。侦查讯问人员要通过各种可能的渠道，了解犯罪嫌疑人在犯罪团伙中的地位、犯罪活动中的作用、走上犯罪道路的原因、犯罪的经历、个性特征以及与同案犯之间的利害关系，并把他们之间各种矛盾和争斗的材料收集起来，从中发现可利用的矛盾并分清主次，针对不同的对象进行使用，达到分化瓦解、各个击破的目的。另外，前述发现犯罪嫌疑人口供中矛盾的方法可参考适用。

2. 利用矛盾。利用同案犯在利害关系上的矛盾，首先是选谁作为突破口的问题。讯问共同犯罪嫌疑人时力量不能平均使用，而是要结合每个犯罪成员在共同犯罪案件中所处的地位、所起的作用、犯罪的原因与经历、个性特征以及目前的认罪态度等因素，从中选择一个突破对象，突破对象应按照从同案犯中选择突破口的条件来选择（参见单元三项目三相关内容）。把某一犯罪嫌疑人突破后，对其他成员可交叉讯问，利用他们在利害关系上的矛盾，进行分化瓦解，各个击破。

利用同案犯在利害关系上的矛盾要讲究方法。一般可采取以下方法：

（1）公开揭露法。即直接利用矛盾法，是指在讯问中，侦查讯问人员直接把犯罪嫌疑人与同案犯之间的矛盾公开揭露出来，促使其产生或激化嫉妒心理，加剧他们之间的矛盾冲突，使之揭发同案犯的罪行。特别是对那些态度顽固，"死保"同案犯的犯罪嫌疑人，应用此法去揭发、触动其心理上难以愈合的创伤，易于激怒犯罪嫌疑人，收到更佳效果。

（2）激发矛盾法。是指在讯问中，侦查讯问人员针对犯罪嫌疑人多猜疑的心理，有意地运用含蓄的语言、行为等方式向其传输某种信息，使其依此判断同案犯已揭发、交代他的罪行，从而激发其矛盾冲突，促使其揭发、交代罪行的一种讯问方法。实际上其也是"离间法"的一个表现方面。实践中，同案犯罪嫌疑人被拘捕后，由于分别关押的原因，他们最担心的问题是同伙"变心"，处于一种寄希望于攻守同盟，又怕自己失去主动、承担抗拒罪责的矛盾状态。因此，他们对同案犯的信息都表现得十分敏感，担心同伙先其交代了问题。激发矛盾的方法有很多，这里介绍实践中较为常见的三种：①"告密者"被告密。是指在讯问中，侦查讯问人员利用犯罪嫌疑人猜疑的心理，有意地运用含蓄的语言暗示其同伙已经交代了罪行并揭发了他的罪行，从而激发其怨恨情绪，但又不知道是谁揭发了他的罪行，按照他的判断去认定"告密者"，并反过来揭发"告密者"的罪行。②频繁提讯一人而冷落另一人。在讯问实践中，有时把某一犯罪嫌疑人故意扔在一边不问，而连续提讯另一犯罪嫌疑人，并使他们既能相互看到，又不能相互影响，经过一段时间后，没有被提讯的犯罪嫌疑人在猜疑心理支配下，便会产生其他犯罪嫌疑人已作了交代的错觉，促使其主动交代犯罪事实、揭发同伙的罪行。这种方法的特点是利用同案犯之间的猜疑心理并创造猜疑的情境，使犯罪嫌疑人产生联想并造成错觉。③使用同案犯在某个无关重要事实上的真实口供。即使用从某个同案犯那里获得的，虽与本案无关但又只有同案犯知道的某个较重要的事实，从而使犯罪嫌疑人产生错误判断并被迫交代犯罪事实。

（3）说服教育法。实践中具体的做法是：①指明犯罪团伙必然瓦解和犯罪分子的利己本质；②告诫犯罪嫌疑人不能执迷不悟，不主动尽快坦白，势必成为被动而承担不利的后果；③激发犯罪嫌疑人从思想、立场、情感上与犯罪团伙决裂；④造成犯罪团伙其他成员已交代的错觉。这一方法既可单独使用，也可以和上述方法配合使用。

利用同案犯在利害关系上的矛盾要注意处理好分化瓦解工作，一方面应当做到揭露矛盾与思想、政策教育相结合，使矛盾双方不仅因矛盾加剧而暴露出内情，更重要的是要以此为契机，促使其与犯罪营垒决裂，改邪归正。另一方面是要注意防止同案犯间的恶意报复、相互推诿或嫁祸于人，甚至夸大和捏造事实，制造混乱。对他们互相揭发的内容，要认真调查核实，切勿轻信。

四、情感影响

侦查讯问中的情感影响，是指侦查讯问人员在认真分析犯罪嫌疑人心理特点的基础上，正确把握其情感方向，引导和激发其积极情感并加以支持，排除消极情感的不良影响，达到强化供述目的的讯问方法。

情感影响不是欺骗，也不是逼迫，而是一种说服、一种感染，是侦查讯问人员运用一定的心理学理论和经验，准确判断犯罪嫌疑人心理和需求，利用和引导其在讯问中的积极情感体验因素并排除消极情感的不良影响，从而与其建立一定的信任与沟通机制，并对其施加情感影响，推动其如实供述动机的形成。

情感具有两极性，不同的情感驱使行为主体采取不同的活动，导致两种效应——顺应和逆反。顺应表现为信任和接受，逆反则表现为对抗与不满。在侦查讯问中，犯罪嫌疑人的情感往往会对讯问产生影响，如果其采取顺应的态度，则有利于讯问的进行，反之，则会对讯问工作产生干扰。

（一）情感影响的作用

1. 消除对立。对立是犯罪嫌疑人在讯问中经常出现的一种情绪状态，这种情绪在讯问中往往导致其抑制能力减弱、行为冲动暴躁，或对讯问反应冷淡、漫不经心，而使讯问陷入僵局。为此，在讯问中，侦查讯问人员应对犯罪嫌疑人实施理智和友善的情感影响，逐步纠正其对讯问情境的错误认识，消除其在不良情感支配下的对立情绪表现。

2. 唤起良知。尽管有的犯罪嫌疑人的行为看似"丧尽天良"，但实践中真正完全丧失人性的情况极为少见，侦查人员实施情感影响的讯问方法，细致入微地发现和激发其尚未完全泯灭的良知，使其正视所犯罪行和当前处境，并为其不良行为感到羞愧，从而唤醒其处于沉睡状态的良知。

3. 纠正错误的认识观念。有的犯罪嫌疑人对政策、法律和侦查人员抱有不信任感，对个人前途和讯问情境存在焦躁感，甚至有的犯罪嫌疑人对于自己实施的危害行为和在讯问中的胡搅蛮缠等错误行为感到快乐和满足，这些错误观念对犯罪嫌疑人如实供述起着阻碍作用。讯问中，侦查讯问人员应运用正确、积极的情感去影响犯罪嫌疑人，改变其上述错误的认识观念，帮助其重新建立好与坏、美与丑、正义与非正义的正确的认识观念，从而推动其供述动机的强化。

（二）情感影响的方法

1. 情绪调控法。情绪调控法是指侦查讯问人员通过控制讯问的时间、频率、强度，结合讯问的内容和宽严政策的合理运用等，缓解犯罪嫌疑人过度的紧张和焦虑，或给毫无罪责感而态度嚣张的犯罪嫌疑人施加压力而使其产生适当的紧张和焦虑，强化其供述动机的一种方法。情绪、情感是激励人的活动，提高人的活动效率的动力因素之一。犯罪嫌疑人在讯问中的情绪、情感对其如实陈述案情的行为既有促进作用，也可产生干扰。适当的情绪兴奋，可增强犯罪嫌疑人的心理活动能力，进而推动其如实陈述案情的行为；适当的紧张和焦虑，能促使犯罪嫌疑人积极地思考和成功地解决其认识上的问题，从而如实供述；适当的悲伤，可让犯罪嫌疑人产生恻隐之心或悔罪心理，唤起良知，从而交代罪行、接受惩罚以解除其负罪感。如果没有一点紧张和焦虑或过度的紧张和焦虑，会干扰犯罪嫌疑人如实陈述案情的动机形成，不利讯问活动的有序进行。

2. 激励法。情感的两极性反映在犯罪嫌疑人身上，也存在着正反两方面的情感因素。即使看来"不可救药""顽固不化"的犯罪嫌疑人，也不能排除他们身上仍然存在点滴的积极情感因素，用一分为二的辩证观点分析，只是消极情感因素处于优势，掩盖着积极情感因素，但还是存在一定的是非、善恶、美丑观念，内心深处不同程度地隐藏着可贵的"闪光点"，如人所共有的荣誉感、尊严感等。在讯问中，侦查讯问人员要善于发现犯罪嫌疑人内心深处尚未完全泯灭的良知和美感，加以因势利导，培养、激发积极情感，委婉、平静地引导其回顾过去的光荣经历，充分肯定过去的良好表现，并和现在对比，表明社会对他们并不全盘否定，指出只要悔过自新仍有光明前途。这种经过激发、培养的积极情感往往是犯罪嫌疑人强化供述动机的重要诱因，促使其转变态度，如实陈述案情。

3. 心理同情法。心理同情法是指在讯问中，侦查讯问人员对犯罪嫌疑人过去的委屈、遭遇表示同情和安慰，以使其认为侦查讯问人员了解其苦衷，而愿意如实供述案情的讯问方法。这一方法主要适用于那些因自己的犯罪行为而在相当程度上感受精神痛苦、悔恨或内疚的犯罪嫌疑人，也包括临时起意或基于义愤而犯罪的初犯、青少年犯和因受委屈而犯罪等情况。侦查讯问人员通过指出当时的特殊环境，实事求是地分析犯罪原因中不乏犯罪嫌疑人以外的因素，对其境遇表示一定程度的同情，以诚恳的态度赢得犯罪嫌疑人的信任，使其情有可依，或适当地缓解其过重的罪责感压力，促使其如实供述。

应用心理同情法时，侦查讯问人员要注意抑制对犯罪嫌疑人的反感情绪，态度要诚恳。运用前应指出其罪行的危害，增强其罪责感，不能一开始就表示同情，更不能为了获取口供而使用反间计。同时在犯罪嫌疑人供述的过程中仍要保持原有的同情态势，否则易使其改变供述的态度。

4. 身教法。犯罪嫌疑人对侦查讯问人员的信任和尊重，是其如实供述案情的重要动因。特别是一些青少年犯罪嫌疑人，重感情，讲义气，一旦建立了对侦查讯问人员的信任和尊重，往往会主动向侦查人员吐露真情。身教法是培养犯罪嫌疑人对侦查讯问人员信任、尊重，消除对立的重要途径。在讯问中，侦查人员代表着政府，既是执法者，又是教育者，犯罪嫌疑人对侦查人员的一言一行都很敏感，虽然只是在侦查阶段内短期的接触，侦查讯问人员的言行仍然对犯罪嫌疑人有着潜移默化的影响。因此，侦查讯问人员在讯问活动中不仅要从言语上教育感化犯罪嫌疑人，更要从自身实际行动去影响、感染犯罪嫌疑人，树立威信，加强侦查讯问说服教育的威力。

讯问中采用身教法应注意三点内容：①树立威信。在讯问中，侦查讯问人员要举止严肃端庄，警容风纪严整，言语文明；要严格执行法律规定，切实保障犯罪嫌疑人的诉讼权利不受侵犯；要注意尊重犯罪嫌疑人的人格，不歧视、侮辱、讽刺、挖苦犯罪嫌疑人，更不能刑讯体罚。这样就能逐步使犯罪嫌疑人形成对侦查讯问人员的敬畏和尊重，树立起威信。②感化犯罪嫌疑人。犯罪嫌疑人对侦查讯问人员的亲密感是影响其供述稳定性和彻底性的重要因素。在讯问中，侦查讯问人员既要关心案件，也要关心犯罪嫌疑人的生活，在法律和制度允许的范围内，尽量帮助其解决生活上的一些困难和满足其提出的合理要求。对犯罪嫌疑人进行感化，要从细微处入手，有时候一杯水、一句问候、一些简单的生活用品就能对其产生很大的心理震动，拉近彼此间的距离；对犯罪嫌疑人进行感化，要用真实、感人的言行，真正打动其心，达到情感沟通的最佳效果；对犯罪嫌疑人进行感化，要在法律、制度允许的范围内进行，不能为了获得其好感，达到其认罪的目的，而无原则地满足其无理甚至非法的要求，更不能将满足需要作为诱供的条件。③赢得犯罪嫌疑人的信任。在讯问中，侦查讯问人员要秉公执法，一言一行、一举一动都要于法有依、于理有据、实事求是；要善于发现犯罪嫌疑人的点滴进步表现和在认罪态度方面细微的良性转变，并及时给予肯定和鼓励；要通情达理，说话算数，做到奖罚分明，政策兑现。在犯罪嫌疑人心目中树立办事公正、客观全面的印象，赢得其信任，甚至使其产生信赖感。

(三) 运用情感影响应注意的问题

1. 准确把握情感动向和影响时机。在讯问中，犯罪嫌疑人的负面心理态度主要有畏罪、抵触、侥幸和悲观等情形，当其处于上述心理状态时，势必影响讯问工作的开展。因此，侦查讯问人员要通过一定的方式方法，如了解犯罪嫌疑人的经历、性格、价值观，观察其在讯问中的态度等，判断犯罪嫌疑人的心理，把握其情感动向，方能对症下药。同时，情感影响要注意把握好有利时机，如犯罪嫌疑人思想动摇时、供述矛盾被发现时等，此时施以影响，效果更好，成功系数更高。

2. 注意自身形象。俗话说"正人必先正己"。在讯问中，侦查讯问人员的一言一行、一举一动都会在犯罪嫌疑人的心理上引起反应，对其产生相应的情感影响。因此，侦查讯问人员要注意自身形象，做到严肃、公正、客观、文明，以赢得犯罪嫌疑人的尊重和信任。

3. 尊重人格。在运用情感影响的方法时，要尊重犯罪嫌疑人的人格，严格执行法律规定，保障其诉讼权利，不歧视、侮辱、讽刺、挖苦，更不能刑讯体罚。

4. 适当满足需要。在运用情感影响方法时，要适当照顾犯罪嫌疑人的生活，尽量帮助其解决一些实际困难和满足其提出的合理要求，对其某些思想、情感表示理解甚至给予同情，以便情感影响法的实施。但要注意侦查讯问人员的上述言行一定要在法律、制度规定的范围内进行。

5. 与说服教育相结合。错误认识是犯罪嫌疑人消极情感产生的原因之一，侦查讯问人员在说服教育中要用明确的语言指出其错误认识，帮助分析原因，纠正其不良情感产生的认识基础，使其辨明是非、美丑、善恶，指出应该选择的唯一道路——如实供述案情。情感影响和说服教育相结合使用，寓情于教，从认识和情感两方面同时作用于犯罪嫌疑人，既纠正错误认识，又消除消极情绪，培养积极动机。

五、辅助讯问方法

辅助讯问方法是在侦查讯问过程中，侦查讯问人员通过第三人或科学技术手段的帮助，掌握犯罪嫌疑人的思想动态，获取犯罪相关情况，促使其转变对立情绪的活动。

讯问犯罪嫌疑人固然是通过对其正面讯问来解决问题的。但是，由于有些案件特殊，犯罪嫌疑人狡猾、抵赖、诡计多端，单纯实施基本讯问方法难以奏效，这就需要辅助讯问方法予以配合，以促使其思想转化，达到突破案件，及时获取如实供述的目的。辅助讯问方法主要有监管配合讯问和测谎配合讯问两项措施。

（一）监管配合

监管配合是指监管部门根据讯问工作的需要，通过日常工作和运用其他方法了解在押犯罪嫌疑人的思想动态和现实表现，并对其进行有针对性的思想教育和专门性的调查，配合侦查部门完成揭露和证实犯罪、获取真实供述的辅助讯问方法。

监管工作和侦查讯问工作是侦查阶段刑事诉讼工作的重要组成部分，二者有着密切的联系：侦查部门负责对犯罪嫌疑人的讯问，监管部门负责对犯罪嫌疑人的羁押管理。实践证明，讯问办案离不开监管部门的配合，监管部门也需要侦查部门的支持。监管部门对讯问工作的支持和配合，有利于侦查部门掌握犯罪嫌疑人的思想动态和现实表现，从而采取正确的讯问方法，掌握讯问的主动权；有利于消除犯罪嫌疑人的抵触对立情绪，促进其转变思想态度；有利于保证监管安全，保障讯问工作的顺利进行。

1. 监管配合的要求。

（1）严格依法。监管配合讯问工作，要求侦查讯问人员和监管人员在配合的内容

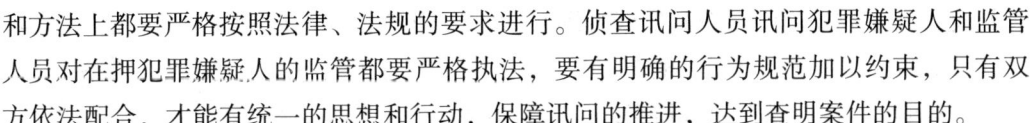

和方法上都要严格按照法律、法规的要求进行。侦查讯问人员讯问犯罪嫌疑人和监管人员对在押犯罪嫌疑人的监管都要严格执法，要有明确的行为规范加以约束，只有双方依法配合，才能有统一的思想和行动，保障讯问的推进，达到查明案件的目的。

（2）积极主动。监管配合讯问工作，要求侦查讯问人员和监管人员都要发挥主观能动作用，积极主动地做好各自的工作。因为犯罪嫌疑人的思想时刻都在发生着变化，如果侦查人员不主动提出配合的要求和方法，一旦同监舍的其他在押人员向其传授对抗讯问的办法，势必会增加讯问的难度。如果监管人员不积极主动利用看守所的自身条件对犯罪嫌疑人进行教育，不主动及时地反映犯罪嫌疑人在看守所的表现和思想动态，势必会延长查明案件的时间，甚至造成超期羁押。积极主动要求双方配合人员等既要按照各自职责，主动有序地开展工作，及时互通情况，搞好配合，又要分清轻重缓急，对重要、紧急的问题要突出重点、突击办理，使监管配合讯问工作既坚持常态化，又保证重点。

（3）密切配合。在实际工作中，侦查与监管部门既要密切配合、互相支持，充分发挥各自工作的优势，及时利用有利时机，为对方的工作创造条件，又要分工负责、互相制约，共同完成各自的任务，不能搞无原则的配合，相互护短，甚至进行违法乱纪活动。监管与侦查部门要真正做到分工负责、协同作战，正确适用法律法规，顺利完成配合任务。

2. 监管配合的方式和方法。监管配合讯问工作，从方式上有日常配合、重点配合和专项配合，在方法上主要有选派看管人员配合、使用秘密力量配合和利用技术手段配合等。

（1）日常配合。是指监管部门和侦查部门在日常的监管工作和侦查讯问中经常保持密切的联系，及时通报监管工作和侦查讯问的有关情况，以利于双方协调工作的配合形式。在日常工作中保持密切配合，有利于监管和侦查部门掌握在押犯罪嫌疑人的动态，采取适合的监管和讯问方法；有利于对在押犯罪嫌疑人的狱内侦查工作和保证监管安全，促进讯问工作的顺利开展。

在日常工作中，侦查讯问人员应做好以下几方面与监管配合的工作：①根据讯问工作的需要，提出监管的要求和注意事项，如提出犯罪嫌疑人的案情性质、有无同案犯、一贯表现、社会关系、健康状况以及有无逃跑、自杀、行凶的迹象，提出是否需要分押或单押、布置狱内秘密力量等，以利于监管部门采取相应的监管措施。②在讯问中，侦查讯问人员应对犯罪嫌疑人进行认罪服法教育，教育其遵守监管、服从管教。③侦查讯问人员应及时查对监管部门转交的有关犯罪嫌疑人的证据、线索等，并将调查的情况及时通告监管部门，方便其继续工作。

监管部门应做好的配合工作有：①做好对犯罪嫌疑人的羁押管理和生活卫生管理工作，并注意有针对性地做好犯罪嫌疑人的教育工作，尽量避免和消除犯罪嫌疑人的对立情绪，促其思想转化。②主动向侦查讯问人员反映犯罪嫌疑人在监室内的行为和思想表现，有无妨害监所安全的活动倾向，以利于侦查讯问人员采取相应的讯问对策。③在日常的收押登记、讯问、检查、会见、通信、教育工作中，发现或查获有关证据、线索或其他情况，并及时通知侦查人员，落实查证。

（2）重点配合。又称为专门配合，是指监管部门根据侦查部门讯问办案的需要，为查证重大或者疑难案件犯罪嫌疑人而进行的有计划、有目的的工作配合。

在侦查阶段，重点配合是监管部门和侦查部门配合的关键，它是在日常性工作配合的基础上的深入和发展。实践中，侦查部门要求监管部门重点配合的案件主要有两类：①重大案件，如严重暴力犯罪案件、重大集团犯罪案件、重大涉外犯罪案件等；②疑难案件，主要是指由于犯罪嫌疑人不如实供述而导致的案件事实不清、证据不足，无法认定或排除犯罪嫌疑人是否涉嫌犯罪的案件。

重点配合的内容主要有：①做好对重点犯罪嫌疑人的监管和控制。重点犯罪嫌疑人是指杀人、放火、抢劫、爆炸等暴力型犯罪嫌疑人和外籍犯罪嫌疑人以及企图行凶、自杀、越狱等可能危及监所安全的犯罪嫌疑人。对重点犯罪嫌疑人要特别加强警戒、监管，防止出现意外情况。②做好对重大和疑难案件的协助调查。主要是针对罪行严重、犯罪涉及范围广的案件以及案情复杂、久讯不结的疑难案件，对这些案件的犯罪嫌疑人，监管部门应当设法配合侦查部门弄清楚赃款、赃物、作案工具的下落，犯罪嫌疑人反讯问手法、拒供的思想依托以及利于突破案情的线索和证据等。

对于重点配合，不能仅仅限于警戒监管和教育辅助等上述日常配合的方式方法。为了确保讯问工作的顺利开展，监管部门应根据案情特点和犯罪嫌疑人的具体情况采取有针对性的措施，认真做好配合工作。①组织力量重点监管，防止犯罪嫌疑人逃跑、行凶、自杀等意外情况的发生，保证安全。②加强对重点犯罪嫌疑人的说服教育工作，必要时可利用社会力量，通过会见、通信等辅助手段，加强思想转化工作。③使用秘密力量和技术性侦查手段，严密监视犯罪嫌疑人在监所内的思想动态和行为表现，收集其犯罪线索和犯罪证据，及时为侦查部门提供情况。④对于特别重大案件，还可以成立专案组并指定专人负责，共同研究制定对策，确保重点配合工作有组织、有领导、有计划地贯彻落实。

（3）专项配合。又称政治攻势，是指监管部门根据侦查部门同犯罪作斗争的现实需要，按照统一安排和部署，采取集中教育的办法，对在押人员进行政策、法律、形势、前途等教育，促使其坦白交代、检举揭发他人犯罪事实的一种配合形式。在监所内对在押人员开展政治攻势，可以深挖犯罪线索和余罪，促进对在押人员的教育和管理，使之认罪服法，自觉走上改造之路，减少重新犯罪，保证监所安全。

侦查讯问和监管工作都有教育违法犯罪人员改恶从善、认罪服法的任务。对在押人员开展政治攻势，讯问和监管部门应做到统一计划、统一安排、统一组织宣讲、统一组织讨论，形式和内容可以多样化。对政治攻势中获取的犯罪线索，监管部门要及时转给侦查部门查证，侦查部门要集中力量迅速核查，并将结果通报监管部门。政治

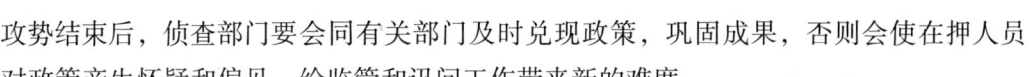

攻势结束后，侦查部门要会同有关部门及时兑现政策，巩固成果，否则会使在押人员对政策产生怀疑和偏见，给监管和讯问工作带来新的难度。

（二）测谎配合

1. 测谎技术与测谎配合。心理生理测试技术，作为一门现代科学技术，俗称为"测谎"技术，是指由专业技术人员借助心理生理测试仪收集、分析受测人对相应问题刺激的心理生理反应指标，并在对受测人心理行为分析的基础上，对受测人与被调查事实关系作出综合判断的一门应用技术。

实验与研究表明，人在说谎时，他的多种生理指标如脉搏、血压、呼吸、皮肤电阻等会发生变化，这些变化在一般情况下只受植物神经系统的制约，而不为被测人主观意志所控制。通过电子仪器记录这些生理参数的变化，然后进行分析就可以得出被测人对所问问题的回答是"诚实"还是"说谎"，从而判断被测人与所调查的问题或案件是否相关。

测谎配合，即心理生理测试技术配合讯问，是指侦查讯问人员根据讯问的需要，邀请技术人员运用心理生理测试仪器（俗称为"测谎仪"）对犯罪嫌疑人进行测试，评断其对相关案情陈述真实与否，并在此基础上突破其口供的讯问辅助方法。

2. 测谎技术在侦查讯问中的用途。现代心理生理测试技术室建立在生理学、心理学和电子科学技术基础上的一门刑事科学技术。它与痕迹、法医、化验等刑事技术的显著区别在于其作用对象不同，其他刑事技术都是以物质的手段作用于物质的对象，而心理生理测试技术则是以物质的手段作用于非物质对象——人的心理。心理生理测试的实质是测试"心理刺激触发的生理反应"，其机理是基于人的心理与生理的关系。根据国内外应用的经验，侦查中心理生理测试技术通常可用于以下方面：

（1）认定和排除犯罪嫌疑，筛选嫌疑对象，缩小侦查范围。认定和排除犯罪嫌疑人是心理生理测试的基本功能。在侦查工作前期，侦查人员根据初步侦查和调查掌握的情况，发现了嫌疑对象，但尚无确凿证据认定该对象是否为犯罪分子，通常采用传唤或拘传的方法，进行正面审查，以排除或肯定犯罪嫌疑。但真正的犯罪分子和无辜的嫌疑人都会极力辩解，否认犯罪，其供述有的一时难以查证或虽然能够查证但需花费大量的时间和经费。此时，若使用心理生理测试技术，就能快速排除无辜而筛选出重点嫌疑对象，在条件较好的情况下还可以直接认定犯罪分子。然后围绕重点嫌疑对象开展讯问和调查，以提高破案效率。

（2）辅助讯问，利于突破犯罪嫌疑人心理。使用心理生理测试仪本身就可以给犯罪嫌疑人造成一定的心理压力，加之用描绘作案过程的测试题对其进行强烈刺激，能够迅速突破其心理防线，促其如实供述犯罪事实。测试前，测试人员通过反复说明和强调心理生理测试仪的科学性、客观性、公正性和有效性，并利用犯罪嫌疑人对心理生理测试仪的神秘感，使其感到心理生理测试仪是灵敏的与不可欺骗的，担心自己说谎可能被当场识破、揭穿而暴露自己，从而加重其心理压力。实践中，确有一些犯罪嫌疑人在测试过程中或测试后不久就交代了罪行。此外，心理生理测试提问的方式不同于常规讯问。在常规讯问中，提问必须遵守一定的逻辑顺序，当犯罪嫌疑人还没有承认犯罪时，就不能讯问犯罪的细节，如当犯罪嫌疑人没有承认杀人时，就不能讯问他是如何杀人的、用什么凶具、伤害什么部位、怎样处理尸体等情节。但心理生理测试中的讯问不受这个逻辑限制，不管被测人是否承认犯罪，与犯罪有关的任何细节都可以讯问，只要能够找到足够的与这些情节相似的陪衬项目与目标问题混杂，就可以大胆地讯问。犯罪嫌疑人在细节上一般都有反应，加之测试员反复问及细节问题，易使其产生侦查机关已掌握犯罪事实的错觉，促使其交代罪行。

（3）分析、鉴别供词或证词真伪，解决口供与证据、口供与口供之间的矛盾。侦查讯问中，在案件事实查清之前，常出现口供与口供、口供与其他证据之间的矛盾，这些矛盾有的较容易解决，有的却一时难以解决。如犯罪嫌疑人与证人、被害人就同一事实的供述和陈述截然相反，既找不到第三者作证，又取不到其他旁证。这种"一对一"的情形，很难判断。此时就可借用心理生理测试技术来判断孰是孰非，测试时，可用同一套测试题分别对两个进行测试，根据测试结果作出判断，再通过讯问或查证作出结论。

（4）探测案情，印证推论，提供侦查和讯问的方向和线索。侦查推论是开展侦查工作常用的思维形式，在侦查过程中，侦查人员往往根据侦查获得的一些情况和材料，对案件中的一些情节提出若干推论，再根据这些推论进一步开展侦查或讯问，通过印证或否定推论来推动案件侦查的进展。讯问实践中，有些狡猾的犯罪分子，常会制造一些假象，妄图给侦查讯问人员造成错觉，把侦查工作引入歧途。此时可借助心理生理测试仪进行探测，帮助侦查讯问人员选择侦查方向。如可以根据几种推论同时对犯罪嫌疑人进行测试，看哪一方面对其触动较大，或看其最担心、害怕什么问题，侦查讯问人员就先进行哪方面的工作。根据这种测试探索的结果，以确定侦查或讯问的方向和重点。

（5）可以支持、加固现有证据体系，坚定侦查讯问人员的决心。目前，我国尚未在法律上确定心理生理测试结论可作为诉讼证据使用，但实践中，通过心理生理测试以印证、支持、加固现有证据体系的可信度和证明力，从而坚定侦查讯问人员讯问的信心，利于突破案情。因此，把心理生理测试技术作为侦查工作特别是讯问的辅助手段和判断案情的有效工具，已值得充分的肯定。

当然，心理生理测试技术应用于侦查讯问，有它特殊的功能，也存在一定的局限性。因此，使用该项技术时要持慎重的态度，履行必要的审批手续，不可滥用，要受测人自愿，不可强制进行，并严格按照测试程序的要求开展测试，决不能用测试来代替侦查讯问。

3. 测谎配合讯问的实施步骤和方法。

（1）测试前的准备。测试前应做好如下工作：①明确测试的目的。即希望通过测试解决什么问题。②熟悉案情。测试人员可通过查看现场、查阅案卷和向侦查讯问人员以及有关知情人询问等方式，详细了解案件有关情况和犯罪嫌疑人的个人情况，全面熟悉案件情况，在此基础上编制恰当的测试问题。③做好测试前谈话。测试人员在测试前应当会见被测试人并同其进行谈话，目的是：向被测人解释测试规则和注意事项，同时征求其同意并签署自愿测试书；查看被测试人的心理生理状态，以确定其是否适宜受测；向被测人正面了解案情，并向其宣读测试时所要提问的问题，看其能否理解或有无意见，以最终确定测试问题。

（2）测试的实施。测试要在适宜测试的室内进行，最好有专门的测试室。测试时，测试人员给被测人戴好仪器探头，然后用预先编制好的问题向其提问，所有问题都要求被测人用"是"或"不是"来回答，并不需要解释。每组问题要问 2~3 遍。除测试人员、记录人员在场外，应尽量减少其他人员，避免干扰。提问过程中，测试人员的态度要保持严肃，语调要平稳，节奏要适中，同时要注意观察被测人的表情变化，以供分析数据时参考。测试结束后，要让被测人在笔录上签字。

（3）测试结果的评价。在评价测试结果时，除了比照被测人在测试仪器上所显现出来的心理、生理变化外，还要结合被测人对测试的态度和测试中的表情变化等因素进行综合分析，作出认定、排除和无结论（既不能认定也不能排除）的测试意见。

（4）测试后的讯问。测试后讯问是利用测谎技术配合讯问的关键所在。测试结束后，对于未能通过测试的犯罪嫌疑人要及时进行讯问，由于被测试人对测试时所暴露的破绽还来不及掩饰，此时是案情能够有所突破的最佳时机，由侦查人员单独或同测试人员一起讯问被测人。首先，告知被测人没有通过心理测试，说明有犯罪嫌疑，希望他把问题讲清楚；其次，讲明心理测试仪器的科学性和准确性，使其相信测试结果；最后，如有必要，可以让被测人看测试图谱，指出其在主要问题上反应强烈，敦促其陈明缘由。

拓展阅读

有效审讯拒绝认罪的犯罪嫌疑人的"九步法"[1]

作者里德、英博等人通过多年观察研究，提出了有效审讯拒绝认罪的嫌疑人的"九步法"。在使用九步法审讯之前，审讯员应当对可利用的有关案件和嫌疑人的情况十分熟悉，有效的审讯依赖于审讯员对审讯的信心和对案件的熟悉。

---

〔1〕　参见〔英〕吉斯力·H. 古德琼森：《审讯和供述心理学手册》，乐国安、李安等译，中国轻工业出版社 2008 年版。

步骤一："正面对质"

做法是"绝对确定"地告诉嫌疑人，他（她）实施了被控的犯罪。即使审讯员没有不利于嫌疑人的确凿证据，也不能给嫌疑人任何关于这点的暗示，如果必要，审讯员必须假装有证据。在最初的对质后有一个简短的停顿，在此期间要密切观察嫌疑人的行为反应。审讯员要说服嫌疑人，使其相信说出真相的好处，而不能有明显的宽大承诺，因为这会使接下来的供述无效。此时的重点是指出嫌疑人的"免责特征"，促使他解释自己的故事，说明这完全取决于对嫌疑人性格的了解，说明是环境导致实施犯罪。

步骤二："主题发展"

在这里，重要的是审讯员要表现出理解和同情的态度，以取得嫌疑人的信任。审讯员向嫌疑人暗示不同的主题，目的在于缩小被指控的犯罪的道德涵义，或提供给嫌疑人接受犯罪事实"道德上的理由"的机会（例如，他们爱面子的理由）。这样，在降低犯罪严重性或减轻嫌疑人自责的同时，嫌疑人会逐渐接受犯罪的责任。这种主题发展对易动感情的罪犯最为有效，因为他们体验到羞愧感和内疚感。接受犯罪行为在道德上的理由，给予嫌疑人减轻内疚的机会，是一个有力促使供述的因素。

步骤三："对待否认"

人们普遍认为，大多数罪犯不愿意作出供述，即使在直接对质之后也是如此。对待他们的否认必须格外谨慎，并运用专门的技巧。

供述通常不容易获得。实际上，一个有罪的人在直接对质之后说："好吧，是我做的"，这样的情况很少发生。不管是无辜的还是有罪的嫌疑人，最初几乎都是作出否认。嫌疑人的反复否认对审讯是非常不利的，因为这给予嫌疑人一种心理优势。因此，审讯员必须加以阻止。这意味着审讯员不允许嫌疑人继续否认。嫌疑人试作的否认总是被打断，换成审讯员继续告诉嫌疑人听听他应该说什么。

里德、英博等人指出，无辜的嫌疑人和有罪的嫌疑人的否认之间有着明显的区别，通过各种口头或非口头的迹象可以发现这些差异。例如，无辜的嫌疑人的否认显得自然、有说服力和直接，然而有罪的嫌疑人的否认是更加防卫的、有保留的和犹豫的。同样，无辜的嫌疑人更加平常地看着审讯员的眼睛，而身体在椅子中稍向前弓，姿势相当坚定和自信。

步骤四："克服异议"

审讯员应对嫌疑人可能提出的各种说明无辜或反对指控的借口加以应对。通常认为，无辜的嫌疑人更加平常地继续简单的否认，然而有罪的嫌疑人将从简单的否认转变到提出异议。有罪的嫌疑人提出各种异议以试图取得对谈话的控制，因为否认逐渐被削弱。应对这些借口有各种各样的方法，一旦嫌疑人感到全然无用，就会变得安静，并表现出从对审讯的积极参与中退出的迹象。此时，嫌疑人状态低迷，审讯员必须迅速行动，以免失去已经获得的心理上的优势。

步骤五："获得和保持嫌疑人的注意"

一旦审讯员发现嫌疑人退出的消极迹象，就要设法缩小自己与嫌疑人之间的心理距离并重新获得嫌疑人的全部注意。里德、英博等人指出，审讯员可以通过以下方法达到这个目的，移动身体使距离嫌疑人更近，朝着嫌疑人弓身，轻轻触碰嫌疑人，称呼嫌疑人的名字，与嫌疑人保持良好的目光交流。嫌疑人看上去颓败和沮丧，这个策略将使得一个有罪的嫌疑人更加注重审讯员的意见。

步骤六："应对嫌疑人的消极情绪"

这是步骤五的直接延伸。当嫌疑人注意审讯员而表现出即将放弃抵抗的迹象时，审讯员应当使嫌疑人的注意力集中在一个关于犯罪动机的明确和重要的主题上。审讯员应表现出理解和同情，促使嫌疑人说出真相。然后，通过使嫌疑人认识到自己给被害人造成的痛苦，努力使其产生一种更加悔恨的情绪。审讯员可以利用嫌疑人体面感和荣誉感，如果恰当也可以利用其宗教信仰。

这个阶段的重点是利用嫌疑人潜在的弱点，以击溃其剩余的抵抗。有些嫌疑人在这个阶段会哭，这一点审讯员可以加强并加以利用。"哭是一种感情的宣泄，压力得到释放。这也是一个嫌疑人放弃抵抗和即将供述的迹象。"他们不再抵抗审讯员对真相的诉求。

步骤七："提出一个选择性问题"

在这个阶段，嫌疑人面对有关犯罪的两个选项。这两个选项都显示有罪，但它们以特定的方式表达，即一种选择较体面，同时另一种选择包含某些使人反感的、冷酷无情的动机。它代表了主题发展的结果，而且提供了供述的动机（例如，如果嫌疑人不选择较轻的选项，其他人可能就会相信最严重的案件情节）。毫无疑问，这是里德模型最重要的部分，常见于审讯中嫌疑人的抵抗已经被击溃的情况下。这是一个高度强迫的程序，嫌疑人被迫在两个都不适当的认罪选项中选择。这种方法对大部分扣押在警察局接受讯问的嫌疑人而言非常危险，尤其是用于智力低于平均水平的嫌疑人时。

为嫌疑人提供了一个对犯罪作出解释或辩解的机会，这使认罪供述更加容易出现。提出选择性问题的时机非常关键。如果在正确的时刻提出，它将出其不意地攻击嫌疑人，使其更可能供述。

步骤八："使嫌疑人口头叙述各种犯罪细节"

在步骤七中，嫌疑人接受任一选项，结果都意味着嫌疑人作出了最初的供认。在步骤八中，最初的供认被发展成一份完整详细的供述，供述中提供了犯罪行为的环境、动机和性质等信息。

里德、英博等人强调，在这个节骨眼上，审讯员和嫌疑人单独在一起是很重要的，因为其他人的出现可能阻碍嫌疑人坦率陈述罪行。一旦获得完整的供述，审讯员可以请求他人为供述作证，这适用于嫌疑人拒绝在书面的陈述上签字的情况。

步骤九："由口头供述转为书面供述"

由于附上签名的供述比口头供述法律上的效力强很多，因此这个步骤非常重要。而且，鉴于大量的嫌疑人后来撤回或者收回他们的认罪供述，在切实可行的情况下，将口头供述尽快转变为书面陈述是十分重要的。嫌疑人可以轻易否认他们曾经作出的口头供述，但否认一个有签名的书面供述要困难得多。里德、英博等人警告说，延迟取得书面供述可能导致供认者深思熟虑法律后果并撤回供述。

尽管里德、英博等人反复强调，审讯员在任何情况下绝不能提出减轻犯罪的法律责任。但如果仔细研究他们的手册，就会发现并不完全是这样。他们向审讯员建议的主题是以往嫌疑人的头脑里灌输这个思想为基础的，即法律责任将被减轻或者消除（例如，行为是自卫、意外或者无意识的）。因此，在这些声明之外，事实上，这些主题在很大程度是以在嫌疑人头脑中减轻犯罪的责任和相应的法律结果为基础的。

项目四　讯问语言

📝 案例导入

20××年7月25日上午，××市××区××路××号楼崔××家突然起火，浓烟冒出窗外，消防队员接报警后立即赶赴现场，很快将火扑灭。崔××家高档电器、贵重家具全部被烧毁，发现其妻吕××尸体躺在南间卧室内，头与上肢着地，双腿搭在床沿上，颈部缠绕着电线，双手与嘴部残留着未烧尽的黄色塑料胶带。其9岁女儿崔×头浸在水桶中，惨死在客厅内。室内残留的橱、桌有翻动迹象，初步分析是一起特大入室抢劫杀人纵火案。

因案情重大，市、区两级公安机关领导决定，立即成立"7·25"特大抢劫杀人纵火案侦破组，迅速展开侦破工作，很快确定了犯罪嫌疑人刘××和胡××。

区公安分局审讯室里，经验丰富的侦查人员正在与重大嫌疑对象刘××展开一场面对面的较量。刘××被传讯后抵触情绪较大，长时间以不语相对抗。经过侦查人员政策法律教育。到晚10时许，见刘××目光呆滞，面色苍白，心理压力较大，破案时机已到。

侦查人员即走到刘××的面前，审视片刻，将一副锃亮的手铐放到刘××的面前说："你自己戴上吧，戴上就意味着一种结果。"以此暗示刘××的犯罪难以逃脱法律的惩处。刘××做贼心虚，垂下了眼睑，慢慢地拿起手铐，无奈地套在自己的双腕上，颤抖的双手下意识地紧了紧手铐。这些表现都没有逃过侦查人员的眼睛。紧接着，侦查人员又采用模糊语言向其发问说："你认为有关人员都死了吗？别人就不会说话吗？胡××也会讲话的。"以此引起刘××的猜测，死者是否还活着？胡××是否也被公安机关传讯？胡××是否已交代？刘××低头沉思不语。镇静片刻，侦查人员语调放松地问道："你年纪轻轻的，为什么非要选择这样的做法？事情经过你就不用详细讲了，先讲讲原因是什么？是有仇吗？"这一句话既可以促其悔恨，又可以表示证据确凿，细节明确。上述问话，使刘××一时摸不着头脑，慌忙中脱口答道："没仇，如果有仇，我可以打他的黑石头。"至此，刘××的防线已经崩溃，很快就交代了于 7 月 24 日晚，与胡××密谋去市××区工商局一离婚的女科长家以经商办证请教为名，准备实施抢劫杀人灭口。但因女科长拒不开门，刘××、胡××二人才未得逞，女科长幸免一死。刘××、胡××二人当晚商定，新的目标为崔××家。25 日上午 8 点以后，刘××、胡××一起去崔××家，以请客为由敲门入室。在与崔××妻吕××说话时，二人趁其不备拳打面部，手掐颈部，胶带封口，捆绑双手，并就地取材用电线缠住脖颈活活勒死。后刘××、胡××二人又掐住吕××之女崔×脖颈致其窒息昏迷，又怕其不死，将其头部按浸在水桶中。然后劫掠财物，砸碎酒瓶，打开煤气罐，纵火焚尸灭迹。

👉 **工作导向**

一、案例评读

讯问语言反映讯问谋略和方法，案例中，侦查讯问人员在把握突破时机、分析犯罪嫌疑人刘××的心理的基础上，虚实相兼，巧妙地运用讯问语言（注：把案例中侦查讯问人员的提问划出来），突破了刘××的心理防线，及时查清了案件事实真相。

二、问题思考

结合案例思考：什么是讯问语言？实践中，如何通过提问、应答的技巧准确地运用讯问语言以实现讯问目标？

👉 **内容导入**

一、讯问语言概述

（一）讯问语言的含义

语言是人类最重要的交际工具，是由语音、词汇、语法构成的一个体系，是人类进行交际、思维的工具。人们凭借语言沟通信息、表达感情、交流思想，以实现一定的交际目的。

讯问语言，是指侦查讯问人员在讯问活动中，为了准确表达讯问意图，实现讯问目的，对犯罪嫌疑人传递信息、表达情感、施加影响的载体和工具。它构建起了侦查讯问人员与犯罪嫌疑人之间的沟通桥梁和渠道，承载着双方相互博弈的全部信息。

侦查讯问是一种特殊的语言交际活动，是侦查讯问人员在特定的交际环境中，对犯罪嫌疑人这一特定的交际对象，运用语言实现特定交际目的——向犯罪嫌疑人查明案件事实的活动。因此，侦查讯问语言除应遵循一般的语法规则外，还必须遵循侦查讯问活动的特殊规律，具有以下鲜明的特性：

1. 目的性。侦查讯问人员在讯问活动中所使用的一切语言都要服从、服务于讯问的目的，无论采用哪一种讯问语言形式和哪种讯问语言技巧，都是为了准确地表达讯问意图，转变犯罪嫌疑人抗拒讯问的态度，实现讯问的目的。

2. 严肃性。讯问犯罪嫌疑人是一项严肃的执法活动。讯问活动的严肃性决定了讯问语言的严肃性，侦查讯问人员在讯问活动中使用的语言，既要符合国家法律的规定，也要符合道德规范。具体表现为讯问用语的合法负责、庄重严肃、文明规范、分寸得当，既不用轻佻、污秽的词语，也不用侮辱人格的粗鲁语言，使讯问活动处于严肃、认真的气氛里。

3. 策略性。讯问语言是讯问谋略和方法的载体，是为讯问谋略和方法服务的，这是讯问语言的重要特征。讯问语言的策略性反映在使用讯问语言的技巧、灵活性等方面，不同的讯问谋略、方法需要不同的讯问语言恰到好处地表达出来，如使用证据实施重点突破谋略时，讯问语言要做到指向明确、铿锵有力，给犯罪嫌疑人一种压力感。

4. 技巧性。语言表达要讲究技巧，讯问语言同样要强调技巧。在讯问实践中，应根据不同犯罪嫌疑人的不同罪行、不同身份、不同年龄、不同认罪态度等情形，选择不同的讯问语言，通过技巧地采用各种语言表达方式，迷惑犯罪嫌疑人，达到实施讯问谋略、方法的目的。一般情况下，讯问语言应以普通话、现代语和大众语为主，适当地、有选择地运用方言、古语、专门术语、谚语、成语、歇后语，特殊情况下可适时运用犯罪隐语。另外，形体、表情等无声语言也是对犯罪嫌疑人施加心理影响所必需的。

5. 强制性。实践中，讯问语言与日常交流中的语言相比，其强制性特征是十分明显的。我国《刑事诉讼法》第 120 条第 1 款明确规定："……犯罪嫌疑人对侦查人员的提问，应当如实回答。但是对与本案无关的问题，有拒绝回答的权利。"这就是说，犯罪嫌疑人对侦查讯问人员提出的与案件有关的问题不得拒绝回答，无论情愿与否，必须接受侦查讯问人员的提问并作出相应的回答。另外，讯问语言的强制性特征还表现在交谈内容与方式上，在讯问实践中，由侦查讯问人员决定交谈内容与方式，犯罪嫌疑人对此无法进行选择和改变。

（二）研究讯问语言的意义

侦查讯问语言的意义可从如下两个方面体现出来：

1. 讯问语言是实现讯问谋略、实施讯问方法的基本途径。从讯问语言与讯问谋略、方法的关系来看，讯问语言既是实现讯问谋略、实施讯问方法的基本途径，也是讯问谋略、方法的直接体现。任何讯问谋略、方法在被付诸实施前，都只是一种思想、一种意图，还不会对犯罪嫌疑人产生实际效果。只有通过侦查讯问人员的语言和行为，才能使讯问方法得到实施，讯问谋略意图得以实现，从而产生谋略、方法的预期效果。讯问言语技巧是讯问策略、方法的生动而直观的体现。讯问策略、方法的得失，具体表现为讯问语言的得失。在讯问实践中，侦查讯问人员的语言能力、语言水平及其语言行为，对讯问活动的成效具有最直接的决定作用。因此，培养侦查讯问人员的语言技巧和能力，是提高讯问水平的重要途径。

2. 讯问语言是对犯罪嫌疑人进行心理影响的主要方法。从讯问语言与心理的关系来看，讯问语言是对犯罪嫌疑人进行心理影响的主要方法。侦查讯问的目的是侦查讯问人员通过对犯罪嫌疑人实施心理影响，促其态度转变而实现的。而心理影响的各种方法，主要是通过侦查讯问人员与犯罪嫌疑人的语言交际来实现的。讯问语言是讯问中传递信息的载体。侦查讯问人员通过语言表达，向犯罪嫌疑人输出、传递一定的信息；犯罪嫌疑人通过对侦查讯问人员语言的理解，接收信息，引起其思维、情绪、情感、意志等一系列心理活动，进而导致其态度和行为的转变。讯问语言的表达形式，决定着犯罪嫌疑人对语言信息的理解程度，讯问语言的内容决定着犯罪嫌疑人心理变化的方向和进程。因此，讯问语言技巧是调控犯罪嫌疑人心理的有力杠杆。

讯问实践中，讯问语言包括提问和应答两种基本的语言活动形式。因此，讯问语言技巧包含提问语言技巧和应答语言技巧。

（三）讯问语言的运用要求

侦查讯问是一种特殊的语言交际活动。由于其交际主体和交际对象的特定性，交际过程的强制性和交际目的的法律性等特点，它具有不同于其他语言交际活动的特殊要求。

1. 合法、文明。侦查讯问是一项刑事司法活动，侦查讯问人员代表国家履行职务、执行法律，不同于一般的语言交际活动。因此，讯问中运用语言必须合法、文明，不能使用有辱人格的污言秽语。合法，体现侦查讯问人员执法严明、公正。文明，体现侦查讯问人员自身的文化、素养。讯问语言合法、文明，能使犯罪嫌疑人对侦查讯问人员产生敬畏、信赖心理。

2. 简练、清楚。侦查讯问以问答为主要语言形式，其信息传递具有短、平、快的特点。因此，要求讯问用语应当简练，表达清楚、明确，使犯罪嫌疑人易于理解，迅速反应，有效地发挥讯问语言的信息传递功能。吐字不清，言语啰唆混乱，将直接影响讯问的效能。

3. 策略、灵活。讯问是侦查讯问人员与犯罪嫌疑人之间展开的短兵相接、唇枪舌剑的战斗，具有很强的对抗性、进攻性。讯问语言是讯问谋略、方法的体现，为讯问谋略、方法服务。讯问中语词和句式的选择、语气的把握、问题的设计、修辞表达的方式等，都要根据讯问谋略、方法的需要和犯罪嫌疑人的具体情况灵活地运用。

4. 规范、科学。讯问语言表达的内容要符合政策法律的精神，表达的事实和思想观点要真实合理，有理有据，语句要条理清晰。因此，讯问语言在结构、选词、造句等方面要遵守语言的基本规范，符合语法规则和逻辑法则，用词要恰当，以准确表达意思。

（四）选择运用讯问语言的原则

讯问语言并不是简单的句子组合和运用，讯问中的语言运用是体现讯问意图和谋略、方法，达到一定讯问效果，实现讯问目的的行为。因此，侦查讯问人员在讯问中必须有选择、有控制地运用语言。

1. 讯问语言的选用要符合讯问目的和策略意图的需要。讯问是一项目的性、策略性极强的交际活动。讯问中，无论是提问或应答，语言的采用都要服从讯问目的的需要，同时，讯问语言作为讯问策略、方法的表现形式，必须体现和服务讯问的策略意图。讯问语言如果偏离主题，不但达不到讯问目的，有时还会暴露我方的底细。

2. 讯问语言的选用要因人而异。讯问语言的选择和运用要根据犯罪嫌疑人的不同身份，考虑其性别、年龄、职业、文化程度、社会经历、兴趣爱好、个性特点、心理状态等因素。否则将不可能准确把握对方的理解能力，借语言所传递的信息犯罪嫌疑人就难以接受，而达不到讯问的预期目的。例如，选用方言，要考虑犯罪嫌疑人的籍贯。特定籍贯的犯罪嫌疑人，存在对某一方言的亲切感或排他性，选择与犯罪嫌疑人籍贯一致的方言，有利于消除犯罪嫌疑人的对立情绪，有利于实现心理接触。

3. 讯问语言的选用要根据讯问情境。讯问情境主要指两方面内容：①侦查讯问人员掌握证据的情况；②犯罪嫌疑人的认罪态度。

证据是讯问语言的后盾。在讯问中，对犯罪证据的掌握程度决定着讯问的谋略和方法，也决定着讯问语言的表达方式。所掌握证据数量较多、质量较好时，宜用直接表达和确切表达，提问或批判时可直接了当、态度强硬、语气坚定；所掌握证据数量较少或质量不高时用间接表达、模糊表达，留有回旋余地。

犯罪嫌疑人的认罪态度及形成认罪态度的具体原因，决定着讯问语言的内容。侦查讯问人员要根据不用情况选用语言，对心存顾虑，不敢彻底交代的，应多用鼓励性语言，指明前途，使其有勇气彻底交代；对心存侥幸，动摇反复，时供时翻的，要使用证据予以揭露，语气要坚定，态度要严厉，促其丢掉幻想，彻底交代罪行；对思想对立，顽固抗拒的，揭露、批判的语言要尖锐、果断、有力。

（五）讯问语言的表达方式

讯问语言表达方式，是指讯问中，侦查讯问人员运用语言进行表达的技巧、策略的表现形式。表达和理解是语言交际中的一对基本矛盾，表达是理解的前提，是矛盾的主要方面。在讯问中，善于根据不同的讯问策略意图、讯问情景和讯问对象，采用不同的语言表达方式，是讯问语言艺术的重要体现。讯问语言表达方式，不仅运用于提问中，也运用于应答语言活动中，是讯问语言表达的一般方式。

侦查讯问中常用的语言表达方式有以下几种：

1. 确切表达。确切表达是指用意思明确、语义单一的精确性语言进行提问、应答。这种精确性语言的含义简单、明了、确切，概念内涵清楚，外延明确，没有歧义、多义、转义等语言现象。采用这种表达方式使犯罪嫌疑人易于理解、无可置疑、无法回避，必须正面回答或接受，因而具有直接性。

确切表达是讯问语言常规的、基本的表达方式。通常适用于以下情况：

（1）讯问简单、明了，犯罪嫌疑人愿意回答的事实，如讯问犯罪嫌疑人的基本情况以及人所共知的案件的一般情况等。

（2）犯罪嫌疑人没有拒供心理或拒供心理不强，愿意如实供述罪行时，讯问犯罪行为的具体事实情节。

（3）犯罪嫌疑人企图回避问题，而侦查讯问人员掌握证据材料比较确实有力的情况下，直接使用证据实施正面突破，用确切表达方式，以充分显示证据的证明力和威慑力。

（4）在对犯罪嫌疑人说服教育时，讲解政策和法律条文必须准确，应使用确切表达。

（5）讯问文化程度较低、理解能力较差的犯罪嫌疑人，应使用确切表达，使犯罪嫌疑人能够准确理解，实现顺畅沟通。

2. 模糊表达。模糊表达是指运用外延边界不清或内涵上笼统、概括、多义的概念、语言进行表达。其基本特点就是表达意思具有不确定性，或者是一言多义，让对方自己去理解；或者是言此意彼，暗示对方某种信息；或者是范围不定，让对方捉摸不透。用这种表达方式提问或应答，可以给犯罪嫌疑人以想象、理解的余地，侦查讯问人员也有回旋的空间，因而较为灵活，既不容易形成僵局，又可以给犯罪嫌疑人施加潜在的压力，影响其心理。

讯问中模糊表达主要运用以下几种模糊性语言进行表达：

（1）运用话语中所指代的事物类属边界不清或时空范围不确定。这种语言表达的时间界限和空间范围往往不确切，是一个包含讯问目标在内的大体的范围，使对方摸不清问题所指的具体目标。如一抢劫团伙犯罪嫌疑人李×在交代了一宗抢劫案后就说没有了，侦查讯问人员以肯定的语气说："李×，你不要把自己的后路断得太早，据我们所掌握，你还有问题没有交代！"答："确实没有了。"问："没有了？你们在南桥一带就有活动嘛。你多分赃物，别人会满意吗？"这里的"问题""南桥一带""活动""别人"，都是模糊词语，其所指代的对象、时间、空间范围都不确定，却能收到比确切表达更好的表达效果。

（2）运用暗示性语言。用隐喻、双关、借代、反语等修辞手法，以其言下之意、弦外之音，暗示犯罪嫌疑人侦查人员已掌握某一情况或证据。这类词语表意含蓄不直露，也起到模糊表达的作用。如一流窜团伙犯罪嫌疑人，由于迷信"攻守同盟"和江湖义气，讯问中极力包庇掩盖同伙的罪行，侦查讯问人员为了制造矛盾，分化瓦解，说道："你真'够义气'呀，别人在你头上拉屎，你却还给他擦屁股。"这里用了反语和隐喻的手法，暗示犯罪嫌疑人其同伙已经交代检举了自己，再隐瞒包庇对其不利。

（3）利用特定语境中词语的多义性。汉语中某些词语本身无所谓精确与模糊，一般而言表达意思也很确切、明白，但在特定的语言环境中，就会产生多义性，听者可以做多种理解。这种语言现象在讯问中可以用来实施模糊表达，让犯罪嫌疑人在特定的讯问环境中，按自己的心理倾向性作出侦查讯问人员所希望的理解，从而实现讯问的策略目的。如一名杀人犯罪嫌疑人不知被害人是否死亡，讯问中其意欲探询结果，侦查讯问人员知其意图后用模棱两可的语言回答："你现在只有如实交代清楚自己的犯罪事实，表现出好的认罪态度，才能争取从宽处理。至于被害人嘛，公安机关是一定会尽力抢救的。""尽力抢救"一词本身含义是确切的，但在这种特定的讯问语境中就具有模糊性。尽力抢救的结果，客观上存在生死两种可能，但犯罪嫌疑人受特定语境中心理倾向性的影响，可能作出被害人没有死亡的理解，从而达到侦查讯问人员期望的表达目的。

模糊表达一般在以下两种情况下运用：①侦查讯问人员掌握的情况和证据不确实、不具体，无法确切表达，因而必须模糊表达；②侦查讯问人员已掌握确切的情况和证据，出于讯问谋略的需要，故意将确切的情况模糊化，造成引而不发的效果而采用模糊表达方式。造成错觉、迂回突破、暗示使用证据等谋略多是用模糊表达方式实现的。

3. 委婉表达。委婉表达是指用委婉性的语言曲折地表达某种意思。常用的委婉性用语有以下几类：

（1）顾全面子、表示尊重的委婉语。这类用语可以减轻犯罪嫌疑人的羞耻感和畏罪感，对自尊心比较强、情感脆弱，具有荣誉感、羞耻心和悔罪心理的犯罪嫌疑人多用此类委婉语。

（2）表示同情、理解的委婉语。这类用语有助于消除对立，建立信任，实现心理接触。

（3）表示鼓励的委婉语。这类用语可以强化犯罪嫌疑人的供认心理，促其进一步坦白交代。

委婉表达方式，相对于冲击式表达语气较为温和，刺激性较小，可以避免使犯罪嫌疑人感到难堪、紧张和反感，有利于减轻对立抵触情绪和畏罪紧张心理，有利于实现心理接触。对少年犯、初犯、偶犯，畏罪、对立心理严重和对罪责问题敏感的犯罪嫌疑人，应多采用委婉表达方式；实施说服教育、情感影响的方法时，应用委婉表达方式。

4. 冲击式表达。冲击式表达是指用强刺激性的语言，配合加重的语气，对犯罪嫌疑人进行提问、驳斥、批判、警告，以造成凌厉攻势，迫其就范。

运用冲击式表达需要出语突然，态度严厉，语气加重，令犯罪嫌疑人无力招架，充分发挥对其心理的震慑效应。这种表达方式常在使用单刀直入的谋略时采用和攻坚突破阶段运用。

二、非语言的运用

非语言是相对于自然（有声）语言而言的，即运用手势、表情、体态、空间位置等非语言性的符号系统来表达一定的意思，传递一定的信息，也称之为无声语言。非语言是讯问的辅助"语言"，不仅具备辅助传达特定信息，表达某种态度，补充、加强自然语言表达效果的作用，而且在某些不宜或不易用自然语言表达的情况下，还可以独立传递信息，发挥出自然语言难以具有的独特作用。

讯问中常用的非语言有以下几种：

（一）手势语

用手的动作，配合口头语，表达特定的含义，体现讯问的意图。手势语是表现力很强的一种无声语言，恰当地使用手势，可以把讯问内容表达得更直观、具体、生动、形象，从而增强语言的感召力。讯问中运用手势语应自然适度，与讯问气氛协调。

（二）体态语

体态语又叫动作语言、人体语言，是用身体的姿势和动作传递一定的信息，包括侦查讯问人员的坐姿、立姿和走姿。它能巧妙地加强口语功能并能直接表达一定意义。讯问中恰当地使用体态语，可以充分体现讯问意图，有效控制犯罪嫌疑人的心理，促其心理防线迅速崩溃。

1. 坐姿。讯问中当犯罪嫌疑人在抵赖、编造假口供时，侦查讯问人员的上身逐渐前倾，将使其感到不安而停止饶舌；身体后倾，则表示对其供述的轻视和不信任态度；正襟危坐，表现庄重、严肃的气氛；侧身而坐，可呈现不拘谨的姿态，便于营造一种较宽松的气氛。

2. 立姿。侦查讯问人员站立时挺胸抬头，双目平视，显示自信，成竹在胸；如站立在犯罪嫌疑人面前，双目俯视，再相互配合口头语言和一定的手势，则会使犯罪嫌疑人产生强烈的压迫感；但如果讯问人员站立时弯腰曲背，则显得精神萎靡、意志消沉，可能增强犯罪嫌疑人的侥幸心理。

3. 走姿。讯问时，侦查讯问人员一般不宜在讯问室走来走去，但有时离开座位，在犯罪嫌疑人身旁边讯问边踱步，步伐坚定有力，能显示出一种威严感，增强讯问气氛。

（三）表情语

即通过面部表情，特别是眼神来表达特定和情感，输出某种信息。侦查讯问人员应充分利用表情语言调动犯罪嫌疑人，对其施加积极的影响。表情语主要包括眼神、面部表情和头部动作。

1. 眼神。眼睛被誉为"心灵之窗"，可以透露出人丰富复杂的内心活动，传递出各种奥妙的情感，因此眼神一向被认为是表现力最强、最有效的表情语。侦查讯问人员可根据犯罪嫌疑人的认罪表现和讯问策略的需要，运用不同的眼神对其施加心理影响。

2. 面部表情。眉毛、眼睛、鼻子、嘴巴在面部构成的"三角区"是面部表情最丰富的地区。例如，皱眉表示对供述不满，扬眉表示畅快和满意，眉头紧锁表示一筹莫展，横眉立目表示对拒供的愤怒，和颜悦色表示对犯罪嫌疑人关爱和挽救的诚意，冷笑表示对谎供的轻蔑。侦查讯问人员既要善于运用不同的表情表达对犯罪嫌疑人的态度和情感，又要善于控制自己的情绪外露，不让犯罪嫌疑人摸到底细。

3. 头部动作。点头和摇头是常见的头部动作。在讯问中，点头表示对犯罪嫌疑人供述内容和认罪表现的肯定并鼓励其继续说下去；摇头则表示对犯罪嫌疑人抵赖、狡辩、谎供的不满，可使其收敛。

（四）副语言

副语言一般包括两大部分，即声音要素和功能性发声。声音要素包括音调、音量、音速和音质，功能性发声包括笑、哭、哼、叹和口头语。它们是语言表达的辅助因素而不是语言词语的本身。副语言在一定程度上也可以传递一定的信息。在讯问中，恰当运用副语言可以起到渲染某种讯问气氛，体现侦查人员的态度等作用。

（五）空间语

空间语是指讯问时的三维物理空间和讯问双方的相对位置、距离等因素，它们构成了讯问的环境。在讯问言语交际中，讯问环境因素也必将参与进来并对讯问言语交际效果产生影响，发挥不可忽视的作用。

空间语的运用，一是根据讯问的需要选择和布置适宜的讯问室，二是通过调整侦查讯问人员和犯罪嫌疑人双方的距离和位置关系来表达一定的意思，给犯罪嫌疑人以一定的心理影响。

讯问室有临时讯问室和专用讯问室。无论临时讯问室还是专用讯问室，都要求面积适中，确保安全，室内陈设简单，尽量减少或撤除无关的设施、物品和装饰，以免分散犯罪嫌疑人的注意力，利于形成庄重严肃的讯问气氛。而专用的讯问室还应对墙壁、地面的色调、灯光音效、讯问桌椅以及其他辅助设施有特殊要求。

侦查讯问人员和犯罪嫌疑人之间的距离和位置是空间语言中更灵活、更具可调控性的因素。在人际交往中，双方的距离远近可以反映双方人际关系的疏密。美国的人类学家和心理学家把人际距离分为亲密区、个人区、社交区和公众区四个区域。在讯问中，侦查讯问人员可充分运用距离语言，根据讯问的情境和讯问策略目的，通过改变与犯罪嫌疑人的相对距离和位置对其实施心理调控和影响。

三、提问技巧

（一）提问的概念和作用

提问也称发问，是指在讯问中，侦查讯问人员为了实现讯问谋略和方法，根据讯问意图、案情和犯罪嫌疑人的特点，运用语言学的规则、逻辑学的原理和讯问的技巧，口头向犯罪嫌疑人提出问题，以引出犯罪嫌疑人的回答和反应的讯问言语行为。

讯问主要是用问答形式进行的语言交际活动，提问是讯问语言活动的主要形式，在讯问语言交际中居于主导地位，具有十分重要的作用。

1. 控制作用。提问本身具有一种控制能力，如果问得好就能掌握讯问活动的主动权。侦查讯问人员通过对问题范围的设定和问题的技巧编组，可以在一定程度上控制犯罪嫌疑人的回答，使其按侦查讯问人员的要求提供信息；通过对问题句式的选择和提问语气的控制，可以控制讯问的气氛。提问的控制技巧是提问艺术的重要内容。

2. 探测作用。讯问中证据、信息不足是常有的事。侦查讯问人员通过技巧地提问，观察犯罪嫌疑人对问题的反应，可以探测到他们的心理状态、性格特点、防御部署，以印证侦查讯问人员对案情的推测、判断，为进一步展开讯问，调整讯问计划提供依据。

3. 揭露作用。犯罪嫌疑人苦于抗拒心理，在讯问中往往会编造谎言，对抗讯问。侦查讯问人员通过精心编排问题，进行逻辑严密的提问，可以使犯罪嫌疑人编造的谎言捉襟见肘，漏洞百出，从而迫使其放弃谎供，端正受审态度。

因此，提问是讯问中主动进攻的手段，侦查讯问人员必须掌握提问技巧，讲究提问的艺术。

（二）提问的预设

提问的预设，是指提问中的问题预设，即问题的设置或构成。

任何问题都是由隐含的判断和明言的疑问两个部分构成。前者是已知的，本身含有信息，是问题的基础；后者是未知的，即想弄清什么，旨在获取信息，是问题的疑问部分。任何人在提出问题之前，都一定先在思维中对有关对象作出至少一个判断，疑问就是在这个判断的基础上提出来的，我们可以从问题本身而不依赖于任何别的条件分析出其中所隐含的判断。这个隐含判断在问题逻辑中叫作预设。因此，预设是隐含于问题中的已知判断，是联系问与答的桥梁，它在问答式言语交际中起着联结问答双方思维的中介作用。问题提出是否合理有效，取决于预设判断是否真实。根据问题中预设的真假情况，可以将问题分为三种：一是预设真实的问题；二是预设为一假定，其值可能为真、可能为假，真假待定的问题；三是预设虚假的问题。其中，只有第一种问题是合理的、有效的，后两种问题都是不合理的，语言学中叫作复杂问句，一般认为在语言交际中是不能使用的。但侦查讯问是一种特殊的语言交际活动，有其语言运用的特殊规律。应该说，上述三种问题都是可以运用的。问题不在于可不可以用，而在于怎样用。根据讯问实践，巧妙地使用问题预设可体现出以下几个方面作用：

1. 利用预设暗示我方证据在握，可以起到先发制敌，令其无法回避的作用。讯问中，使用证据的方法有多种，由于侦查阶段掌握的证据有限，因而直接使用的不多，多采用暗示的方法。预设是隐含于问题中的判断，它具有向犯罪嫌疑人传导信息的功能。侦查讯问人员将某个已被证据证实了的案情事实隐含在问题中提问，就可以向犯罪嫌疑人传达出对该问题我们已经掌握，以打消其在该问题上纠缠、抵赖的企图，迫使其承认该事实并供述具体情节。利用预设既起到了暗示证据的作用，又不直接暴露证据的内容，是使用证据的巧妙方法。

2. 利用预设跳跃式提问的逻辑环节，打破犯罪嫌疑人步步设防的计划，缩短提问的进程，加快讯问的步伐。跳跃提问方式就是利用预设来实现的。有的犯罪嫌疑人掌握了侦查讯问人员循序渐进的一般提问规律，因而采用处处设防、步步抵抗的反讯问策略。如果侦查讯问人员在每一个环节上都与其纠缠，势必旷日持久、事倍功半。这就需要打破讯问的常规，跃过一些逻辑环节，将跃过的环节作为预设，隐含在下一个环节的问题中，以此暗示犯罪嫌疑人，这个问题的前提已有证据肯定，不需要讯问，从而打乱其防御部署。

3. 利用预设进行"火力"侦查，以印证我方掌握的情况是否确实，或对某一案情的分析判断是否正确。在前期侦查中，侦查人员常常通过其他途径了解掌握了案件中的某一情况，或根据掌握的其他情况对某一案情作出分析推断（侦查推论），这一情况或推证可能是真实的，但尚未得到确证。在讯问中，侦查讯问人员可将这一尚未得到确证的事实或推论"当作"真实的判断隐含在问题中"强加"给犯罪嫌疑人，然后观察其对该问题的反应。如果这一隐含判断是虚假的，则犯罪嫌疑人不会直接回答该问题，而是理直气壮地否认、反驳该问题的预设；如果这一隐含判断是真实的，犯罪嫌疑人可能会默认，或虽不承认，但从其否认、反驳的口气、表情上可观察出其内心的怯懦、空虚。这样，根据犯罪嫌疑人对问题预设的反应，就可以判断预设所断定的情况是否真实。

4. 利用虚假预设诱敌上钩，揭露犯罪嫌疑人的谎言。讯问中，犯罪嫌疑人为了否认自己和犯罪事件的关系，证明自己未涉嫌犯罪，或出于其他目的，往往会编造一个自己并未亲身经历过的事实，以欺骗讯问人员。由于犯罪嫌疑人只能了解亲身经历过的事情，对未曾经历过的事情特别是其中的细节，只能靠道听途说和想象胡编乱造。侦查人员可以顺水推舟，"相信"他的故事，在其忘形地编造谎言的过程中，虚拟一个并不存在的事实情节，作为预设隐含在问题中，引导犯罪嫌疑人回答。无论他怎样回答，都将以承认该虚假预设为前提，从而掉进陷阱，暴露其对所述事实并不知情的真相，达到彻底揭露犯罪嫌疑人编造的谎言的目的。

需要注意的是，利用问题预设具有一定风险性，运用不当可能成为引供手段。当预设尚未被确证为真实的时候，侦查讯问人员在思想上一定要明确，隐含在问题中的这一判断在逻辑上只是一个假定，使用它的目的只能是用来侦查、印证假定，并且即使在讯问中已得到印证，也还需要收集其他证据进一步验证，才能确认为真实的。如果侦查讯问人员把这个假定当作真实的判断，并在讯问中强迫、诱使犯罪嫌疑人接受、承认它，这就变成了利用复杂问句搞引供，其结果将是危险的。在这里，合法与非法的区别不在于使不使用复杂问句，而在于使用者思想上对该预设的逻辑性质是否清醒把握。侦查讯问人员只要把握了这两点，使用预设就不会有危险。

（三）提问的方式

提问方式即提问的方法和形式，它是讯问谋略、方法的体现，是实现讯问意图的主动进攻的手段。讯问中基本的提问方式有以下几种：

1. 命题式提问。命题式提问是指侦查人员提出一个方向明确、范围清楚的题目，让犯罪嫌疑人作详细的供述。这种提问方式多用祈使句或"为什么""怎么样"之类的特殊疑问句表达。命题式提问方式问题的范围较宽，题目本身没有规定怎样回答，犯罪嫌疑人在题目指定的范围内可自由陈述，因而暗示性较小，一般能获得较为具体、客观的供词，而且又不易暴露我方的底细。使用这种提问方式的前提是犯罪嫌疑人愿意供述问题，主要适用于下列几种情况：

（1）对犯罪嫌疑人提出一个新的问题时，让其在指定的范围内自行回答，然后对照我方掌握的证据材料，发现供词中不实不尽之处，再有针对性地具体提问。

（2）对刚刚突破的重大问题，需要获得详细供词时，既为了让犯罪嫌疑人适当放松，利于回忆和陈述，也为了避免我方对某些细节底细不清的弱点，需采用命题式提问方式。

（3）讯问一些我方只掌握线索但底数不明的问题时。因为情况很不明了，无法采用一问一答的追讯式提问法，因而只能采用较为笼统的命题式提问方式，比较稳妥、主动。

2. 直接式提问。直接式提问是指用确切表达的方式，开门见山、直截了当地提出要问的问题，不需遮掩、迂回。这种提问方式适宜于在下列情况下采用：①针对简单明了，犯罪嫌疑人能够回答、愿意回答而不致否认的问题。如与犯罪事实关系不大的一般性问题，犯罪嫌疑人一般不会否认，容易回答。②犯罪嫌疑人已被突破，心理障碍已被消除，愿意供述问题时。上述两种情况下直接提问语气要平缓，不轻不重，避免犯罪嫌疑人产生紧张、戒备甚至对立抵触心理。③在我方证据确实、有力而预计犯罪嫌疑人不会轻易供认的情况下，或在其身上、住地查获了罪证就地讯问时。这种情况下直接提问语气要加重，语势要强烈，态度要坚决，使提问具有心理震慑力，令其无法回避。

3. 探测式提问。探测式提问也叫侦查式提问，这是以试探对方态度、摸清对方底细，或印证某一情况和判断为目的的一种提问方式。探测的内容，可以是犯罪嫌疑人的认罪态度、个性特点、心理状态、反讯问伎俩、案情事实，或者是我方掌握的某一证据是否属实，某一推测判断是否正确等。探测式提问一般在初审或一场讯问的开始或在追讯一个新的问题时使用。探测式提问有定向探测和不定向探测、直接探测和侧面探测等形式。定向探测即有特定的侦查目标，提问有明确的针对性。不定向探测则没有特定的侦查目标，需要多方面地了解犯罪嫌疑人的情况，多采用自由交谈的方法探测。正面探测是为了印证侦查讯问人员掌握的某一情况是否属实或某一推测是否正确或某一证据内容是否真实，以肯定的语气向犯罪嫌疑人提出这一事实让其回答，通过对犯罪嫌疑人回答的内容和回答的态度、语气、表情等分析判断，确定问题的真假。这种探测也叫"火力"侦查。侧面探测则采用旁敲侧击、引而不发等策略从侧面作用于犯罪嫌疑人，以探测我们所需要的问题。

4. 循序式提问。循序式提问是由若干互有联系的单一问题按一定的次序编排组合起来，形成一个问题系列，环环相扣，循序渐进地提问。前面的问题为后面的问题打下基础，作出铺垫，提供前提；后面的问题则揭示实质，作出结论。这种方式强调的是问题之间的逻辑联系，提问的次序应当遵循这样的联系，而不要任意打乱或赶超它。根据讯问条件的不同，循序式提问又可分为迂回式循序提问和渐进式循序提问两种。

迂回式循序提问是按由外到内、由浅入深的次序提问，先问与犯罪有间接联系的一般性、外围性问题，逐渐问到与犯罪联系紧密的关键性、实质性问题。在提问过程中，要求不要过早暴露讯问意图，尽量隐蔽前后问题之间的逻辑联系，使犯罪嫌疑人不易察觉，待全部问题问完，才"图穷匕首见"。渐进式循序提问在不能或无须隐蔽讯问意图的情况下采用。提问的次序，可以由易到难，先问犯罪嫌疑人容易回答的问题，后问其回答比较困难的问题；可以由轻到重，先问涉及罪行较轻、犯罪嫌疑人心理压力较小的问题，后问涉及罪行较重、犯罪嫌疑人心理压力较大的问题；可以由近及远，或由远及近，先问现行罪行，再问其他问题，或先问侦查人员已掌握的历史问题、前科问题，后问现行问题；可以由果到因，或由因到果，先问关于犯罪行为和结果的问题，再问关于犯罪动机、目的和成因的问题，或先从其犯罪动机入手，再问到犯罪行为的过程和情节。

5. 跳跃式提问。与循序式提问相反，跳跃式提问是打破讯问的常规顺序，跳过一些问题的逻辑环节，直插犯罪嫌疑人防御的无备之地，打乱其防御部署的提问方式。这种提问方式适用于那些已熟悉和掌握了循序提问规律，提前编造好了成套谎言的犯罪嫌疑人。在讯问中，若惯于用循序式提问方式讯问，就容易被犯罪嫌疑人掌握侦查讯问人员提问的规律，从而提前准备好供词应付讯问。为了打乱犯罪嫌疑人步步设防的防御伎俩，需要适时变换提问方式，故意不遵循提问的逻辑顺序，忽前忽后、忽此忽彼地提问，使犯罪嫌疑人掌握不住前后问题的逻辑联系，不能预测侦查讯问人员下一问题将问什么，从而造成其注意力转移的困难，仓促应答，难于实时编造严密的供词，必然露出破绽。跳跃式提问方式表面看来显得凌乱，前后问题似不相关，实际上却有内在联系，是按照一定的策略意图，把一些关键性问题分散安插在不同的侧面，从不同的角度分进合击。

以上是几种基本的提问方式，讯问中应根据不同的讯问目的、意图，不同的讯问条件以及犯罪嫌疑人的心理状态，灵活选择不同的提问方式。只有因人、因事、因时、因势制宜，才能取得良好的提问效果。例如，在证据较为充分确实，而犯罪嫌疑人社会经验、犯罪经验较少，拒供心理不很严重时，就可以采取直接式、命题式提问；如果犯罪嫌疑人是老练的惯犯、累犯，而侦查讯问人员掌握的证据又不太充分确实，则应采取迂回式、渐进式提问；在初讯阶段或进入一个新的重要问题的讯问时，可采用探测式提问；而当突破以后或犯罪嫌疑人愿意供述时，则采用命题式提问；等等。

四、应答技巧

应答是指侦查讯问人员在讯问中对犯罪嫌疑人所提出的问题和要求作出的反应和回答。

应答是讯问中又一种语言活动方式。讯问作为一种心理攻防和语言交锋之战，一般是以侦查讯问人员问和犯罪嫌疑人答的形式进行的。但是，讯问双方这种攻防角色并非一成不变，有时犯罪嫌疑人也会反客为主，突然向侦查讯问人员提出一些问题或要求，而侦查讯问人员又不能不答。这种应答对犯罪嫌疑人的心理将产生很大影响，甚至直接关系到犯罪嫌疑人心理转化的方向。此时双方攻防地位就发生了转换，侦查讯问人员由问的进攻态势转变为应答的防御态势。因此，巧妙应答是侦查讯问人员积极防御的语言行为。

（一）犯罪嫌疑人可能提出的问题

犯罪嫌疑人在讯问中一般可能提出这样一些问题：

1. 探测侦查讯问人员是否真正了解某一情况和掌握了多少证据的问题。犯罪嫌疑人往往采取反诘发难的方法，向侦查讯问人员索要证据，这是犯罪嫌疑人试探摸底的反讯问伎俩。有的犯罪嫌疑人直接反问："你们说我犯罪，有什么证据？如果你们有证据，就凭证据判我好了！"有的则假装对某些情节记不清了，要求侦查讯问人员提示一下，借此摸底。

2. 探询犯罪嫌疑人自己不知道的案件中的某一情况的问题，目的在于根据这一情况推测自己的责任和应采取的防御对策。例如，持刀斗殴案中某一犯罪嫌疑人，斗殴时捅了被害人一刀后就逃跑了，不知被害人是否死亡。被捕归案后犯罪嫌疑人很想知道被害人的生死情况，讯问中多次探询被害人是否死亡，并提出愿意负担被害人医疗费用，期望根据此结果来决定自己的供述行为。

3. 探测将对自己作何种处理的问题。在讯问的中后期，犯罪嫌疑人的主要罪行已经暴露，基本证据已被侦查机关掌握，被迫作了部分供认，受到法律的惩罚已不可避免。但到底将受到何种处理，犯罪嫌疑人心中无数，担心受到重处，前途无望，因而讯问中急于探询摸底，以决定是彻底坦白交代还是留一手。

4. 提出某种要求的问题。在讯问后期，犯罪嫌疑人感到大势已去，不可逆转，为了求得心理上一定程度的平衡，或争取尽可能有利的结局，往往提出要侦查讯问人员给予其某种处罚的保证或许诺，或要求会见家属，或其他某种生活上的要求等，作为交代问题的条件。

对于以上这些问题，侦查讯问人员如果应答得巧妙，就能挫败犯罪嫌疑人的反讯问伎俩，矫正其不良心理，推动讯问顺利进行；反之，则容易被犯罪嫌疑人抓住把柄，或摸清我方的底细，影响讯问的进程。

（二）应答方式

在讯问中，侦查讯问人员要根据犯罪嫌疑人提问的不同内容及动机，采用不同的方式应答。

1. 直接应答。直接应答是指针对犯罪嫌疑人所提问题，直截了当地进行解释、说明或否定、拒绝。对犯罪嫌疑人提出的合理要求，可以用直接应答方式正面应许、承诺；因对法律的无知、误解而产生的疑问，应正面进行解释、说明；对其无理的狡辩应进行义正辞严的抨击、批驳；对其无理要求要给予明确的否定、拒绝。直接应答方式要求回答时针对性要强，语气要肯定，态度要严肃，批驳要坚决有力。例如，侦查讯问人员围绕一涉嫌故意杀人的犯罪嫌疑人的作案时间进行追讯，让其交代当天下午的行踪、有谁证明时，犯罪嫌疑人反问道："那天我感冒，整个下午都在家睡觉，我单门独院的到哪儿去找证人？"侦查讯问人员则严厉驳斥道："你没有人证明，可我们有人证明，我们掌握你故意杀人、抛尸、灭迹的全过程。"

2. 间接应答。对犯罪嫌疑人提出的一些不便、不宜直接应答的问题，可采用双关、多义、比拟、暗示等手法，从侧面间接地回答。例如，一蓄意颠覆列车犯罪嫌疑人，自以为作案诡秘，除自己妻子外无人知晓，讯问中拒不供认。侦查讯问人员经分析认为其妻对其作案不是参与也应当知情，于是，传讯其妻但暂未突破。讯问该犯罪嫌疑人时，其态度嚣张，反问侦查讯问人员："你们说我颠覆列车有什么证据，有谁看见，谁能证明？"侦查讯问人员只掌握一些间接证据，不宜直接抛出，其妻又尚未供认，于是，可以这样应答："你以为自己作案很诡秘无人知晓吗？告诉你，若要人不知，除非己莫为。再说，你与政府顽抗到底，自绝于人民，难道你的家属也会与人民政府作死对头？"该犯罪嫌疑人一听，忙问："啊，我妻子，她怎么啦？"侦查讯问人员答道："她怎么啦，难道你还不知道？她可比你聪明。"这样虽然未直接回答他的问题，但已间接地使他得出妻子已被传讯，可能已作出交代的结论。

3. 模糊应答。在讯问中，有时对犯罪嫌疑人提出的问题很难作出肯定或否定的回答。这时可用模棱两可、答非所问的语言应答，既不明确表示肯定，也不明确表示否定，让犯罪嫌疑人作多种理解，既让他抓不住把柄，又能给他以某种希望。模棱应答实际上是对问题的回避，这种应答策略性强，需要侦查讯问人员有高度的政策、法律意识和机敏的应变能力。例如，一个杀人犯罪嫌疑人在交代罪行前问："我交代了会不会被判死刑？"这个问题很难直接回答，又不能不答。侦查讯问人员可以这样应答："我国刑法不是以惩罚为目的的。你的问题怎样处理，一方面取决于你的犯罪事实，同时在一定程度上也取决于你的认罪态度。只要你彻底坦白交代自己的罪行，人民法院一定会依据法律和政策，作出合情、合理、合法的判决。"这样的应答就十分灵活、得体。

4. 转移应答。转移应答是指侦查讯问人员对犯罪嫌疑人的提出的问题，避开正面回答，用其他话题向犯罪嫌疑人解释和说明，例如，犯罪嫌疑人问道："你们抓我干什么？"侦查讯问人员可以这样回答："你来的是什么地方？这里是公安局。""我们是干什么的？是刑警。"这既有转移应答，又提出反问，然后再作答。

5. 反问应答。有时针对犯罪嫌疑人的提问，也可以用反问句，把问题推回给犯罪嫌疑人，使其无法从侦查讯问人员这里摸到底细，也使侦查讯问人员的批驳教育更加有力，这叫作对问题的回问，是一种变被动为主动的答应策略。例如，某杀人犯罪嫌疑人曾是×县人民法院助理审判员，讯问时，其态度十分嚣张，搬出"法官"身份作挡箭牌，反问侦查讯问人员："我是法官，怎么会杀人呢？你们有什么证据？诬陷法官，就不怕丢掉饭碗？"侦查讯问人员则针锋相对，反戈一击："难道世界上就不曾有法官杀人？如果没有证据，我们怎么敢把你这'法官''请'到我们里来？"这样反问应答，既有力地打击了犯罪嫌疑人嚣张的气焰，又粉碎了其摸我方证据底细的企图。

6. 论辩应答。论辩应答是指侦查讯问人员发现犯罪嫌疑人提出的问题有错误的思想、认识、观念时，本着追讯犯罪事实、教育犯罪嫌疑人的目的，对犯罪嫌疑人就某一观点、某个道理进行论辩，以辨明是非的一种应答方式。与其他应答方式不同的是，其他应答方式主要针对犯罪事实，着眼于追清案情，而辩论应答主要针对思想、态度、情感，着眼于转变心理。它可以消除犯罪嫌疑人心理障碍，转变犯罪嫌疑人的态度、观点、信念和情感，使讯问能正常进行并促使犯罪嫌疑人认罪供述。

论辩应答的方式主要有：①宣讲。是指侦查讯问人员针对犯罪嫌疑人的某一思想、认识，通过宣示、讲解、说明、论证一定的道理或观点，进行正面教育，使其知晓政策、法律的精神、原则和严肃性，明确利害得失，树立正确的价值观、人生观和世界观，从而端正认识，为供认罪行奠定良好的思想基础。正面宣讲要做到态度严肃，语言恳切，说理充分。②批驳。是指对犯罪嫌疑人错误思想观点或无理狡辩，进行批判、驳斥、揭露，使其丢掉幻想，端正态度。宣讲是从正面论说，批驳是从反面论说，作用的对象都是犯罪嫌疑人的认识。进行批驳要言之有理、义正词严、态度鲜明、用词准确、语气坚定。③交谈。是指为了缓解、消除犯罪嫌疑人的对立抵触情绪，实现心理接触和情感沟通，侦查讯问人员和犯罪嫌疑人进行自由交谈。热情诚恳的交谈会给犯罪嫌疑人以极为强烈的心理影响，可缓解讯问的紧张气氛，了解犯罪嫌疑人的思想状态，解除其戒备心理，调动其谈话的兴趣，为提问创造良好的对话环境和条件。交谈时语气要和平、富于感染力，寓情于理，以情感人。还要善于倾听，表现出对犯罪嫌疑人说话真诚关切的态度，使其对侦查讯问人员产生信赖。交谈方式常用于那些平时表现尚好，因一时冲动或过失犯罪的犯罪嫌疑人。

上述各种应答方式可根据情况灵活选用。但不论采用哪种方式应答，都要做到既不能让犯罪嫌疑人摸到底细又能促使其心理向老实供述罪行的方向转化。这是应答的两条原则。

技能训练

一、训练内容

讯问基本方法的训练。

二、训练目的与要求

（一）目的

通过完成该项训练，使学生掌握讯问犯罪嫌疑人的基本方法。

（二）要求

1. 使用证据讯问法运用的基本要领。

2. 利用矛盾讯问法运用的基本要领。

3. 说服教育讯问法运用的基本要领。

4. 情感影响讯问法运用的基本要领。

三、训练的基本方式

1. 学生根据给定的案件条件，设计四种基本讯问方法的具体使用方案。

2. 播放实际审讯的录像片，由学生对讯问中审讯方法的使用进行分析和说明。

3. 学生通过模拟审讯训练，完成对使用证据、利用矛盾、说服教育、情感影响方法的综合运用。

四、训练素材

书面案例部分、实战案例分析部分（音像资料）和模拟审讯体验部分的案例素材由指导教师另行提供。

单 元 五

讯问记录与供词查证

学习目标

知识目标：明确讯问记录和供词查证的内容，掌握讯问笔录的制作方法和要求。

能力目标：通过学习，具备制作讯问笔录和查证供词的能力。

学习提示

本单元教学主要采用课堂讲授和案例演示的方式，结合《刑事诉讼法》《程序规定》等法律法规以及刑事侦查、司法文书写作等相关课程知识，做到学科间知识的链接与贯通，以更好地掌握本单元知识与技能。

内容结构图

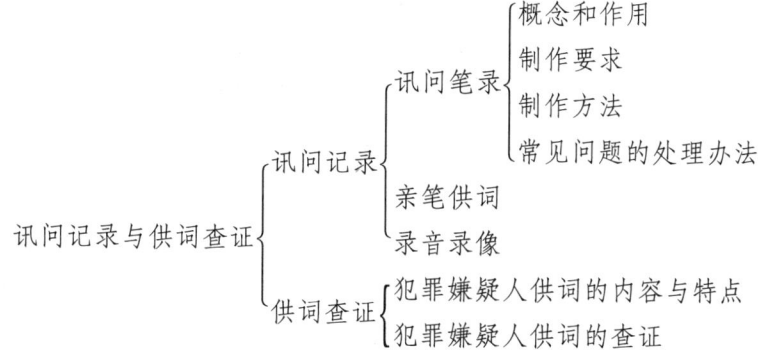

项目一　讯问记录

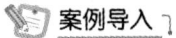 **案例导入**

讯问笔录（第七次）

时间：20××年 11 月 21 日 22 时 30 分至 20××年 11 月 21 日 13 时 02 分

地点：×市南市区看守所第二讯问室

侦查员姓名、单位：许××，刘××，南市区公安分局刑警大队

记录员：刘××　　单位：南市区公安分局刑警大队

犯罪嫌疑人：陈××

问：陈××，你主动要求提讯有什么事情？

答：我要争取立功，从轻处理。我检举胡××抢劫杀人一事。

问：怎么回事？

答：五年前，也就是 19××年 11 月 30 日早晨 6 点半左右，胡××右手包着血染的布块，神色慌张地找到我家，说他闯了大祸。前晚在南市上门杀了一个老太太，并抢劫了钱财。因为在扼老太太脖子时，老太太大叫不止，所以就用匕首戳，其中有一刀捅在了自己的手上。他让我帮他处理右手的伤口，并帮忙找一间空房借住，暂时"避难"一段时间。

问：胡××是什么人？住在哪里？你们是怎么认识的？

答：胡××是刑满释放人员，无业，住在××路××弄××号。我和他是在××劳改农场认识的。

问：胡××今年多大岁数？

答：和我同岁，也是 39 岁。

……

问：你说的是实话吗？

答：是。

问：你还有什么要说的？

答：没有了。请政府一定要帮帮我。

问：你看一下笔录，和你说的一样吗？

答：（点头）

此笔录我看过，和我说的一样

陈××（手印）

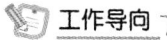 **工作导向**

一、案例评读

案例中记载了对犯罪嫌疑人陈××的第七次讯问过程及其笔录内容。仔细阅读该笔录内容并注意讯问笔录的制作格式、要求和方法。

二、问题思考

结合案例思考：

1. 什么是讯问记录？有哪些形式？

2. 如何制作讯问笔录？

内容导入

讯问记录，即侦查讯问人员运用文字和音像方法对侦查讯问活动作出的记载和实录。实践中，讯问记录主要表现为讯问笔录、亲笔供词和录音、录像（音像数据）三种形式。

一、讯问笔录

（一）讯问笔录的概念和作用

1. 概念。讯问笔录是侦查讯问人员依法对犯罪嫌疑人进行讯问时，所制作的记录讯问情况的法律文书。讯问笔录是一种证据性法律文书，具有内容纪实性、格式规范性、手续合法性的基本特点。

2. 作用。经查证核实的讯问笔录是正确处理案件的依据之一，对揭露证实犯罪、追究犯罪嫌疑人的刑事责任，以及切实保护公民的合法权益起到重要的作用。主要表现为：

（1）讯问笔录是依法追究犯罪嫌疑人刑事责任的重要证据。犯罪嫌疑人的供述和辩解是我国《刑事诉讼法》规定的一种重要证据。它属于直接证据的范畴。

（2）讯问笔录是了解讯问过程和内容，考察犯罪嫌疑人认罪态度好坏的主要依据。按照规范要求制作的讯问笔录，能够真实、客观、全面地反映讯问活动的全貌，包括侦查讯问人员同犯罪嫌疑人施计用谋、攻防兼顾的较量；犯罪嫌疑人接受讯问时的心理状态、举止神态、供述和辩解的内容、认罪的态度和反讯问的伎俩等。为侦查讯问人员和侦查机关负责人对犯罪嫌疑人提出从宽或从严的处理意见提供基本的依据。

（3）讯问笔录是总结讯问经验、教训，检查办案质量的重要依据。讯问笔录不仅记载着犯罪嫌疑人对犯罪事实的供述，而且记载着侦查讯问人员实施讯问的步骤、谋略和方法的成功和失误之处，记载着讯问笔录与其他证据能否相辅相成形成证据链条、认定犯罪嫌疑人的犯罪事实。对于领导检查讯问工作、提高讯问水平、检查办案质量具有重要价值。

（4）讯问笔录是研究犯罪活动规律、制定预防犯罪对策以及进行法制宣传教育等的重要参考数据。讯问笔录真实地记载着犯罪嫌疑人走上犯罪道路的主、客观原因和条件；记载着犯罪的具体方法和手段，犯罪反映出来的社会问题、案件涉及的关系人等。通过研究讯问笔录，可以为侦查机关及人员研究犯罪活动规律及制定预防犯罪对策提供重要依据，从而成为进行法制宣传教育等的重要参考数据。

（二）讯问笔录的制作要求

讯问笔录是一种十分重要的法律文书。制作讯问笔录，必须遵守以下要求：

1. 准确、全面，不失原意。作为具有法律效力的文书，讯问笔录必须准确、全面，不失原意地反映讯问的全过程，包括能够反映讯问对策和犯罪嫌疑人心理特点的无声语言也要如实记录，不能随意取舍。

2. 法律手续完备。制作讯问笔录是讯问犯罪嫌疑人的一项重要工作内容，依照法律规定的手续和程序，与讯问活动同步进行，不能采取追记、补记的方法，更不能按照事先拟好的讯问要点整理笔录。讯问结束后，对制作讯问笔录需完备下列法律手续：

（1）将讯问笔录交犯罪嫌疑人核对。对于没有阅读能力的，应当向其宣读。

（2）如果笔录中有遗漏或差错，犯罪嫌疑人可以提出补充或更正，补充或更正的文字要由犯罪嫌疑人捺指印；如果犯罪嫌疑人乘机故意改变口供甚至翻供，则不允许修改，应问明原因，允许其在笔录末页予以说明。

（3）犯罪嫌疑人承认笔录没有错误后，应当在笔录上逐页签名和捺指印，并在笔录末页写明"此笔录我已看过（或向我宣读过），和我说的相符"的字样，并逐页签名和捺指印。

（4）侦查讯问人员、记录员签名。

另外，对犯罪嫌疑人的每次讯问，笔录上还要反映讯问的地点、起止时间、序数等情况。

3. 语言通顺、字迹清晰。讯问笔录要做到用词简明易懂、语句表述精练、符合语法规范、层次条理分明，使人看后能够正确领会。另外，书写的字迹应规范、端正、清晰，不能因字迹潦草难以辨认，而增加理解上的困难，降低讯问笔录作为诉讼证据的证明力。

4. 便于长期保存。讯问笔录是一种重要的诉讼文书，侦查终结后将作为案件材料装入预审案卷，长期保存备查。因此，制作讯问笔录的材料要适合长期保存的需要。只能使用公安部统一印制的讯问笔录专用纸，而不能随便用其他纸张代替；只能用钢笔和毛笔书写，而不能用铅笔、圆珠笔书写。

（三）制作讯问笔录的方法

由于口头语言和书面文字两者形成的速率不同，侦查讯问人员与犯罪嫌疑人的文化程度、语言修养各异，加上口头语言具有繁杂、随意等特点，因而记录特别是要达到规范要求的记录，往往是一项十分辛苦的工作。在此矛盾情况下，讯问笔录不可能，也没有必要有言必录，要在客观全面的基础上，不失原意地反映讯问活动。因此，作为记录人员特别是刚参加侦查讯问工作的记录人员，学习、掌握一定的笔录制作方法是十分必要的。

1. 做好准备。侦查讯问，是在前期侦查并发现犯罪嫌疑人的基础上进行的，负责记录工作的侦查讯问人员应做下列具体准备工作：

（1）全面了解案件情况，了解主要犯罪事实。

（2）了解证据材料的主要来源和主要内容。

（3）熟记与案件有关的人名、地名、单位名称，专用名词和术语，要掌握生词难字，这些都可通过查阅案卷和查阅有关资料了解。

（4）熟悉讯问策略、方法，以及讯问要领和讯问语言。

（5）备好制作笔录的书写工具和其他用品。

2. 熟悉格式，规范制作。讯问笔录的格式，公安部作了统一的规定，因此熟悉格式，是规范制作讯问笔录的必要条件。讯问笔录包括首部、正文和尾部三部分。

（1）首部。首部由标题、讯问的起止时间、讯问地点，侦查讯问人员、记录人员、犯罪嫌疑人的基本情况等项目组成。这部分的格式由公安部统一规定，按要求填写。

（2）正文。正文部分是笔录的中心部分，包括开头、主体和结束语三个层次。开头层次：如果是第一次讯问，要问清写明三个方面的问题，即基本情况、家庭情况、是否受过处罚的情况（包括刑事处罚和治安处罚情况）。主体层次：主要是记载与案件有关的人和事。对犯罪嫌疑人的供述，要清楚地将其犯罪时间、地点、起因（原因）、动机（目的）手段、情节和危害结果等记录下来。如果犯罪嫌疑人提出无罪的辩解，应允许其详细陈述，并如实地记录下来。结束语层次：在主体之后，通常用一句固定语，如"你以上说的是事实吗"或"你以上讲的都是事实吗"以表示正文结束。

（3）尾部。这部分主要记录讯问后履行法律手续的情况，包括以下几个方面：将笔录交给犯罪嫌疑人核对，犯罪嫌疑人没有阅读能力的，应向其宣读；若有差错、遗漏，允许其修改、补充，并且在该处捺指印；笔录经犯罪嫌疑人核对后，认为没有差错、遗漏时，令其在末页写上"以上笔录我看过"（或"以上笔录向我宣读过"）、"和我说的相符"的字样，并逐页签名、捺指印，如果犯罪嫌疑人拒绝在笔录上签名、捺指印，记录人员应在笔录上注明。

3. 集中精力，全神贯注。制作讯问笔录是一项十分紧张的工作，眼观、耳听、脑思、手记几乎同时进行，而且即使如此，还不一定能够赶上讯问双方言语交流的速度。

因此，记录人员的注意力一定要高度集中，不能懈怠，更不能三心二意。只有全身心地投入，才能保证笔录的准确性、完整性和系统性。

4. 讯、记配合。主讯人员与记录人员是一个办案的集体，两者既要分工负责，又要互相配合。作为侦查讯问人员，为了配合记录人员笔录，应该有计划、有步骤地提问，语言精练，吐字清楚，并善于把握节奏，适当照顾记录速度。对于重要情节，侦查讯问人员可以采取变换提问角度让犯罪嫌疑人重述，或者侦查讯问人员概要复述等办法，确保记录人员能完整、无误地将其记录下来。

5. 抓住重点。讯问笔录要尽可能详尽，但这并不意味着要机械地、逐字逐句地记录犯罪嫌疑人所说的和表露的一切，事实上不可能，也没必要。因此，记录时既要力求全面系统，又要突出案件的基本事实、基本证据、供述中的矛盾点以及新的犯罪线索等重要内容，做到繁简适度、主次分明。

6. 使用辅助设施。为了保证笔录的准确性、客观性和完整性，在讯问中，可以使用有关设施助记录人员一臂之力。例如，使用录音、录像设备辅助记录；配备一些稿纸，遇到生僻的字词或者听不清的词句，便可以发挥其独到的作用，既可保证讯问双方言语交流的畅通无阻，又可保证记录的准确无误；此外，借助画笔进行绘图或者绘画，也能起到帮助记录的作用。

（四）记录中常见问题的处理办法

在讯问中，由于案件性质不同，犯罪嫌疑人的经历、文化程度、表达能力、方言土语和对罪行所持态度等差异，会给记录工作带来一定的困难。记录中所遇到的困难，大致体现为两类：①属于记录技术性问题，如侦查讯问人员使用证据的记录方法等；②属于完备法律手续问题，如法定代理人参加讯问时的记录方法等。

1. 对侦查讯问人员提问的处理办法。对侦查讯问人员提问的记录，一般来说没什么问题，但对下面几种情形应当注意：①讯问双方的问和答都较快时，此时可把侦查讯问人员的提问先空下，集中精力把犯罪嫌疑人的回答不失原意地记录下来，再利用空隙时间把侦查讯问人员的提问补全；②对侦查讯问人员说服教育的内容，要把教育的要点记录下来，不要只记"教育""继续教育""交代政策"等简单字句；③要把侦查讯问人员采取的讯问谋略和方法，如揭露犯罪嫌疑人口供中的矛盾或者承上启下的提问记清楚，才能反映讯问的方案、提问的层次以及同犯罪嫌疑人攻心斗智的过程，以利研究、总结讯问的经验和教训；④对侦查讯问人员解释、重复的话不要记录等。

2. 侦查讯问人员使用证据的处理办法。讯问中，侦查讯问人员使用证据促使犯罪嫌疑人供述案件事实是常有的事，如实记录侦查讯问人员使用证据的情况可了解犯罪嫌疑人在讯问中的态度和思想变化的过程。为此，记录人员应在讯问笔录中记清侦查讯问人员在什么情况下使用证据、使用的是什么证据、采用什么方式方法、犯罪嫌疑人如何承认或否认，以及不回答侦查讯问人员提问时的动作表情等。如告知犯罪嫌疑人将用作证据的鉴定意见时，侦查讯问人员要搞清楚鉴定意见中的一些专用名词、专业术语的含义，使犯罪嫌疑人听得明白。笔录中要详细记明告知犯罪嫌疑人鉴定意见的种类、内容、告知时间、地点、告知后犯罪嫌疑人的反应等。

3. 犯罪嫌疑人对提问不回答或气焰嚣张、无理取闹等的处理办法。犯罪嫌疑人对侦查讯问人员的提问不作回答的情形各异，但不论何种情形，记录人员都应在笔记上记："答：不语"，同时把犯罪嫌疑人不回答提问的形态、表情、动作反映出来，如低头不语、哭泣、摇头、叹气、冷笑、捶胸、顿足等。对犯罪嫌疑人在讯问中气焰嚣张、无理取闹、呼喊反动口号、拒绝签字等都应在笔记上记清楚，这既有利于侦查讯问人员分析研究其思想动态，又可以作为提出对犯罪嫌疑人从严处理意见的依据。

4. 犯罪嫌疑人答非所问的处理办法。犯罪嫌疑人答非所问，一般有三种情况：①没听清楚或没理解侦查讯问人员的提问；②有的犯罪嫌疑人认罪服法后，只顾交代问题而没有考虑侦查讯问人员提问的具体内容；③有的犯罪嫌疑人为转移目标，逃避罪责，打乱侦查讯问人员的讯问计划，甚至企图反客为主，或者为了试探。对第一种情况，侦查讯问人员只要重复提问或解释提问的意思就行；对第二种情况，犯罪嫌疑人虽答非所问，但只要是犯罪事实及与其相关的内容都要记录，如无关犯罪事实即可不记；对第三种情况，应该把犯罪嫌疑人答非所问的内容记上，但犯罪嫌疑人如果无意说出其他我们所需的情况，最好另记在一张纸上，以便查证而又不影响正在追诉案件的讯问。

5. 记录时遇到不会写的字的处理办法。记录人员在记录时如遇到个别生字而不会写时，不要用别字胡乱替代，可以先空下来，或用汉语拼音拼写，讯问结束后再补填。

6. 犯罪嫌疑人在讯问中讲脏话、黑话的记录方法。对犯罪嫌疑人在叙述作案时讲的一些脏话，一般不要原话记录，可用同一意思的文明语言替代；如讲的一些黑话，一般也不要原话记录，但对某些涉及犯罪性质或重要情节的黑话，必须在笔记上有所反映时，除应加引号外，还要用括号对黑话加以解释。

7. 法定代理人参加讯问时的记录方法。如有法定代理人参加讯问，侦查讯问人员在讯问前要询问法定代理人的基本情况及与犯罪嫌疑人的关系等，并向其讲明参加讯问应注意的问题，记录人员要把这些内容记入笔录；在讯问中，如果法定代理人有违反规定干扰讯问行为的，记录人员应把这些情况记录下来；讯问结束后，法定代理人也应在笔录末页上签名。

二、亲笔供词

（一）概念

亲笔供词，是指在讯问中，犯罪嫌疑人请求或者侦查讯问人员要求犯罪嫌疑人就其犯罪事实用书面形式供述的法律文书。

《刑事诉讼法》第122条规定："……犯罪嫌疑人请求自行书写供述的，应当准许。必要的时候，侦查人员也可以要犯罪嫌疑人亲笔书写供词。"犯罪嫌疑人的亲笔供词同讯问笔录一样是具有法律效率的文书，是讯问笔录的有效补充。

（二）书写情形与注意事项

1. 书写情形。讯问实践中，如遇有下列情形之一的，侦查讯问人员可要求犯罪嫌疑人书写亲笔供词：

（1）犯罪嫌疑人承认了自己的罪行，认罪态度好，要求书写亲笔供词时；

（2）犯罪嫌疑人承认了自己的主要犯罪事实，侦查讯问人员认为有必要让犯罪嫌疑人把犯罪的具体情节或个别问题写出来时；

（3）犯罪嫌疑人承认了自己有罪，但有些犯罪情节难于启齿（如强奸案件）或一时难于讲清楚时；

（4）犯罪嫌疑人对其所知道的同案人或者其他犯罪嫌疑人的情况愿意亲笔书写时；

（5）当犯罪嫌疑人的口供涉及某些特殊问题，如技术问题、宗教问题等，侦查讯问人员不能立即明白而需要有关的专家、学者研究或查找有关书籍才能判断犯罪嫌疑人口供真伪时；

（6）有些问题比较复杂，需要让犯罪嫌疑人勾画犯罪现场、人物相貌，书写有关文字，描绘作案过程时；

（7）犯罪嫌疑人因先天原因或者过于紧张而存在言语障碍，表达不清时；

（8）其他需要让犯罪嫌疑人书写亲笔供词的。

2. 注意事项。

（1）在实践中，犯罪嫌疑人请求自行书写供词，如果是主动认罪悔罪的表示，应该持欢迎、鼓励的态度，提供必要的方便，并告知他实事求是地坦白交代或者揭发他人，依法可以得到从宽处理；相反，如果弄虚作假或者嫁祸于人，则要负相应的法律责任。当然，有的犯罪嫌疑人是借口亲笔书写供词，逃避凌厉的攻势，赢得喘息的机会。对此，应特别警惕，以免贻误战机。

（2）侦查讯问人员要犯罪嫌疑人亲笔书写供词应视需要与可能有目的、有计划地进行，同时应提出明确要求，并限定时间，防止夜长梦多出现反复。

（三）法律手续

根据《程序规定》第202条的规定，结合办案实践，犯罪嫌疑人把亲笔供词写好后，应当在亲笔供词上逐页签名、捺指印。侦查讯问人员收到亲笔供词后，应当在首页右上方写明"于某年某月某日收到"，并签名。

三、录音、录像（音像数据）

录音、录像是一种将声音或图像记录在硬盘、光盘或其他载体上，并通过特定的设备（如录音机、录像机等）随时呈现声音或图像的技术。侦查讯问的录音、录像是指在侦查讯问过程中将讯问的内容或当时的情况记录在硬盘、光盘或其他载体上，在讯问完毕后可以通过特定的播放设备完全再现讯问当时的内容和情况的一种记录方式。

（一）录音、录像的特点

侦查讯问的录音、录像是通过摄录声音和影像来反映案件事实的，它与传统的手工笔录相比，具有以下显著特点：

1. 同步性。录音录像是对讯问过程的同步记录，能够及时、全面地记录当时的整个情景，并以原声原貌的形式加以再现，让人感受到有声有形、声画合一的动态音响和立体画面，收到"耳闻目睹""眼见为实"的直观影响。而讯问笔录由于是人工记录，受记录速度的限制，只能表明在某个时间段内发生的事情。

2. 完整性。录音录像不仅能将言词陈述记录下来，而且还能记录下叙述者的语音、语调、精神状态、身体状况等以及讯问现场的环境，同时还可以避免人为因素的影响，达到记录准确、完整、客观的规范要求。

3. 再现性。同步录音录像是对讯问过程的完整记录，只要借助一定的录音录像重播设备，就可以随时再现录制时的全部情景。而书面记录更多的只是静止地再现讯问的言词内容。

4. 传递的快捷性。录音、录像借助现代化的双向传输设备，可以直接收录，随时传输，同步视听。它是连接讯问室与指挥控制室的桥梁，使讯问室的讯问活动与指挥控制室的视听、研究、指挥活动融为一体，同步运行。

5. 易伪造性。同步录音录像是由模拟信号或电子信号储存在一定的介质上的，极容易被修改和伪造，这就对同步录音录像的妥善保存提出了比讯问笔录更为严格的要求。

（二）录音、录像的作用

录音、录像作为一种现代化的记录手段，比手工笔录有众多的优越性，且在实践中日益广泛地被运用，但还不足以代替笔录。因而，在讯问活动中，录音、录像并不能排斥笔录，一般为同步进行，或者通过录音或录像为达到笔录准确、全面、客观的规范要求服务。录音、录像是讯问笔录的一种重要的辅助手段，在讯问中的作用表现为：

1. 固定供词。这是录音、录像最基本也是最直接的体现。

2. 有助于证明讯问的合法性，防止犯罪嫌疑人翻供或诬陷侦查讯问人员。录音、录像可以排除诸如"讯问违反法律规定""笔录不符合他的供述"之类的没有根据的指控。

3. 有助于规范侦查讯问人员的讯问行为，提高讯问水平。讯问录音、录像使侦查讯问活动相对公开化，这在一定程度上能防止侦查讯问人员工作不负责任及非法讯问等现象的发生，促使侦查讯问人员努力钻研业务，认真总结实践经验，不断提高讯问能力。

4. 有助于检验犯罪嫌疑人口供的可靠程度。录音、录像不仅能反映犯罪嫌疑人在讯问中说了什么，还能反映他是怎么说的，即其供述问题的语气、有无停顿及停顿时间长短、体态表情如何等，这些可以帮助侦查讯问人员分析判断犯罪嫌疑人口供的真伪。

5. 有助于通过再现讯问过程，从中研究寻找案件的突破口。

6. 有助于解决讯问过程中犯罪嫌疑人突然死亡（猝死）的法律责任承担问题。

7. 有助于领导和有关办案人员了解、研究侦查讯问活动情况，检查、指导讯问工作，总结经验教训，培养教育侦查讯问人员。

（三）录音、录像在讯问中的适用范围

《刑事诉讼法》第123条第1款规定："侦查人员在讯问犯罪嫌疑人的时候，可以对讯问过程进行录音或者录像；对于可能判处无期徒刑、死刑的案件或者其他重大犯罪案件，应当对讯问过程进行录音或者录像。"

由此可见，录音、录像并不是在每次讯问中对每起案件、每个犯罪嫌疑人都适用。但对于可能判处无期徒刑、死刑的案件或者其他重大犯罪案件，应当使用。根据《程序规定》第203条第2款规定，可能判处无期徒刑、死刑的案件是指应当适用的法定刑或者量刑档次包含无期徒刑、死刑的案件。其他重大犯罪案件是指致人重伤、死亡的严重危害公共安全犯罪、严重侵犯公民人身权利犯罪，以及黑社会性质组织犯罪、严重毒品犯罪等重大故意犯罪案件。

另外，结合讯问实践，当遇到下列情形时，一般也要求使用录音、录像手段记录讯问活动：①讯问重病或重伤犯罪嫌疑人时；②讯问精神不正常的犯罪嫌疑人时；③讯问语言不通的犯罪嫌疑人有翻译人员参加时；④讯问未成年犯罪嫌疑人有法定代理人到场时；⑤讯问中需要对质时等。

（四）讯问中录音、录像的要求与方法

1. 要求。讯问中使用录音、录像要遵循下列要求：

（1）《程序规定》第203条第3款规定："对讯问过程录音或者录像的，应当对每一次讯问全程不间断进行，保持完整性。不得选择性地录制，不得剪接、删改。"

（2）在讯问实践中，录音、录像应由专人负责，以保证侦查讯问人员和记录人员集中精力进行讯问和记录，否则，将会顾此失彼，影响讯问活动的正常进行。

2. 方法。讯问中录音、录像的方法主要有公开的和秘密的两种：

（1）公开录音、录像。即指在讯问活动中参与者都知道正在进行录音、录像的情况下所采取的一种记录方法。在公开进行录音、录像前，侦查讯问人员应向犯罪嫌疑人宣讲有关政策、法律，说明必要性，以消除其紧张心理，取得其合作。公开使用录音、录像不仅能发挥其生动、形象、连续的记录功能，而且能烘托讯问气氛，给哪些不愿合作的犯罪嫌疑人施加一定的心理压力。

（2）秘密录音、录像。即指在犯罪嫌疑人不知晓正在进行录音、录像的情况下所采用的一种记录方法。采用这种方法，能避免在公开录音、录像条件下可能遇到的种种障碍，如犯罪嫌疑人心理紧张、发音生硬呆板或者注意力分散，以及不适应甚至拒绝对着录音、录像设备供认罪行等，能够在犯罪嫌疑人缺乏戒备的情况下，记录对查明案件事实真相有价值的口供。

项目二　供词查证

案例导入

讯问笔录（第七次）

时间：20××年11月21日22时30分至20××年11月21日23时02分
地点：×市南市区看守所第二讯问室
侦查员姓名、单位：许××，刘××，南市区公安分局刑警大队
记录员：刘××　　单位：南市区公安分局刑警大队
犯罪嫌疑人：陈××

问：陈××，你主动要求提讯有什么事情？

答：我要争取立功，从轻处理。我检举胡××抢劫杀人一事。

问：怎么回事？

答：五年前，也就是19××年11月30日早晨6点半左右，胡××右手包着血染的布块，神色慌张地找到我家，说他闯了大祸。前晚在南市上门杀了一个老太太，并抢劫了钱财。因为在扼老太太脖子时，老太太大叫不止，所以就用匕首戳，其中有一刀捅在了自己的手上。他让我帮他处理右手的伤口，并帮忙找一间空房借住，暂时"避难"一段时间。

问：胡××是什么人？住在哪里？你们是怎么认识的？

答：胡××是刑满释放人员，无业，住在××路××弄××号。我和他是在新疆劳改农场认识的。

问：胡××今年多大岁数？

答：和我同岁，也是39岁。

……

经查证核实，陈××所检举的杀人案存在。被害人郭老太（女，60岁）于19××年11月29日子夜前后被犯罪分子刺死于光启路148弄7号家中。南市区公安分局已于19

××年12月1日立案，此案未破。

根据陈××提供的线索，南市区公安分局在胡××的住处将其抓获。

📇 **工作导向**

一、案例评读

案例中，通过对犯罪嫌疑人陈××的供词进行查证，核实两个问题：

1. 对陈××的供词进行查证，核实陈××所供述的郭老太被害一案的确存在，此案已立案且未破。

2. 根据陈××提供的线索，抓获了犯罪嫌疑人胡××。

二、问题思考

结合案例思考，为何要对犯罪嫌疑人供词进行查证？实践中如何对供词进行查证？

📇 **内容导入**

犯罪嫌疑人供词，即通常所说的口供，从证据学的角度又称为"犯罪嫌疑人供述和辩解"，是指犯罪嫌疑人向侦查机关就有关案件事实所作的口头或书面的陈述。

一、犯罪嫌疑人供词的内容与特点

（一）内容

犯罪嫌疑人供词的主要内容包括三个方面：

1. 犯罪嫌疑人承认自己犯罪事实的陈述。即犯罪嫌疑人承认其有犯罪事实，并向侦查机关讲清其实施犯罪的全部事实和情节，有自首、坦白和供述三种表现形式。它们都是犯罪嫌疑人犯罪后对自己所犯罪行的主观心理态度的外在表现形式，三者的主要区别是悔罪程度不同。

2. 犯罪嫌疑人关于自己无罪或罪轻的辩解。即犯罪嫌疑人否认自己有犯罪行为，或者承认自己犯罪，但是提出依法不宜追究刑事责任以及从轻、减轻或免除处罚等的申辩和解释。有否认、申辩、反驳、提出反证等多种表现形式。

3. 犯罪嫌疑人检举、揭发他人犯罪事实的陈述。犯罪嫌疑人可能在承认自己犯罪后，揭发共犯或者检举他人有犯罪行为，也可以否认自己犯罪而检举他人犯罪。它表明犯罪嫌疑人认罪和悔罪态度较好，是从轻处理的依据。

（二）特点

无论作为线索还是证据，犯罪嫌疑人供词都具有与证人证言、书证、物证等其他诉讼证据不同的特点，主要表现在以下三个方面：

1. 犯罪嫌疑人供词可能全面、直接地反映案件的事实情况。犯罪嫌疑人是案件的当事人，自己是否实施了犯罪行为以及如何实施，比其他任何人都清楚，所以他所作的有罪供述可以全面系统地反映作案的动机、目的，作案时间、地点，作案手段、过程等。因此，犯罪嫌疑人的口供经过查证属实，大都可以作为认定案件事实的直接证据，这一特点是其他任何形式的证据所不具备的。

2. 犯罪嫌疑人供词虚假的可能性较大，往往真假混杂。犯罪嫌疑人的口供证明力强，但虚假的可能性也比较大。这主要是因为犯罪嫌疑人在刑事诉讼中处于被追诉的地位，而诉讼结果与其有着直接的利害关系，所以在大多数情况下，为了逃避和减轻罪责，他们总是千方百计地否认、抵赖和掩饰其罪行，即使在不得已供认罪行时也供小不供大、供轻不供重，从而导致了口供的虚假性。

3. 犯罪嫌疑人供词改变的可能性比较大，往往具有不稳定性。由于犯罪嫌疑人的特殊身份和位置，使得他具有与其他诉讼参与人不同的心理特点和行为表现，很容易受到各种因素的影响和制约，从而导致心态反复、供词多变，所以，其稳定性不仅无法与实物证据相比，而且也不如证人证言、被害人陈述等言词证据。

二、犯罪嫌疑人供词的查证

犯罪嫌疑人供词的查证是指侦查讯问人员在获取犯罪嫌疑人供词之后，对其进行分析研究、鉴别真伪，确定其能否作为定案依据的诉讼活动。

《程序规定》第 204 条规定："对犯罪嫌疑人供述的犯罪事实、无罪或者罪轻的事实、申辩和反证，以及犯罪嫌疑人提供的证明自己无罪、罪轻的证据，公安机关应当认真核查；对有关证据，无论是否采信，都应当如实记录、妥善保管，并连同核查情况附卷。"可见，在讯问各阶段所获得的犯罪嫌疑人供词，都必须对其进行查证，以发挥其在诉讼中的作用。

（一）查证供词的意义

犯罪嫌疑人供词既可成为侦查机关办案的有利线索，为讯问的推进提供方向，也可能直接成为诉讼证据。因此，对供词进行查证具有非常重要的意义，主要表现在以下几个方面：

1. 促进侦查讯问的正常开展。讯问是获取供词的过程，而查证是甄别供词的过程，二者之间既有区别又有联系，甚至在某种程度上相互交融、融为一体。因此，做好供词的查证工作，及时发现供词中存在的矛盾、问题和不足，可以为讯问工作指明方向，并有针对性地制定相应的策略、方法，从而避免工作上的盲目和被动，特别是避免受到犯罪嫌疑人虚假供词的迷惑和错误引导。

2. 鉴别供词的真伪，达到去伪存真的目的。因为犯罪嫌疑人的供词往往是真真假假、虚虚实实的，所以不能轻信，必须对其进行认真的查证。通过查证，对其真伪进行辨别，发现其中的虚假和矛盾之处，并据此采取相应的解决措施。

3. 查证属实的供词可以作为定案的依据。经过查证属实的供词，作为直接证据可以成为定案的有力依据。

4. 有助于进一步收集证据。查证供词的过程，在一定程度上也是一个不断获取证据和完善证据的过程。通过查证过程可以不断地拓展证据来源，发现新的证据线索，充实和完善已有的证据，并为定案增加新的证据材料。

5. 有助于保证不枉不纵，防止冤假错案。在决定是否对犯罪嫌疑人口供采信之前，通过查证可以避免侦查人员的主观臆断、偏听偏信以及冤假错案的产生。

（二）查证供词的主要内容和途径

不同形式的证据，其查证的主要内容和途径会各有侧重。查证途径主要是指查证的思路，而不是查证的具体方法和手段。

1. 查证犯罪嫌疑人供词的来源。是指犯罪嫌疑人供词形成的具体环境和条件，主要从两方面进行查证：

（1）查证犯罪嫌疑人供述或者辩解的动机和目的。所谓查证动机和目的，主要是指查证犯罪嫌疑人在什么情况下、为达到何种目的而供认和辩解。对不同情况下的辩解要区别对待，如果查证属实，就可采用为证据。

（2）查证获取供词的程序是否合法。所谓查证程序是否合法，即查证侦查讯问人员在讯问犯罪嫌疑人时，是否严格按照法定的诉讼程序进行，有无刑讯逼供和以其他非法的手段获取口供。

2. 查证犯罪嫌疑人供词的内容。根据讯问的实践经验，查证供词的内容，应从以下几个方面进行：

（1）前后是否一致、有无矛盾。一般来说，如果犯罪嫌疑人的供词前后一致，比较稳定，那么真实的可能性较大；相反，如果犯罪嫌疑人的供词前后矛盾，那么其中一定含有虚假的成分，必须进行查证。

（2）犯罪情节是否合乎情理。犯罪嫌疑人的供词或辩解，要是合乎情理、符合事物发展规律的，一般是真实的。反之，不合乎情理、不符合事物发展规律的，有可能是虚假的。

（3）供词是否详尽、具体。犯罪嫌疑人供词如果能够反映出案件事实的基本构成要素，即什么人在什么时间、什么地点，怀着怎样的目的和动机，以怎样的手段和方法，对什么对象实施了怎样的行为，造成了怎样的伤害或后果，以及是否有从重、从轻、减轻、免除或不予追究刑事责任的情节等，那么说明供词是详尽、具体的；反之，如果仅仅笼统地承认有罪或辩解无罪，则说明供词不够详尽、具体，而有待于进一步深究。

3. 查证犯罪嫌疑人供词与其他证据之间有无矛盾。犯罪嫌疑人供词往往会与已有的其他证据存在矛盾，尤其是在侦查初期更为常见。这种情况的出现，说明供词有假或者其他证据不真实，也可能两者都是虚假的。当然，也不排除在少数情况下，由于其他证据材料不实或不完全确定，而导致与犯罪嫌疑人供词之间发生矛盾的情况，因此要认真进行查证。

（三）查证供词的基本方法

在对供词进行查证的时候，一定要根据供词本身的特点，采取正确的方法进行查证，否则就达不到查证的目的。

1. 讯问法。讯问作为一种侦查活动，不仅是获取供词的手段，而且也是查证供词是否真实与可靠的有效方法。讯问实践中，可通过详细讯问、重复讯问、细节讯问、检验讯问、对质讯问等方式，对犯罪嫌疑人供词进行查证，判断供词的真伪。

2. 比较法。比较法是在对供词进行查证时经常使用的方法，讯问实践中，通过对供词本身的比较、同案中多个犯罪嫌疑人的多份供词进行比较、供词与其他证据的比较、供词与其他有关事实的比较等来对犯罪嫌疑人供词进行查证，以判断供词的真伪。

3. 科学鉴定法。科学鉴定法是指侦查机关指派或聘请有关专门技术人员对犯罪嫌疑人及其供词进行鉴定和测试的方法，这不但是查证供词的主要手段，也是收集证据材料的主要方法。科学鉴定法包括以下几种：

（1）刑事鉴识。刑事鉴识是运用实验室的鉴定结果及统计分析，去鉴别和重建犯罪现场，实现破获案件、解决犯罪问题。刑事鉴识能够重建犯罪现场，进而确定案发时间，辨别犯罪手段，推测犯罪动机。所以，通过刑事鉴识可以证实犯罪嫌疑人供词是否可靠，是否有犯罪行为。

（2）司法心理测试。俗称为"测谎"，是指能够检测个体生理指标状况的仪器设备，用于或结果被用于对个体（被测人）就特定事件或特定目标进行的相关心理信息的探查、推断行为。心理测试具有三个典型的特征：不对被测试对象言词表述的可信性进行直接评估；突出对测试对象心理信息探查的功能；是用来获取测试对象特定心理信息的一项技术。所以，通过心理测试虽不能直接查证供词的真伪，却可以通过记录皮肤电阻、呼吸、脉搏和血压等生理指标的变化，来推断犯罪嫌疑人大脑中所存在的心理信息，从而判断出其在哪些问题上知情还是参与，然后再与其述供词相比较就不难发现真伪。

（3）司法精神病鉴定。司法精神病鉴定是指对自称或怀疑有精神病的犯罪嫌疑人所进行的专业的精神状态的检查。犯罪嫌疑人是否为精神病人以及属于何种精神病，直接关系到其是否负刑事责任以及负何种刑事责任；其供词是在何种精神状态下作出的供述，直接关系到供词的有效性和可靠性。所以，如果发现所讯问的犯罪嫌疑人神情、举止不正常或自称有精神病史就一定要给予关注，必要时申请司法精神病鉴定，对其进行科学鉴定以得出准确的结论。

4. 侦查实验法。侦查实验法是指侦查讯问人员为了验证与案件有关的某一事实或现象在一定的时空、条件下能否发生，而在同样环境条件下将该事实或现象加以模拟演习的方法。在讯问实践中，有时为了验证犯罪嫌疑人供词的真实可靠性，会将其所供述的情境加以重塑，以观察其所供述行为是否真的会发生，来验证其供词的真伪。

5. 系统分析法。系统分析法是查证供词是否详尽、全面、具体的一种方法，即将犯罪嫌疑人的所有供词综合起来进行分析，查证其供词中是否包含了所有的犯罪要素。如果供词能够反映案件的主要犯罪事实，即何人在何时、何地，出于何种动机和目的，采取何种方法手段，对怎样的客体对象实施了怎样的行为，造成了怎样的危害后果等，则可以说他的供词是系统、完整和详尽的；反之，则说明其供词是不完整、不系统和不详尽的。

6. 其他侦查方法。查证供词的方法很多，不仅仅局限于上述几个方面，所有的法定的侦查行为与措施都可以作为查证供词的方法，如询问被害人或证人、搜查、扣押、辨认等。这些方法都可以从局部或某一侧面对供词进行查证。因此，在讯问实践中，要根据实际情况灵活采用各种方法对犯罪嫌疑人供词进行查证。

技能训练

一、训练内容

讯问笔录制作的训练。

二、训练目的

通过完成该项训练，使学生掌握讯问笔录制作的基本要求和操作要领。

三、训练的基本方式

1. 播放实际讯问的录像片，由学生实际制作讯问笔录，发现存在的问题。
2. 教师针对学生制作笔录中实际存在的问题进行分析和说明。
3. 学生通过模拟讯问训练，实际完成对讯问笔录的制作并通过考评。

四、训练方法

采取操作性训练方法进行。

五、训练素材

1. 训练案例（音像资料）由指导教师另行提供。
2. 模拟讯问部分的案例由指导教师进行设计，由学生进行模拟审讯。

单元六

常见案件的侦查讯问

学习目标

知识目标：熟悉常见案件的特点和侦查讯问方法，掌握典型刑事案件犯罪嫌疑人的侦查讯问方法。

能力目标：通过学习训练，培养具有对常见案件犯罪嫌疑人进行侦查讯问的能力。

学习提示

本单元教学采用课堂讲授、案例分析与讨论的方式方法，结合《刑法》《刑事诉讼法》和刑事侦查课程以及本课程前论等相关知识，做好知识的融会贯通，掌握好本单元内容。

内容结构图

$$
\text{常见案件的侦查讯问}
\begin{cases}
\text{盗窃案件的侦查讯问} \\
\text{抢劫案件的侦查讯问} \\
\text{杀人案件的侦查讯问} \\
\text{有组织犯罪案件的侦查讯问} \\
\text{流窜犯罪案件的侦查讯问} \\
\text{重大、疑难案件的侦查讯问}
\end{cases}
$$

项目一 盗窃案件的侦查讯问

案例导入

19××年12月5日上午10时许，疑犯李×（男，28岁，无业，1992年因盗窃被判刑3年，1995年刑满释放）、王×梅（女，21岁，某通讯公司职员），在某花园小区撬锁盗窃时被群众发现扭送派出所。两人对犯罪事实供认不讳。

但当侦查讯问人员追问是否有其他问题时，李×信誓旦旦地说："真没有了。如果有，天打雷轰。"一边发誓一边偷偷窥视侦查讯问人员对其说法的反应。在预感到侦查讯问人员不相信其说法时，他又补充道："不相信你们可以拿出证据来，有证据就是吃枪子我也不说半个不字。"而王×梅则干脆一问三不知。

在深入追讯受阻的情况下，侦查讯问人员决定对李×、王×梅两家实施搜查。在李×家搜出金戒指两枚、金项链一条、VCD 机一台及 8000 美元、1200 百英镑等钱物。李×父母称不知这些东西是哪儿来的，家里没给过也没买过。细心的侦查讯问人员还在李×的卧室写字台抽屉里发现一张男女合影的照片，女的侦查讯问人员没见过，男的正是李×，照片背后还写有"张×"二字。在王×梅家，只在她卧室里发现一台爱华牌袖珍收录机。王×梅的父母说王×梅是他们的独生女，在某通讯公司工作，每月收入 2000 多元，她全交家里；王×梅在学校时学习好，在家孝顺。只是 19××年初交了男朋友李×后有些变化，开始家里反对她与李×交朋友，但她就是不听，像着了魔似的。

侦查讯问人员根据从李×住处搜出的合影照片，查出该女青年名叫张×（22 岁，某饭店服务员）。张×称，1991 年初就与李×交了朋友，后确立恋爱关系。1992 年李×被判刑后双方关系也未断，去监狱看过李×。李×刑满释放后，两人继续来往，后发现李×还有一个女朋友王×梅，就跟李×大闹一次。李×向她表示始终爱她，与王×梅交朋友不过是玩玩，并承诺以后不再与王×梅往来。为了表达爱意，李×还把一条已经送给王×梅的金项链要回来送给了张×。侦查人员提取了该条金项链。

搜查、调查的结果使侦查讯问人员追查余罪的信心倍增。经过分析研究，决定把王×梅作为再审突破的对象。

讯问是这样进行的：

问：你叫什么名字？

答：王×梅。

问：年龄？

答：21 岁。

问：知道为什么抓你吗？

答：说过了。

问：还有呢？

答：没了。

问：我想你还是自己说的好。你为什么不态度好点儿，争取从宽处理呢？

答：有证据你们就拿出来。

问：拿出来并非不可以。李×的态度就比你好了。他的事可比你严重啊！他就聪明多了。

答：（王×梅听后一愣，心里受到触动。）

问：你要不想说就算了，咱们聊聊别的吧。据我们了解你过去可是个不错的女孩子呀！在学校你品学兼优，老师常表扬你；在家里你很孝顺，父母也疼爱你。

答：（王×梅有些惊异地抬头看着侦查员。）

问：你猜对了，我们是去你家了。你想知道家里现在的情况吗？

答：（摇头。）

问：你变成现在这个样子也不全怪你。我们现在和你说，就是给你一个机会，希望你能坦白交代，走从宽之路。

答：（不语。）

问：据我们了解，你很爱你的男朋友，是吗？

答：是的。

问：他也同样爱你吗？

答：（充满自信）那当然。

问：他还有别的女朋友吗？

答：朋友有，不过像我和他这种关系的就我一个。

问：什么关系？

答：恋爱关系呗，我们快结婚了。

问：真是这样就好喽！

答：你什么意思？

问：你多久没去他家了？

答：一个多星期了。

问：我这儿呢，有一张照片，你拿过去看看。

答：（照片上女的正用手搂着男的脖子，亲昵地把头靠在男的肩头，那男的不是别人，正是被王×梅视为至爱的李×。看着看着，王×梅的眼圈开始发红，手在颤抖。）

问：王×梅，你还这样执迷不悟吗？你再看看，这个女的脖子上戴的是什么？

答：是金项链。

问：对，是金项链，就是这条（侦查讯问人员说着从袋中拿出一条坠上镶嵌有一颗蓝宝石的金项链，递给王×梅）。好好看看，该不会生疏吧！

答：（王×梅接过金项链，看了看，口中喃喃地说）是我的，是我最喜欢的那一条。

问：可它怎么会跑到别人身上去了呢？

答：（王×梅抿紧了嘴唇，脸上露出了怨恨的神色。）

问：据我们了解，你很喜欢这条金项链，何况它还有纪念意义。可你没戴多长时间，李×就把它要走了，还说给你找条更好的，可直到现在也没给你，对不对？

答：（点点头。）

问：可是这条呢，却跑到这个叫张×的女孩子脖子上去了。实际上，李×在认识你之前就已经和她交上了朋友，这两年来你还一直蒙在鼓里，难道你就一点没有觉察吗？你说要结婚了，跟谁结呀！

答：（王×梅悔恨交加地低着头。）

问：王×梅啊，你还年轻，美好的人生才刚刚开始，难道你就这样毁了自己的一生吗？我们去过你的学校，你的班主任老师听了都不相信，最后说要是真的，肯定是被人带坏的；我们到你家，你父亲有病躺在床上，你母亲流着泪拉着我们的手让我们带话给你，希望你能向政府坦白，争取从宽处理，早日回家团聚。你是独生女，父母年纪大了，还有病，难道……

答：（王×梅抑制不住地失声痛哭起来）您别说了！李×是个有前科的人，这几年，我顶着父母和周围人的压力同他交朋友，深爱着他，我把一切都给了他，甚至成了他盗窃的帮凶，为什么呀！可他竟这样对待我！我知道你们是有证据的。我态度不好，全是为了保住他。现在我彻底看清了，我交代，我也要为自己考虑，争取从宽处理，重新做人。

于是，王×梅交代了与李×合伙所为的 19 起盗窃案（其中大案 9 起）。

工作导向

一、案例评读

这起盗窃案件讯问成功之处主要体现在两个方面：

1. 调查取证仔细。特别是侦查讯问人员获取了一条项链和一张李×、张×的合影照片，这为侦查讯问人员后续讯问提供了重要依据。

2. 因人、因事制宜，正确、灵活地运用讯问策略和方法。侦查讯问人员在讯问犯罪嫌疑人王×梅的过程中，针对其思想实际和具体的心理活动，综合运用说服教育、使用证据、利用矛盾、情感影响等，晓之以理、动之以情，最终让犯罪嫌疑人王×梅交代了案情。

二、问题思考

结合案例、讯问对策以及盗窃犯罪案件的特点，思考实践中如何对盗窃案件的犯罪嫌疑人进行讯问。

内容导入

盗窃案件是指以非法占有为目的，秘密窃取公私财物达到一定数额或多次秘密窃取公私财物的犯罪案件。

盗窃案件在刑事案件中所占比例最大，从发案角度讲是各类刑事案件之首，属于多发性犯罪案件，具有很大的社会危害性。盗窃案件比较复杂，种类繁多，作案手段日益狡诈，反侦查伎俩多种多样，侦查讯问的难度也越来越大。因此，做好对盗窃案件犯罪嫌疑人的侦查讯问工作，对打击盗窃犯罪活动，具有重要意义。

一、盗窃案件的特点

（一）盗窃案件的基本特点

1. 犯罪前多有预谋踩点活动。一般较重大的盗窃案件，犯罪分子在作案前，都有一定的预谋踩点的准备活动，他们为了使盗窃活动顺利得逞，常以购买物品、找人办事、游逛等为掩护，选择盗窃主要目标，寻找财物存放部位，观察现场环境条件，了解事主保管方法，窥视现场出入路线，掌握值班值宿规律等。在充分踩点的基础上，根据现场的具体情况，准备作案工具策划作案方法，选择作案时间，寻找作案时机，创造作案条件等，为实施盗窃作案做好充分准备。

2. 现场留有明显的破坏痕迹。盗窃案件的现场，除扒窃外，大部分都留有较明显的破坏痕迹，尤其是入室盗窃现场，犯罪分子要想侵入室内，必须采取破坏房屋的门窗、墙壁、天棚等障碍物等手段，因此会留下较多的破坏痕迹。在犯罪分子侵入现场后，因要盗窃财物，必须撬压破坏盛装财物的箱柜和抽屉，这样在破坏的物体上不仅会留下许多破坏痕迹，而且常会留下犯罪分子的手印和其他痕迹。另外，犯罪分子常在夜间作案，光线不好，怕出声响，多是试探着摸索进行，加之向外搬运财物等行为，都会在现场留下痕迹。所以，盗窃案件现场遗留的痕迹比较多，这也给讯问工作提供了有利的条件。

3. 盗窃的手法带有习惯性。犯罪分子中的惯犯，因长时间实施盗窃犯罪，就自然形成了一套自己的比较固定的盗窃犯罪手法，这种定型的惯用手法各犯之间并不相同，有的习惯于撬门破锁，有的习惯于拆墙挖洞，有的习惯于攀房揭瓦，有的习惯于摘窗端门，有的习惯于顺手牵羊，有的习惯于扒窃拎包等。这种比较定型的习惯手法，多是长期利用同一手法进行盗窃，因未被揭露，自己感到得心应手，延续运用，养成了习惯，在其连续盗窃作案中，必然会本能地表现出来。盗窃犯罪分子表现的这一特点，对于缩小侦查范围、实施并案侦查提供了重要依据。

4. 多有赃款赃物可查。犯罪分子一旦盗窃得逞，财物到手，在作案前，犯罪分子多是被盗财物的需求者，而作案后，犯罪分子则变成被盗财物的持有者。盗窃所得的赃款赃物数量有多有少，体积有大有小，种类有钱有物，犯罪分子既想享受赃款赃物带来的物质利益，又怕因赃款赃物的暴露而遭到打击。所以他们在作案后总要尽快地将赃款赃物进行各种各样的处理，无论犯罪分子采用何种方法处理赃款赃物，在处理过程中必然会在周围的群众中留下蛛丝马迹。因此，侦查讯问人员必须善于认识和掌握这一特点，做好控制和调查工作，从而查获犯罪嫌疑人，并依此突破犯罪嫌疑人口供。

（二）盗窃案件犯罪嫌疑人在讯问中的主要心理特点

1. 蒙混心理。盗窃犯罪人在讯问中面对难以回避的现场抓获的盗窃犯罪事实，或者难以解释在其身边或住处发现的赃款、赃物，面对侦查讯问人员的追讯，常常避重就轻，把自己打扮成是初犯、偶犯，或交代一些鸡毛蒜皮的偷摸行为来掩护重大盗窃罪行，或只供现行不供其他等，企图以此蒙混过关。

2. 侥幸心理。"秘密窃取"是盗窃犯罪嫌疑人作案的基本方式，在讯问中，犯罪嫌疑人基于此而存在严重的侥幸心理。有的自认为盗窃手段高明，行为诡秘，无人知晓；有的自认为作案后对现场作了处理，没有留下痕迹物证；有的自认为赃款、赃物已经转移或藏匿，公安机关难以获得赃证。因此，讯问中不见证据不交代，见了证据也像"挤牙膏"一样，挤一点交一点，不挤不交，百般抵赖。尤其是那些盗窃惯犯、累犯，侥幸心理尤为突出，他们自恃有一定的反讯问经验，企图熬过拘留、逮捕的法定时限，以逃避打击。

3. 欺诈心理。流窜盗窃案件的犯罪嫌疑人被拘捕后，为了掩盖其罪责，惯用的手法是改名换姓，伪造身份。有的故意编造自己的履历和籍贯，或把自己装扮成初犯、偶犯，或模仿某地方言土语回答提问。有的还冒充以前曾和其共同服刑或关押人员的身份，移花接木，进行蒙混欺骗。这样，他们只承认现行抓获的盗窃犯罪，而对其他流窜盗窃犯罪事实避而不谈。因此，讯问中一定要首先查清流窜盗窃案件犯罪嫌疑人的真实身份，只有这样才能查清案情深挖余罪，及时打击流窜盗窃犯罪。

二、讯问盗窃案件犯罪嫌疑人的对策

(一) 弄清讯问欲查清的问题

在对盗窃犯罪嫌疑人进行讯问时，在犯罪事实上要求查清以下问题：

1. 盗窃犯罪的次数，每次盗窃的时间、地点，盗窃的手法、手段、作案经过，盗取财物的数量，对一些惯犯和流窜犯的盗窃犯罪事实，虽然不易一件不漏地全部追究清楚，但必须搞清楚其主要犯罪事实。

2. 盗窃犯罪是否有同伙，其他成员的情况和下落。不仅要搞清共同盗窃的同伙，而且要搞清盗窃犯罪嫌疑人提供的盗窃目标、作案工具以及为犯罪分子销赃、窝赃的人。

3. 盗得的赃款赃物的下落。查不清实物的也要弄清情况。

(二) 计算经济收支，揭露犯罪

从计算犯罪分子的经济收支入手查清其经济来源，达到揭露犯罪的目的。大多数犯罪分子盗窃财物就是为了享受，过多的挥霍使犯罪分子的正当收入与实际开支之间相差悬殊，支大于收是盗窃犯罪分子经济生活的重要特征。在讯问中，可紧紧抓住这一点，从而迫使他们交代盗窃犯罪事实。

(三) 核对遗留物证，认定犯罪

犯罪分子实施盗窃犯罪常常在现场遗留与犯罪有关的痕迹、物品，这些痕迹和物品是对犯罪分子的一种暴露，是揭露和证实犯罪的有力证据，可以核对现场遗留的痕迹、物品，根据现场遗留的各种证据认定其盗窃犯罪事实。在讯问中要紧紧抓住这一点，使他们在自己遗留的痕迹和物品面前无法狡辩，从而迫使其交代盗窃犯罪的事实。

（四）追查赃款赃物，证实犯罪

赃款赃物是揭露犯罪和证实犯罪的最直接最有力的证据，对于盗窃案件的讯问必须把追查赃款赃物作为中心环节来抓，只有把赃款赃物下落搞清了，犯罪分子的口供才能得到证实和巩固，犯罪分子也就无法反悔和狡辩。讯问任何盗窃犯罪分子，都必须认真追查赃款赃物，在犯罪分子承认盗窃犯罪事实后，不能认为犯罪分子已经供认，案件的侦查就可了结，必须认真追讯赃款赃物的下落，直至真相水落石出，否则，犯罪分子就有反悔，翻供的可能。

（五）研究作案手段，查破积案

从研究犯罪分子盗窃作案的方法、手段、规律、特点入手，发现疑点，深挖犯罪。盗窃惯犯在连续作案中，在其方法手段上都有其明显的习惯性，根据这一特点，在讯问中从其作案的方法手段入手，穷追不舍，常可查破其过去所作的积案。

（六）查明流窜盗窃，深挖余罪

审查流窜盗窃犯的真实身份，流窜活动的时间和地点，从罪犯每处的落脚点和销赃点入手，统一组织力量，采取边讯问边查证的办法，才能迅速查清全部犯罪事实。流窜犯罪分子在讯问中，常常改名换姓，谎报自己的真实住址和身份，不交代自己流窜犯罪的时间和地点，隐瞒自己在每处活动的落脚点和销赃地点。根据这一特点，搞清犯罪分子的真实姓名、住址、身份，查明其吃住行销的场所，是查清其全部罪行的重要基础，是在讯问中必须解决的问题。

（七）分化瓦解团伙，各个击破

利用盗窃团伙成员之间的分赃不均，以强欺弱等矛盾，进行分化瓦解，各个击破，是查破集团性盗窃案件的重要方法之一。在讯问中，要事先了解每个犯罪成员的具体情况，了解他们在团伙中和犯罪中的地位和作用，了解他们每个人在团伙中的威信和相互关系与矛盾，在此基础上，选准突破口，然后逐个突破。

项目二　抢劫案件的侦查讯问

🖐 案例导入

20××年11月3日深夜，×市公安局抓获本市"10·11"抢劫金库犯罪嫌疑人李×（另一犯罪嫌疑人许×因拒捕被击毙）。

犯罪嫌疑人李×，男，24岁，高中文化，捕前系××市××银行办事处出纳兼金库保管员。该人平素性格内向，爱面子，服软不服硬，社会劣迹不深，作案前对单位领导的不正之风表露出不满并流露出报复之意。20××年10月11日深夜，李×伙同许×潜入该银行金库，打死守库员魏×，抢劫现金35万余元、"五四"手枪两支、子弹150余发，作案后潜逃至11月3日晚被捕。

专案组连夜突讯，但在初讯中，李×态度十分强硬，问其名字，李×冷笑道："你们明知故问。"敦促其交代罪行，李×答："要判要杀随你们，要我交代问题，无可奉告。"致使讯问陷入僵局。

初讯中，犯罪嫌疑人李×用"无可奉告"短短一句话，公然宣告了其顽固的抗讯立场和态度。初讯后，侦查讯问人员对犯罪嫌疑人李×抗讯的心理基础进行了细致深入的分析，通过外调工作和看守所工作的密切配合，对下一步的讯问工作做了重新布置和安排，一场新的交锋开始了。

讯问前，侦查讯问人员沏了一杯茶递到李×手中。李×开始缓缓地试探性地交代问题，供述了如何产生犯罪念头，怎样与许×策划和实施犯罪活动等情况，但不交代案情细节，对作案后的行踪更是避而不谈。

在这种情况下，侦查讯问人员没有急于紧追细节，转而进行说服攻心。一方面使其认识到自己的罪行既危害社会，又毁了自己，还坑害了家庭；另一方面又中肯而有分寸地讲政策，谈前途，晓以利害。经一番说服教育，李×犹豫不决，欲言又止，斗争激烈。侦查人员抓住这一有利时机，顺势逼近。"问题不交代不行，坦白应彻底。该怎样你难道不明白吗？"

于是，犯罪嫌疑人又进一步交代了伙同许×作案及逃窜藏匿的情况。但进一步追问其逃离后的行踪时，李×再次封口，不愿供出窝藏地点及窝赃情况，并说："人家对我太好了，就是死也不愿说出他们。"

李×这种退中有守的反讯问表现，是基于"哥们义气"和错误的道德观。对此侦查人员早有准备，冷静沉着，采取了"声东击西"的迂回策略，回避李×怕供出同伙的敏感问题，而从追查赃款去向上迂回。

"你给了他们那么多钱，难道你不想尽早把钱退回，挽回损失，以减少自己的罪责吗？"

"我实在不想连累别人。"李×动摇了。

"事实上是他们自己害自己。此时此刻，哪还有为别人考虑的余地，还是为自己想想吧！恐怕任何人在这种情况下都会作出这样的选择。"侦查人员加重了语气。

李×埋头苦思了一阵后，终于开口供认了其逃离后窜到冠英乡农民王×家藏匿19天的重要情况。经过一整天交战，不仅审清了李在作案前盗窃的万余元，并扩大了战果，挖出了三名窝赃包庇罪犯罪嫌疑人王×、刘×和蒋×，追回赃款8000元。

前两次重大突破，虽然从根本上动摇了李×决心对抗到底的意志，但其仍未彻底缴械投降。他自恃许×被击毙，死无对证，始终在打死守库员这一重大问题上坚不吐实，固守一隅。据同案窝赃犯罪嫌疑人刘×、蒋×二人的口供证实，李×在与许×作案后潜逃至刘家时，曾见李×的衬衣（刘×、蒋×已烧毁）领口上有喷溅血迹，表明李×直接参与实施了杀害守库员的行为。而李×多次称杀人属许×一人所为，自己未动手。要解决这个问题，单凭有限的证据正面强攻，必然受到其畏罪心理的严重阻碍，必须先进一步减轻其畏罪心理压力，并巧妙地使用证据破除其侥幸过关的幻想。

再次提讯李×。

"你能转变态度并交代问题很好，但是交代必须真实、彻底!"李×不语，低头摆弄双手。

"作案时，你穿的什么衬衣?"

"花格白底的确良衬衣。"

"衬衣呢?"

"我叫蒋×拿去烧了。"李×不假思索地回答。

"你看见烧了吗?"

李×随口答"是"，随即又惊异地反悔说："没烧。"

对此，侦查讯问人员微微一笑。李×一怔，鼻尖上冒出细细的冷汗。这时侦查讯问人员抓住时机，单刀直入：

"为什么要烧衬衣?"

"因为……因为有血。"李×陷入了难以退却的境地。

在侦查讯问人员进一步追问下，负隅顽抗的李×终于如实地供认了与许×用手枪柄共同打死守库员的重大罪行，同时交代了巨额赃款的窝赃点。后经侦查讯问人员的多次追查，除少部分赃款被挥霍外，绝大部分赃款都被追缴归案。

工作导向

一、案例评读

案例中，无论在讯问场上面对面斗智斗勇，还是外围的取证追赃，抑或是深挖犯罪扩大战果，都取得了成功。

1. 讯问前准备周详。初讯后，侦查讯问人员对犯罪嫌疑人李×抗讯问的心理基础进行了细致深入的分析，通过外调工作和看守所工作的密切配合，对下一步的讯问工作做了重新布置和安排。

2. 讯问策略、方法得当。侦查讯问人员对犯罪嫌疑人李×的讯问采取了攻心、迂回等策略和说教、用证、利用矛盾、看守所配合等方法，取得了讯问的成功。

3. 深挖犯罪，战果辉煌。通过对犯罪嫌疑人李×的讯问，挖出了三名包庇犯，追回来大量赃款。在此基础上，查清了全案犯罪事实真相。

二、问题思考

结合案例、讯问对策以及抢劫犯罪案件的特点，思考实践中如何对抢劫案件的犯罪嫌疑人进行讯问？

✍ 内容导入

抢劫案件是指以非法占有为目的，以暴力、胁迫或其他方法，当场强行劫取公私财物的犯罪案件。

一、抢劫案件的一般规律

（一）作案时间多在晚间或清晨

拦路抢劫犯罪分子为了达到抢劫目的而又不被发现，在作案时间的选择上有一定的规律性。他们主要选择清晨和晚上作案，这时夜深人静，清晨行人稀少，便于抢劫得逞又可以隐蔽自己。

（二）作案地点多在偏僻场所

抢劫犯罪分子为了在作案中隐蔽自己，大多避开人员密集的公共场所，选择人员稀少的街巷、山乡小路、城乡接合部等偏僻场所。这样，在抢劫中即使被害人高声呼救，也很难被发现和援助。

（三）侵害对象多是财物保管者

抢劫犯罪分子进行抢劫犯罪活动，大多事先要选择被抢劫对象，选择财物的持有者和保管者。比如：去银行取送款人员；收入较多的个体户、专业户；谈情说爱、私通幽会的男女；采购员、推销员、外来旅客、公差人员；商店、银行、储蓄所的收款员；单位的金库和有钱的居民等。这些人员和部门有大量的公私财物，是抢劫作案的重点对象。

（四）作案目标趋于高价值商品

抢劫作案分子的作案目标主要是钱和物，尤其以便于花用和易于销赃的现金、金银等财物为主。近年来，随着人民生活水平的不断提高，高价值商品的逐年增多，犯罪分子抢劫的目标也逐步向高档化发展。小型易带的高档商品，如金银首饰、珠宝等都是抢劫的重要目标之一。另外犯罪分子由抢劫私人财物逐步向国家的金融机关、厂矿企业的财务部门扩大。

（五）作案方式趋于团伙犯罪

抢劫犯罪分子为了增加作案得逞的把握，已由过去的单人作案逐步发展到成帮结伙的共同作案，逐步向着团伙化、小股化方向发展，并有仇恨社会主义倾向的政治色彩。特别是抢劫银行、商店、工厂的犯罪分子，大多是以受过打击处理的惯犯、逃犯、流窜犯为骨干的团伙分子。他们纠集的形式多种式样，日趋复杂。他们有共同的思想基础，有长期的犯罪经验。他们结成团伙，人多势众，胆大妄为，有计划、有预谋地抢劫金库、拦截巨款、杀人抢枪，屡作大案，因此，具有严重的破坏性和危害性。

（六）作案手法带有习惯性和连续性

在抢劫案件中，惯犯作案较多，每次作案得逞，都会自我得意，对其犯罪意志均起到进一步巩固和强化的作用。于是在作案中，一是表现出习惯性，即犯罪分子使用某种方法在某一地区对某种类型的被害人达到抢劫目的，未被侦查机关抓获时，常会在相同的时间、地点，以相同的方法和手段，对相同类型的被害人再次进行抢劫犯罪活动。如果被抓获判刑释放后，旧的犯罪手段也会再现。二是表现出连续性，即犯罪分子一次抢劫得逞，往往连续作案，接连多次进行抢劫犯罪活动。犯罪分子抢劫手段的习惯性和实施犯罪的连续性，有利于在侦破中采取并案侦查等各项有效措施。

（七）罪犯作案一般持有凶器且手段野蛮狡诈

抢劫犯罪分子实施抢劫作案，已由过去的单纯以暴力为后盾，胁迫被害人交出财物，一般不伤害人，发展到直接杀人伤害，强行抢劫的程度。他们在作案中，手持枪支、弹药、匕首等凶器，动辄行凶杀人、伤人。无论事主是否发现和反抗，往往都会被其置于死地。有的犯罪分子抢劫后实施强奸、杀人、扎眼睛、挖眼球、放火焚尸等，作案手段向着凶残化、野蛮化发展。他们在作案中为了迅速地进出现场，由过去的自行车、手推车逐步发展到轻骑、摩托车、汽车、轿车等，交通工具逐步向着机械化、现代化方向发展。他们在作案中为了不暴露自己的体貌特征，逃避打击的伎俩越来越狡猾，除破坏现场、消除痕迹外，常用蒙面、化装、戴假面具、假发套、口罩、墨镜等办法，逐步向着假象化、伪装化发展。抢劫犯罪分子在实施犯罪中，为了达到抢劫目的，一般都持有枪支、匕首、刀斧、棍棒、绳索等作案工具。这是大多数抢劫案件表现出来的特点。犯罪分子使用暴力工具的来源各异，有的是自己家中的常用之物，有的是自己制作的凶器，有的是购买的器物，有的是盗窃或抢来的工具。这些作案工具都有明显特征，都有来龙去脉，犯罪分子作案后很少抛弃。因此，在侦破中根据被害事主提供的作案工具特征追查凶器，进而查明犯罪分子，是重要的侦查途径之一。

（八）作案成员多为青少年

据统计，抢劫案件的作案成员，青少年要占80%以上。他们大多是青年工人、待业青少年，也有在校学生。有的年龄在十三四岁就结伙抢劫作案。他们有业不就、有学不上，经常在其住地和工作单位附近连续作案。对青年妇女又抢又奸，甚至行凶伤人。在犯罪成员中，大多是心毒手黑、新滋生的惯犯。其中不少是劳改、劳教释放或逃跑分子。抢劫案件的犯罪成员的年龄逐渐向年轻化、低龄化发展。

（九）事主与犯罪嫌疑人有正面接触

抢劫犯罪分子为了达到犯罪目的，无论采用什么方法和手段，总会与事主有一个或长或短的接触过程。由于双方的互相接触，事主对犯罪的性别、年龄、体态、相貌、衣着、口音、人数及作案过程等，常能比较准确地向侦查人员提供。这对于侦破抢劫案件来说是个有利条件。虽然有时犯罪分子伪装、天黑光线不好或被害人惊恐，但犯罪分子的身高、体态、人数等基本特征是掩盖不了的。

（十）一般有赃款赃物可查

在抢劫案件中，犯罪分子占有赃款赃物后，无论是自己使用还是出售销赃，都不可避免地要暴露出蛛丝马迹。调查控制赃款赃物去向，常常是侦破抢劫案件的重要途径。尽管有的案件没有抢劫到财物，但往往可暴露出犯罪分子对某种财物的需求，认真调查分析犯罪分子的需求情况，可以为缩小侦查范围提供依据。

（十一）一般都有预谋活动阶段

抢劫案件的犯罪分子，为了顺利达到抢劫犯罪目的，一般都事先进行预谋活动。入室抢劫犯罪分子在犯罪前，常以各种名义接近事主的住宅和财物保管场所，探测是否有财物，观察保管存放情况，了解事主和周围群众的活动规律，选择抢劫时间、方法和时机。拦路抢劫犯罪分子在犯罪前经常出没抢劫地点，物色抢劫目标，选择抢劫的时间和时机。尤其是结伙抢劫犯罪分子，在作案前往往多次集聚在一起，进行预谋和策划，以达到抢劫目的。犯罪分子预谋活动越多，被群众发现的机会就越多，进而为侦破案件提供的线索就越多。

二、讯问抢劫案件犯罪嫌疑人的对策

在对抢劫犯罪嫌疑人进行讯问时，重点要注意做好以下几项工作：

（一）分析研究案件材料

为了讯问工作的顺利进行，在讯问前，参加讯问的侦查讯问人员应对抢劫案件的所有材料进行分析和研究，掌握案件的来龙去脉，了解犯罪过程中的各个细节。要掌握哪些证据已经切实可靠，在讯问中可以运用；哪些证据是通过秘密手段获得的，在讯问中不可使用；在哪些环节中还缺乏证据，要犯罪分子交代和进一步补充完善等。只有这样才能在讯问中灵活运用，攻守自如。在讯问前，要重点对被害事主的陈述材料、有关现场勘查材料、群众的证实材料以及搜查所获得的财物和材料等进行认真分析和研究。

（二）讯问中要搞清的问题

在对抢劫案件的犯罪分子进行讯问时，在犯罪事实上主要搞清以下问题：

1. 抢劫的时间、地点和周围环境。

2. 抢劫财物的名称、特征、数量和去向。

3. 采用何种暴力、威胁手段，被害事主是否被伤害，被伤害的部位、程度和后果。

4. 凶器的来源和下落。

5. 被害事主的身份、性别、年龄、口音、体貌特征和衣着特征。

6. 犯罪前的预谋活动。

7. 是偶犯还是惯犯，如果是惯犯，应审清其全部犯罪事实；是一个人作案还是共同作案，如果是共同作案，要查明各个犯罪嫌疑人在犯罪过程中所处的地位和所起的作用，分赃情况，有否攻守同盟，分清主犯、从犯、胁从犯。

8. 如果是青少年犯罪，还要查清是否有教唆犯。

（三）讯问中要注意的策略问题

讯问抢劫犯罪嫌疑人，应根据案件的不同情况、犯罪嫌疑人的不同情况，运用不同的讯问方法和策略。

如果犯罪嫌疑人是从犯罪现场直接抓获的，在讯问中可以开门见山，直接问罪。要搞清是否结伙作案，有无其他犯罪，查明其社会关系和落脚点。

如果犯罪嫌疑人是通过一段侦查工作后暴露出来的，确认有抢劫犯罪行为，并查获了部分赃款物，在讯问中也可直接追讯抢劫犯罪事实。要注意发现新线索，查缴新的证据材料，作为进一步讯问的武器。

如果有的犯罪嫌疑人在搜查时虽没有明确发现抢劫案件的罪证，但查到了一些可能是赃物罪证的可疑财物，在讯问中，应让犯罪嫌疑人说清这些财物的来源，然后进行查证，边讯边查，搞清犯罪事实。

如果犯罪嫌疑人既不是从现场抓获的，又没有搜查到什么罪证，而是通过侦查证实其参与抢劫犯罪，在讯问中，一般不要直接追问他参与抢劫犯罪的事实，要从他与主犯的关系问题入手，逐步深入，最后谈明抢劫犯罪问题。同时，要教育他反戈一击，揭发主犯和同案犯的罪行，争取走坦白从宽的道路。

如果是结伙抢劫案件，在讯问中，应采取分化瓦解，各个击破的讯问策略，要选择入伙时间短、作案次数少、认罪态度好的从犯作为突破对象，进行正面教育，晓以利害、因势利导，进而突破全案。同时，要充分利用团伙成员之间的矛盾，促使他们互相猜疑、互相揭发，最后侦破全案。

如果犯罪嫌疑人开始不肯交代抢劫的犯罪事实，被迫承认后又不肯交出凶器和赃款赃物，在讯问中，必须迅速追寻凶器和赃款赃物的下落，同时要注意进行搜缴核对。只有把赃款赃物搜缴到手，才能彻底打破犯罪嫌疑人翻供抵赖、对抗讯问的伎俩。

如果犯罪嫌疑人不是偶犯，而是惯犯、累犯、流窜犯、犯罪团伙或集团成员，在讯问中，不能就事论事，不能满足于弄清目前已查获的犯罪事实，要认真研究犯罪分子的作案特点、活动规律、经济来源、接触关系、销赃渠道等，从中发现问题，深挖余罪，追清全部罪行。

项目三　杀人案件的侦查讯问

案例导入

20××年 8 月 19 日××市××县于庄村村民李×突然得了急症，口吐白沫，肚子剧痛，不到半小时死亡。其妻悲痛欲绝，昏死过去。李×9 岁的小儿子李××也突然脸色变白，继而口吐白沫，不一会儿也死亡。经公安局勘查，李家父子系 1065 农药中毒，毒药来自中午李×服用的中药里，药是同村刘×和李妻常×共同熬制的，再查刘×、常×两人有多年通奸关系，显然具有奸情杀人的作案因素。正在此时重大嫌疑犯刘×突然于 23 日晚服毒自杀未遂，县公安局立即于 24 日拘留刘×。

一、一讯刘×

刘×虽是农民，但是胆子很大，一副受蒙冤的样子，叫嚣"我没有罪，你们要负责，要给我恢复名誉，要给我平反"。

问：是你给李×煎的药吗？

答：是啊，可是我没有杀人啊，我是好心。

问：好心？你与常×通奸也是好心？再说，既然不是你干的，你为什么自杀？

答：我……我……我和常×的事情村里人都知道。

问：你说说你到底安的什么心吧。

答：（交代投毒事实，但是只承认是自己一人所为。）

二、二讯刘×

在侦查讯问人员中有两种意见，一种认为是刘×一人所为，另一种认为是合谋。在第二次讯问中刘×一口咬定是自己一人干的，讯问没有进展。进一步的调查中有一个情节引起侦查人员的注意，就是常×9 岁的小儿子李××，跟他妈妈要中药里的红枣吃，常×不给，奶奶捡了一个给他，他跑了出去吃，常×催大儿子："赶紧去把弟弟的红枣要回来扔掉。"但是，等大儿子追去，李××已经吃下去了。显然常×知道中药里有毒，其参与作案的嫌疑增加了。

三、三讯刘×

开始时刘×还重复谎言。

问：人是你毒死的，这谁都清楚，可是你为什么要毒死他呢？

答：这个我以前说过。

问：说过，但没有说清楚。

答：（不耐烦）我是为了和常×结婚。

问：照你这么说，你相信李×死了就能和常×结婚？

答：那当然。

问：没那么简单吧。结婚不是你自己想当然的，你能肯定常×在她丈夫死后就和你结婚？

答：这个我有绝对的把握，要不我怎么会冒这个险。

问：有绝对把握？那你说说你的根据？

答：（毫无戒备地谈起两人的感情）我俩感情很好，两天不见就很想，不管李×怎么打她，有机会我们就见面。有一天她对我说：不能同生就同死，要不咱们跳黄河吧。还有一次，她又对我说：他老打我，不行，咱们得想想办法。

问：（刘×放松了戒备，有些飘飘然，打断）你能肯定李×被害后常×不告发你吗？

答：能肯定。

问：你办事很有头脑。那她说的"想想办法"是指什么？

答：（慌乱）啊……啊……

问：你们就是想了这个办法吧！

答：（低头）

侦查讯问人员趁热打铁，一阵猛攻，彻底摧垮了刘×的心理防线，交代了与常×合谋害夫的全部经过。常×被拘留后，侦查讯问人员侧重于以母子之情攻心，并且适时点出刘×的部分交代以加大攻心的力度。很快，常×便交代了合谋杀夫殃及亲子的罪行。

工作导向

一、案例评读

这是一起投毒杀人案件，该案讯问的成功之处主要在于：

1. 案件调查深入、仔细。侦查人员对案件发生、发现的经过做了深入、仔细的调查，对每一个可能影响案件判断的细节都不放过，如对李×之子李××中毒的过程的调查。这一过程对后来案件定性（一人作案还是两人合谋作案）起到至关重要作用。

2. 抓住火候，巧妙施策，突破案情。案中对刘×的讯问，侦查讯问人员利用迂回策略和巧妙的言语，如"你办事很有头脑。那她说的'想想办法'是指什么？"而对常×的讯问，侦查人员主要通过攻心策略和使用证据方法，成功地突破案情，查清了全案事实真相。

二、问题思考

结合案例、讯问对策以及杀人犯罪案件的特点，思考实践中如何对杀人案件的犯罪嫌疑人进行讯问？

📝 **内容导入**

杀人案件是指故意非法剥夺他人生命的犯罪案件。

杀人案件在刑事案件中所占比例不大，但由于其直接危害公民的生命安全，同时常伴有盗窃、抢劫、强奸、放火、走私、诈骗等犯罪行为，所以，杀人案件危害大、影响坏、后果严重。在我国，杀人案件历来是侦办的重点，也是难点。

一、杀人案件的特点

（一）杀人案件的一般特点

1. 作案前预谋策划、周密准备。杀人案件犯罪分子在作案前都有一段时间的预谋策划和周密准备的过程，这是大多数杀人案件表现出来的共同的特点。犯罪分子一旦产生杀人动机，坚定杀人信念后，常常就要预谋用什么样的方法杀死对方，既能使杀人的目的得以实现，又不暴露自己，免遭揭露和打击。在预谋策划和准备中，主要是选择杀人凶器、杀人地点、杀人时间、杀人时机等，为杀人作案做好准备。

2. 作案方法多样、手段残忍。犯罪分子的杀人动机一旦形成，决意行动，经周密准备后，在实施杀人犯罪的过程中，就表现得胆大妄为，不计后果。他们野蛮残暴，穷凶极恶，其行为特征主要是作案手段极其残忍，杀人的方法多种多样，犯罪气焰十分嚣张，有的已发展到十分疯狂的地步。有的并不是把杀害对象作为唯一的侵害目标，而是常常危及整个社会和广大群众，这是大多数杀人犯罪分子在泄愤、嫉妒、报复、物欲或性欲动机驱使下，表现出来的野蛮、冷酷、残忍的特征。

3. 一般有明显的因果关系。犯罪分子与被害人之间一般有明显的因果关系，这是大多数杀人案件表现出来的共同特点。无论犯罪分子出于什么动机和目的、采用什么方法手段杀人，在犯罪分子与被害人之间大多都存在着一定的利害冲突或仇恨矛盾等特定的因果关系。这种因果关系有的比较明显，有的不太明显，有的是直接的，有的是间接的。因果关系是侦破杀人案件中发现嫌疑线索和排查犯罪分子的重要依据。

4. 现场留有尸体等痕迹物证。尸体的存在，是杀人案件最重要的特点，通过尸体检验，既可判明事件性质和死亡原因，也是侦查破案的重要基础。杀人现场比较明显，现场状态比较复杂，多数杀人案件现场中除有杀人犯罪的表现外，常常伴有盗窃、抢劫、强奸、放火等犯罪，多种犯罪同时表现在同一现场中，杀人案件的犯罪分子在现场滞留时间较长，常与被害人发生搏斗和厮打，又因伴有其他犯罪，现场中会留下较多的痕迹、物品，认真分析现场上的痕迹、物品与犯罪嫌疑人之间的内在联系，为侦破案件提供帮助。

5. 案情复杂，犯罪动机各不相同。杀人案件的情况是错综复杂的，犯罪分子的犯罪动机各不相同。常见的有仇杀（私仇报复杀人、政治报复杀人），图财杀人（盗劫杀人、抢劫杀人、谋财害命、绑架杀人等），情杀（奸情杀人、恋爱、婚姻纠纷杀人），奸杀（强奸杀人、轮奸杀人），债务纠纷杀人（追账杀人、杀人赖账），迷信杀人（巫婆、神汉骗钱害人，家长族长维护族规杀人，邪教、会道门利用迷信致人死亡），遗弃杀人，杀人灭口（杀害同伙、谋害知情人），斗殴杀人（团伙火拼、激情杀人），误杀，防卫杀人（正当防卫、防卫过当、恐惧杀人），"除害"杀人（杀逆、殴杀现行犯），流氓杀人，变态杀人，精神病杀人，嫉妒杀人，谋权杀人，雇佣杀人，练胆杀人等多种情况。这种错综复杂的情况，给侦破杀人案件带来一定的困难。

（二）杀人案件犯罪嫌疑人在讯问中的主要心理特点

1. 畏罪心理。受"杀人偿命"传统观念影响，大多数杀人案件的犯罪嫌疑人都会本能地产生为死者偿命的畏罪心理，在此心理支配下，犯罪嫌疑人在讯问中一般会表现出种种恐惧和不安，采取对立态度，守口如瓶，讳莫如深，极力掩盖自己的罪行以及逃避罪责，给讯问工作带来一定的阻力。另外，畏罪心理而形成的恐惧感可能导致杀人案件犯罪嫌疑人产生两种异常的供述行为：①初审时便主动坦白交代，争取从宽处理。②犯罪嫌疑人精神完全崩溃，自寻绝路，畏罪自杀。

2. 求生心理。杀人案件犯罪嫌疑人面对严厉的刑罚，想到一旦罪行败露，将要一命归天，便会本能地产生强烈的求生欲望，"绝望之中存幻想，九死之余求一生"是其心理写照。在讯问实践中，犯罪嫌疑人"绝望中求生"的表现主要有两种形式：①坦白求生；②抗拒求生。讯问人员应根据其表现形式采取不同的讯问策略和方法。

3. 侥幸心理。杀人案件犯罪嫌疑人自信作案前大多经过周密的策划和准备，作案后注意销毁罪证、掩盖痕迹，有的甚至精心伪造犯罪现场，存在着可以逃避惩罚的侥幸心理，在此心理支配下，犯罪嫌疑人在讯问中有的故作镇定，装出毫不在乎的样子；有的口口声声要讯问人员拿出证据来；有的竭力进行种种狡辩，千方百计地掩盖杀人犯罪事实，使用各种手段干扰和影响讯问人员的信心。

上述畏罪心理、求生心理、侥幸心理是杀人案件犯罪嫌疑人在讯问中的主要心理障碍，三种心理往往同时存在，并以求生心理为核心，相互渗透转化，主宰着犯罪嫌疑人的心理活动，左右犯罪嫌疑人的供述行为。

二、讯问杀人案件犯罪嫌疑人的对策

（一）做好讯问前的准备工作

讯问杀人案件犯罪嫌疑人是一场十分艰巨复杂的斗争。要想搞好对杀人犯罪嫌疑人的讯问，必须做好讯问前的准备工作。要组织好讯问力量要求，熟悉杀人现场和基本案情，在此基础上，围绕案件和证据的具体情况，认真分析讯问中的有利条件和不利因素以及犯罪嫌疑人在讯问中的心理特点和反讯问手法，正确选择讯问突破口，从而制订周密的讯问计划。

（二）弄清讯问中要查清的问题

在讯问杀人犯罪嫌疑人时，对于犯罪事实要搞清以下几方面问题：

1. 行凶杀人的时间、地点、杀人的方法手段。

2. 被害人的致伤、致死情况和原因。

3. 杀人的凶器、药物的种类、名称、来源及下落。

4. 犯罪嫌疑人的预谋过程，杀人动机及目的。

5. 犯罪嫌疑人与被害人之间的利害关系。

6. 犯罪嫌疑人实施犯罪的全部过程。

7. 是一人作案还是共同犯罪，各犯罪嫌疑人在犯罪过程中的地位作用、主次轻重。

8. 深挖余罪，讯问有否其他罪行。

（三）选择好讯问突破口，把握好第一次讯问

讯问杀人案件犯罪嫌疑人，如何把握好第一次讯问至关重要。而要搞好第一次讯问，首先必须选择好讯问的突破口。一般情况下，杀人案件的讯问突破口，主要可以从作案时间、作案凶器、犯罪嫌疑人与被害人的关系、证据、教育感化等入手。实践中，不管从哪里问起，都要注意以下两点：①避免出现讯问僵局；②集中时间和力量，一鼓作气，力争在第一次讯问中突破主要案情。

（四）进行政策、法律教育，促使犯罪嫌疑人"坦白求生"

进行政策、法律教育，对大多数故意杀人案件犯罪嫌疑人不但是必要的，而且是有效的。一般来说，杀人犯罪要处以重刑乃至极刑，但在实际量刑上，并不是对所有杀人犯罪都要判处死刑，量刑还是具有幅度变化的，这就使我们可能根据不同的犯罪情节和不同的悔罪表现，作出轻重不同的处理，这对减轻和消除杀人案件犯罪嫌疑人的畏罪绝望心理有着十分重要的影响。

对杀人案件犯罪嫌疑人进行政策、法律教育，要结合案件具体情况，从犯罪嫌疑人作案动机、目的、手段、杀害对象等方面找出可以从轻的情节，对其进行入情、入理的政策、法律讲解，使他们感到求生有望，变"抗拒求生"为"坦白求生"。就是对罪大恶极、需要处以极刑的犯罪嫌疑人，也要通过政策、法律教育使他们认识到罪有应得。

（五）适时出示证据，进行深追细问

在对故意杀人案件犯罪嫌疑人的讯问中，适时出示证据是揭露犯罪嫌疑人伪供、

打消其侥幸心理的重要讯问方法。在讯问中出示证据的目的，不仅仅是迫使犯罪嫌疑人承认证据所证明的犯罪事实，更重要的是通过出示证据可以动摇、瓦解犯罪嫌疑人的心理防线，使其意识到罪行已经败露，再继续顽抗下去对其更为不利。为了达到这种效果，出示证据应注重时机和方式。

讯问杀人案件犯罪嫌疑人的大忌，就是不能讯问一开始就随便抛证据。一般应从教育感化入手，并取得一定的成效后，如犯罪嫌疑人内心处于交代与不交代的矛盾状态。此时适当出示证据，以打消其侥幸心理，促使其拒供心理向供认心理转化。在出示证据的方式上，应根据具体案情把握，一般要先用暗示、口头的方式，含而不露，点到为止，千万不要暴露掌握证据的具体情况。

（六）加强与监管部门配合，确保讯问顺利进行

杀人案件的犯罪嫌疑人由于案情重大，面临受到法律严惩而易产生畏罪绝望心理，思想斗争激烈，给讯问工作增加了难度。实践中，有的犯罪嫌疑人甚至不惜铤而走险，制造事故，一方面影响监管安全，另一方面拖延案件时间。因此，在讯问中要充分重视与监管部门的配合。侦查讯问人员应根据案件讯问的需要，向监管部门及人员提出配合的内容和要求，如对犯罪嫌疑人进行重点监视、近身监护、个别谈话等，既保证安全，防止意外；又可加强思想疏导工作，以排除或缓解犯罪嫌疑人紧张、畏罪、对立等心理障碍，为讯问创造良好的条件。

项目四　有组织犯罪案件的侦查讯问

案例导入

轰动全国的首都持枪抢劫银行运钞车案主犯鹿×，归案后因枪伤失语，给审讯侦破这一系列大案带来意想不到的难题。此时一个名贯京城警界叫马×年的讯问专家，一名做讯问工作39年的老警官出山了……这就是1996年"严打"期间，首都警方挂牌的第一大案——自1995年底到1996年8月27日，发生的四起抢劫银行运钞车巨款案。这个案子不仅轰动全国，侦破的难度较大，任务也十分艰巨，但这个难案被马×年攻破了。

这四起案子分别发生在1995年12月13日、1996年2月8日、6月3日和8月27日。

北京警方根据多方侦查，于1996年9月9日在亮马河大厦击伤并擒获偷车案主犯鹿×，案件便从这里展开。

在抓获鹿×之前，警方并不知道鹿×便是银行劫匪，刑侦处根据劫匪每次都驾驶偷来的高档轿车实施犯罪这点摸出规律，在亮马河大厦发现两天前丢失的一辆高档轿车后便蹲守。没想到鹿×看见警察后以为东窗事发，开枪拒捕。在枪战中一枚子弹从鹿×

的嘴里穿进去从脸部飞出，这便给日后的审讯侦破工作带来意想不到的困难。

在鹿×被抓获后神志尚清楚的情况下，简单供认"6·3""8·27"抢劫银行运钞车案是他干的，供出同案人郭×，但没有具体情节，之后便因伤失语，指望通过获取鹿×的口供侦破这一系列大案已经是不可能的了。

此后，专案组制定出查同案犯、查窝点、查枪源的侦破方案。

大家把希望寄托在鹿×唯一供出的同伙郭×身上，然而郭×被抓获后，除了供认与鹿×合伙于8月27日抢劫运钞车外，坚决否认还作过别的案，并且不知道鹿×以前三起案子的任何情况。

案子到了山重水复疑无路的地步。此时，市公安局领导请出已经离休在局里当顾问的马×年。马×年研究案情后向专案组建议应该先从已经确认的27个嫌疑人中找出重点然后突破。经慎重遴选，马×年把突破口放在一个叫黄×的人身上。

黄×是鹿×以前在出租汽车公司当司机时的同事。郭×在审讯时交代他是通过黄×与鹿×联系上的。由此，马×年断定黄×肯定与鹿×有往来，然而几次审讯后，黄×只承认与鹿×有过接触，但对他的其他活动一概不知。

马×年在审讯后和办理此案的其他侦查人员共同分析研究，认为黄×死不开口的原因有两个：①被拘留前在电视上看到了被击伤的鹿×，知道他伤情很重，抱着鹿×没把他供出来的侥幸心理；②怕死，认为咬紧牙关不说就能扛过去。

抓住了这个心理特点再攻黄×便是有的放矢。审讯一开始马×年便先声夺人："黄×，如果不掌握足够的证据，我们不会抓着你不放，你一定要彻底放下侥幸心理，如果你认为不说就能扛过去你就彻底错了，这个案子震动全国，是一定要彻底查清、查明的，你越拖越被动，坦白的机会失去了你找都找不回来。"一席话说得黄×呆呆犯愣，一见时机到了，马×年趁热打铁："郭×全都交代了，难道你还要死扛下去吗？"

黄×再也装不下去了，他牢牢地抓住一线生机，交代了鹿×的两个窝点和先后援助鹿×的一些人，之后认为自己大功告成便什么都不再说了。

狐狸露出了尾巴怎能逃脱猎人的眼睛。根据黄×供认的情况，警方起获了鹿×作案时的枪支及抢得的赃款等大量证物，使这一特大案件的侦破向前迈了一大步。

之后，马×年死死抓住疑点逐一揭露黄×不能自圆其说的谎言，迫使他又供认了伙同鹿×到外地买枪并了解鹿×实施三起劫案的情况。

银行大劫案侦破后，有同事问过马×年一个问题：像黄×这样明知道交代就有可能死的罪犯，是什么使他内心坚固的设防步步瓦解的？马×年只说了四个字：攻心为上。

工作导向

一、案例评读

这是一起对团伙抢劫案件的讯问工作缩影。有组织犯罪案件中，犯罪成员较多，因此，在讯问中，主要是要选准突破口，即要选准团伙成员中某一人为突破口，进而开展讯问工作。案例中讯问工作成功之处很多，突出的有三点：

1. 讯问人员敏锐的观察和精确的分析。马×年在主犯鹿×枪伤失语，无法讯问，而共犯是谁不知道，又缺乏证据，侦查工作几乎陷入绝境的情况下，经深入研究材料，从27个可能为鹿×的同案的犯罪嫌疑人中，准确地筛选出黄×。这正由于马×年积累有丰富的讯问经验，能从鹿×的人际关系和事物的因果关系中，准确地找出几个关键性的连接点。由于在侦查讯问阶段，许多案件事实仍是未知数，这种敏锐的观察力和准确的分析力，是十分难能可贵的。

2. 对犯罪嫌疑人的心理和拒供原因的正确分析判断。马×年能从黄×被拘捕到案前后的处境、其所能感知对其拒供有利或不利的情节进行分析，例如黄×能从电视中获悉鹿×被捕时伤得很重，准确掌握黄×拒供心理的症结所在，使讯问工作的攻心，得以有的放矢。

3. 针对侥幸心理和畏罪心理的攻心对策得当。讯问中，马×年采取先声夺人的策略，锲而不舍地进攻，尤其利用该案是轰动全国的大案这一事实，充分开展攻心战，说明侦查机关一定要彻底查明，展示我强敌弱的态势，在黄×有所动摇时，及时指出："郭×全都交代了，难道你还要死扛下去吗？"使黄×不得不供认参与作案的事实。马×年还针对黄×的求生欲望而施策，成功地促使其供出枪支及赃款的窝藏点等重大问题。

二、问题思考

结合案例、讯问对策以及有组织犯罪案件的特点，思考实践中如何对有组织犯罪案件的犯罪嫌疑人进行讯问？

内容导入

有组织犯罪案件是指由故意犯罪者操纵、控制或者直接指挥和参与，人数众多的犯罪分子进行犯罪的案件。有组织指三人以上犯罪分子的结合或几个犯罪集团的联合体，具有严密而稳定的组织结构——等级制、专业与分工及帮会规矩，其组织系统呈开放性，表现为该系统与外界进行物质、能量、信息的交换，有一套能逃避社会控制和法律制裁的防护体系，通过暴力、恐怖和贿赂腐蚀等犯罪手段，以达到追求垄断、谋取经济利益，并对政治和社会问题施加影响的目的。

一、有组织犯罪的特征

（一）组织特征

有组织犯罪具有严密而稳定的组织结构。有组织犯罪是一种稳定的、持久的犯罪组织，内部形成一个多层次的等级体系，实行严格的垂直管理，下级服从上级，由处于最底层的成员直接实施具体的犯罪。有组织犯罪内部设立严格的规章制度，成员必须绝对遵守。

（二）活动特征

有组织犯罪实行明确的专业分工。整个组织如同一个大型企业，实行犯罪专业配置和职能分工。同时建立一个庞大的情报网络，不断运用现代高科技，实施的犯罪行为具有高效率和高成功率。

（三）目的特征

有组织犯罪基本目的是追求经济利益，并向政府和社会渗透，施加影响。有组织犯罪把追求经济利益作为基本目标，但这不是它仅有的目标。有组织犯罪一方面进行大规模的毒品、走私、诈骗、抢劫等犯罪活动，积聚巨额财富。另一方面，有组织犯罪在追求经济利益之后，把目光又转向政府及社会，企图掌握整个社会，对社会施加影响。有组织犯罪为了追求最大的经济利益，实施全方位、多方向的各种类型的犯罪。如制造和贩卖毒品可以获取巨大利润，毒品犯罪就成为该类组织最主要的犯罪活动。此外，走私、赌博、洗钱、诈骗等犯罪也是有组织犯罪的重要犯罪方式。有时，为了高额利益，这些组织也会实施一些"普通犯罪"，如绑架、谋杀、盗窃等。总之，为了金钱，有组织犯罪可能实施任何形式的犯罪。

（四）犯罪手段特征

主要采用暴力、恐怖和贿赂等方式。有组织犯罪的产生与壮大，依靠的就是暴力，像有组织犯罪实施的一些传统犯罪，如抢劫、绑架、敲诈勒索等都离不开暴力。有组织犯罪实施恐怖活动，往往带有浓厚的政治色彩，它们和各种政治派别为了各自的利益需要常常相互勾结，政治派别间的斗争和较量，常演化成有组织犯罪的恐怖活动。有时，有组织犯罪为了打击刑事司法人员，也会采取恐怖活动加以报复。有组织犯罪为了生存和发展，需要建立层层保护网，它们通过各种贿赂腐蚀方式与警察部门、司法机关、高级官员、政府建立利益互享关系。

二、有组织犯罪案件犯罪嫌疑人的讯问对策

（一）做好充分细致的准备工作

充分细致的准备工作是保证讯问顺利进行的重要前提，特别是对于罪行严重和有反讯问经验的有组织的犯罪嫌疑人，充分的准备更为重要。首先，侦查讯问人员要熟悉案情。通过查阅案卷材料和审查犯罪证据，做到全面掌握犯罪事实和每一件犯罪证据。如果案情涉及专门技术知识，还应进行必要的学习和了解，或要求具备相关知识的专家协助、指导。其次，侦查讯问人员还需了解和研究犯罪嫌疑人的基本情况，犯罪嫌疑人的个性心理特点，犯罪嫌疑人在被关押后的心理状态等。再次，制订好讯问计划。对有组织的犯罪嫌疑人讯问不仅需要制订整个案件的讯问计划，还应当根据总的讯问计划拟订每次讯问的提纲，要分析犯罪嫌疑人可能的几种回答并提出具体对策。

（二）选择薄弱环节重点突破

讯问突破口的选择是一个重要而复杂的问题。讯问有组织的犯罪嫌疑人时，侦查讯问人员和犯罪嫌疑人斗争的焦点集中在犯罪事实和情节上，因此，侦查讯问人员可选择有关的犯罪事实、情节或某个证据充分且有说服力的案件作为讯问突破口。在选择这一突破口时，侦查讯问人员应注意考虑犯罪嫌疑人罪行的严重程度及证据对犯罪嫌疑人的心理刺激程度，如果犯罪嫌疑人自感罪行严重，畏罪和绝望心理强烈，即便证据充分、确实也很难突破。侦查讯问人员也可以从犯罪嫌疑人的个性情况及其心理特点上选择讯问突破口。如可以选择犯罪嫌疑人赖以抗拒的精神支柱或主要障碍作为讯问突破口。实践中，有组织犯罪嫌疑人赖以抗拒的精神支柱或供述主要障碍主要表现在三个方面：①倚仗"保护伞"的通风报信或多方庇护，认为侦查机关难以查明案件事实，或者即便查明了案件事实也无法对其依法制裁；②受腐朽的封建行帮思想、宗族观念及江湖义气的伦理观念等犯罪亚文化的影响，不愿意出卖犯罪同伙，不愿意出卖犯罪组织；③惧怕犯罪组织严密的组织纪律和对背叛组织者严酷的惩罚手段，担心其亲友受到犯罪组织的伤害和报复。侦查讯问人员应分析犯罪嫌疑人赖以抗拒的精神支柱或主要障碍属于哪一种情况，并采取有针对性的方法。如进行有理有据的追问；进行正确的人生观、价值观教育；讲明政策和政府对有组织犯罪的打击力度。侦查讯问人员对多个有组织犯罪嫌疑人，不能平均用力，应注意选择其中一个或几个犯罪嫌疑人作为突破口，先行突破，然后再分化瓦解，逐个击破。

（三）充分利用矛盾

利用矛盾是审讯有组织犯罪案件最需要重视的一点。共同犯罪的本质决定了有组织犯罪成员之间在犯罪过程中存在争钱财、地位等矛盾，且在被抓获归案后必会相互推卸罪责，存在着各种矛盾和利害冲突。在讯问中，侦查讯问人员应充分重视和利用这些矛盾，巧妙运用策略，扩大和加剧这些矛盾冲突，进行分化瓦解，增强犯罪成员间的不信任感，促使其产生交代罪行的动机。同时，运用讯问的特殊环境和方式，增强案犯不交代即无出路的压抑感，打消其串供的企图，使其丧失对同伙的希望和对攻守同盟的幻想，迫使其交代自己和组织的罪行，并利用同案犯口供进行交叉进攻，从而突破全案。

（四）认真做好对嫌疑人口供的认定

在有组织犯罪侦查讯问中，如何认定多个共同犯罪嫌疑人的供述是一个常见而重要的问题，特别是在组织化程度相对较高的案件中，首要分子往往以言词的形式遥控、指挥犯罪而不直接参与实施犯罪，能够证实其罪行的证据大多是其他犯罪成员的供述，因此，各犯罪成员的供述属于何种性质的证据，应如何认定和使用就需要明确和统一。

犯罪嫌疑人在刑事犯罪中的特殊地位和身份，决定了其陈述具有相当的复杂性，既有真实的一面，又有一定的虚假的可能。

同案犯罪嫌疑人是指在同一诉讼程序中被指控犯有罪行而被共同追究刑事责任的人。同案犯罪嫌疑人有三种情况：①有共同犯罪关系的同案犯罪嫌疑人；②有其他牵连关系的同案犯罪嫌疑人，主要是基于共同过失犯罪的同案犯罪嫌疑人，事前没有通谋的窝藏犯、包庇犯、窝赃犯、销赃犯以及行贿犯和受贿犯的同案犯罪嫌疑人；③没有牵连的同案犯罪嫌疑人，如甲乙丙三个同案被告人，甲与乙共同犯抢劫罪，乙与丙共同犯盗窃罪，甲与丙既非共犯关系又无其他牵连关系，纯粹属于无牵连关系的同案犯罪嫌疑人。对于第三种情况，由于同案犯罪嫌疑人之间在罪行和罪责内无任何联系，只是由于司法机关为了办案的需要而合并在同一诉讼程序中加以追诉，他们之间没有利害关系，因此，他们就对方的犯罪事实所作的陈述，符合当事人以外的第三者对案件有关事实所作陈述的证人证言的本质特征，应确定为证人证言，这一点是没有异议的。有争论的是前两种关系的同案犯罪嫌疑人的口供，他们的特点是：①犯罪嫌疑人之间有共同犯罪关系或罪行有牵连；②犯罪嫌疑人的口供必须是在同一诉讼程序中作出，排除了另案处理的共同犯罪嫌疑人以及已经作出不起诉处理的其他共同犯罪嫌疑人两种情况；③犯罪嫌疑人陈述的内容是同案犯罪嫌疑人的共同犯罪有关的事实情节。各个犯罪嫌疑人的陈述内容不是孤立的，在供述自己罪行的同时，又供述了其他共同犯罪嫌疑人的罪行，形成"你中有我，我中有你"的互有交叉，相互交织的局面。如具有共犯关系的犯罪嫌疑人在陈述自己参与实施犯罪的情况下，就需要说明犯罪是如何预谋和策划的、共同犯罪嫌疑人之间是如何进行分工、如何分赃等事实情节，从而涉及其他同案犯罪嫌疑人的罪行；具有牵连关系的同案犯罪嫌疑人在陈述自己的犯罪情况时，也必将影响到同案犯罪嫌疑人的罪行是否成立及量刑轻重，如犯罪嫌疑人辩解被指控的盗窃罪不成立，则与之相关的窝赃罪、包庇罪也就不成立。

共同犯罪中同案犯罪嫌疑人口供不能互为证言，只能作为犯罪嫌疑人口供，同案犯罪嫌疑人口供相互一致时，经查证属实可以增强其证明力，但仍不改变其口供的证据属性，不能因其相互印证而定案。根据相互印证的同案犯罪嫌疑人口供定案的危害性是显而易见的，在程序法方面，它将会导致司法人员更加重视获取口供而忽视收集其他证据，在这样的指导思想下，很容易引发刑讯逼供等违法取证行为；在实体法方面，同案犯罪嫌疑人的口供除了存在与单个被告人一样的虚假和真实共存的复杂性外，还存在着多个犯罪嫌疑人之间相互推卸、转嫁责任，或者相互包庇，隐匿罪证的情况，特别是在有组织犯罪案件中，犯罪嫌疑人往往因为受到犯罪组织的威胁或压力而替人顶罪，由于事先沟通和订立攻守同盟，他们的口供常常是能够相互印证的，但并不反映案件真实情况。如果据此定案，将会出现有罪的人不被追究、无罪的人被追诉或主犯从犯地位颠倒等有违实体法规定的后果。同案犯罪嫌疑人的一致口供不能作为定罪处罚的根据，却可以据以认定案件的某些事实情节。在有确实充分的证据证明同案犯罪嫌疑人有共同犯罪故意和共同犯罪行为，或者证实有牵连关系的犯罪事实，对整个案件的认定已没有问题，但涉及共同犯罪的某些事实情节，如谁先提出犯罪，犯罪成员之间如何进行分工，如何分赃等情况，在收集不到其他证据的情况下，则可以根据同案犯罪嫌疑人相互一致的口供加以认定。因为一方面，这些犯罪事实情节，虽然也直接涉及犯罪嫌疑人在共同犯罪中的地位，作用以及罪责的大小的认定，但并不影响对整个案件的定罪处罚；另一方面，这些犯罪内部情况，一般只有犯罪嫌疑人了解，局外人难以知道，司法机关很难收集到其他证据证实，特别是在"单线联系"或组织化程度较高的有组织犯罪中，犯罪成员之间的关系及其在实施犯罪中的地位作用，往往只有犯罪成员自己能证实。这样处理的好处是能兼顾保护犯罪嫌疑人合法权益和打击犯罪两方面的需要，尤其是在有组织犯罪案件中，可以减轻侦查部门的证明负担，避免在一些难以查清的问题上耗费过多的人力、物力和财力，使案件得到及时的处理，从而提高诉讼效率。当然，对单凭同案犯罪嫌疑人口供认定部分案件事实和情节同样需要一些限制条件，具体有：①整个案件的主要事实已经查清，证据确实充分；②"部分犯罪事实"同案犯罪嫌疑人的供述和辩解一致，相互印证，没有矛盾，合情合理；③口供是依法收集的，排除了刑讯逼供和威胁、引诱、欺骗以及其他非法方法取证的可能；④未发现犯罪嫌疑人有串供的情况。

项目五　流窜犯罪案件的侦查讯问

案例导入

×市公安局办理一起盗窃案，由于犯罪嫌疑人是在盗窃时被当场抓获的，缺少必要的侦查过程，而犯罪嫌疑人又不讲真实姓名、地址，侦查工作无法进行，对涉及案件的实质问题，犯罪嫌疑人也以"不清楚""不知道"来搪塞，这样使得讯问活动处于僵持状态。为了打破僵局，侦查人员决定改变讯问对策，以漫谈的方式进行迂回讯问：

问：最近身体怎么样？（犯罪嫌疑人在看守所生病）

答：最近一段时间，肚子经常疼。

问：你原来有过胃病吗？

答：没有。

问：那你肚子疼是什么原因？

答：是吃不惯苞谷粥（指玉米糊）。

问：你以前吃过苞谷粥吗？

答：没有。

问：看守所给你做病号饭了吗？

答：做过，就是面条，没有味，不好吃。

问：你想吃点什么，我们让看守所给你做。

答：想吃点米饭，菜里放点辣椒。

问：你还有什么要求，尽管说出来，在条件允许的情况下，尽量满足你的要求。

答：想洗洗澡，好长时间没洗澡了。

问：你以前常洗澡吗？

答：除冬天外，差不多天天都洗。

问：是在澡堂里洗吗？

答：不是。

问：那在哪儿洗？

答：主要是在我家前面的河里洗。

问：你会游泳吗？

答：不会。

问：你常在河边洗澡，怎么不会游泳？

答：我们村有几个娃在香河游泳淹死了，我父母就不让我学游泳。

问：你不会游泳，怎么还到河里洗澡？

答：我家门前的河是条小河，水不深，淹不死人。

……

✍ 工作导向

一、案例评读

上述讯问，为了查清犯罪嫌疑人的真实身份和地址，侦查讯问人员隐蔽了主攻方向，从一些与案件"无关"或"关系不大"的话题谈起，使谈话显得轻松。在犯罪嫌疑人看来，与案件事实没有什么联系，回答起来也比较轻松自然，可信度比较大。但从上述这些看似与案件事实没有关系的问答中，侦查讯问人员可以找到以下几点线索：①犯罪嫌疑人爱吃米饭、辣椒。②犯罪嫌疑人把玉米称为"苞谷"。③犯罪嫌疑人不会游泳。④犯罪嫌疑人家门前有一条不深的小河。⑤犯罪嫌疑人家附近有一条叫"香河"的河。⑥犯罪嫌疑人经常洗澡。

侦查讯问人员根据上述线索，在有关公安机关的协助下，很快查到了犯罪嫌疑人的真实姓名和家庭住址以及外出流窜的时间、地点等情况，为突破案件起了决定性的作用。

二、问题思考

结合案例、讯问对策以及流窜犯罪案件的特点，思考实践中如何对流窜犯罪案件

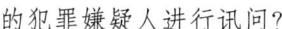

的犯罪嫌疑人进行讯问？

内容导入

流窜犯罪是当前严重危害社会治安的一个突出问题，必须依法予以严厉打击。流窜犯罪是指以犯罪为目的，跨地区作案的犯罪案件。流窜犯罪案件具有易地作案，骚扰面广，社会危害大等特点。这类案件，一般抓获难、查证更难，往往给诉讼工作带来诸多困难。

流窜犯是指跨市、县管辖范围作案的犯罪分子。实践中，审讯流窜犯罪案件是当前侦查办案的一个难点。

一、流窜犯罪案件的特点

（一）犯罪活动多集中在经济发达的交通沿线

流窜犯罪多发生在交通沿线的铁路、公路和水陆交通便利的城镇、城乡接合部。犯罪嫌疑人一般在毗邻的大中城市往来，或在某些航空、铁路、公路、水陆交通沿线穿梭，或在省、市、县接合部跳跃作案。这些地区流动人口多，经济发达，可供猎取的目标、对象多，而且交通便利，便于流窜作案。

（二）以侵财型犯罪为主，胆大妄为，心狠手辣

流窜犯罪活动是多种多样的，但以盗窃、抢劫、诈骗等侵财型犯罪为主。流窜犯罪人往往胆大妄为、心狠手辣，有的持枪和凶具作案，有的结伙作案，对社会治安和人民群众的生命安全造成极大威胁。

（三）犯罪活动具有连续性，作案手法和袭击目标有习惯性

流窜犯罪人犯罪恶习较深，往往多次作案、连续作案，并呈现出作案部位、作案手段的习惯性特点，在现场上表现为遗留有相同或相似的痕迹、物品。

（四）多系惯犯、累犯，富有逃避打击的经验

流窜犯罪人多是长期在外流窜作案的，甚至是多次受过打击的累犯、惯犯。他们往往年纪轻、活动能力强、犯罪能量大、危害严重，在长期的流窜生涯中积累了相当的反侦查伎俩和逃避打击的经验。

（五）利用现代化交通工具大范围快速作案

流窜犯罪人利用现代化的交通工具，在大范围内快速流动，具有作案快、逃跑快的特点，且在流窜范围上形成跨度较大的流动。

二、流窜犯罪案件犯罪嫌疑人的讯问对策

（一）分析案情，发现疑点，打开缺口

流窜犯罪嫌疑人大都是现场抓获或者同案犯检举后捕获的，缺乏必要的侦查过程，主要靠讯问来突破案件。侦查讯问人员获取案件线索后，首先就应对现有的案件材料进行认真深入的分析，辨明真假，然后对症下药，突破案情。在分析案件情况时，应根据案件的具体条件，从下面两个方面入手：

1. 全面分析流窜犯罪嫌疑人的口供材料、外貌特征以及在关押期间的言行，辨明其身份情况。弄清流窜犯罪嫌疑人的真实身份情况是审查案件的一个重要环节，如果能突破这一环节，就为以后的讯问和查证工作打开了通道；反之，有关案件的一些情况就很难查清，讯问和查证工作就难以顺利展开。正因为如此，流窜犯罪嫌疑人也是在这个环节上弄虚作假，编造一套口供对付审讯，企图使讯问与调查工作步入歧途。不少流窜犯罪嫌疑人被捕后，往往采取改名换姓、冒名顶替、伪造经历等手段来欺骗侦查讯问人员。既然是编造口供，那么，它与客观事实之间一定存在一些矛盾或疑点，不能自圆其说。这样，只要我们对流窜犯罪嫌疑人编造的口供与其外貌特征及举止言行进行分析研究，从中可以发现一些反映流窜犯罪嫌疑人年龄、出身、文化程度、籍贯等情况的蛛丝马迹。根据这些蛛丝马迹来判明流窜犯罪嫌疑人的真实身份，为突破案件打下良好的基础。

2. 认真细致地分析研究流窜犯罪嫌疑人随身携带的物品，如车船票、身份证、电话号码、日记本、日用品等，判断其外流的时间、到过的地点以及作案情况，从时间和空间上予以定位。流窜犯罪嫌疑人戒备心理较重，一般不会携带与作案有关的物品，但是为了其吃、住、行、销的方便和继续作案，也常常随身携带一些容易藏匿的物品，这些物品与案件有一些直接或间接的联系，通过对这些物品进行分析研究，从中可以发现与案件有关的重要线索，从而推断出流窜犯罪嫌疑人的活动情况，为审讯和调查提供方向。

（二）自由交谈，迂回讯问

流窜犯罪嫌疑人，特别是一些负案在逃的流窜犯罪嫌疑人，他们戒备心理严重，抗讯能力很强，对于侦查讯问人员的提问，凡是涉及案件的实质问题，注意力往往处于高度集中的状态，他们的全部精力都用在如何设防或寻找对策进行反讯问上，此时，他们大多以沉默来对付侦查讯问人员的发问。在这种情况下，如果进行攻坚，容易使讯问陷入僵局。

实践中，侦查讯问人员要根据每个犯罪嫌疑人的不同特点，采取灵活多样的问话方式，引发他们谈话的兴趣。如采取漫谈方式，进行迂回发问。这样可以打破讯问中的僵局。缓和讯问气氛，解除犯罪嫌疑人思想上的戒备和抗讯心理，分散犯罪嫌疑

的注意力，使之放松警惕，消除对立情绪，给犯罪嫌疑人创造一个如实回答提问的良好基础。当然，在漫谈过程中要有计划、有目的地进行，并不是漫无边际地发问，而应围绕所需要解决的问题，从不同的角度、不同的侧面进行发问，还可以采用不同的方式发问，提一些与案件事实没有实质性关系的问题，让犯罪嫌疑人回答，目的是打乱犯罪嫌疑人的思维，破坏其预先设置的防线，使之摸不清侦查讯问人员的讯问意图。这样的讯问形式和所提的问题，对犯罪嫌疑人来讲好像是无目的、不着边际的，但是对侦查讯问人员来说，是与案件有着某种内在联系的，而且具有严密的逻辑性和很强的针对性，是为侦查讯问人员查清核心问题服务的。采取漫谈方式讯问时，一般可不作记录，这样可以进一步缓和审讯气氛，解除疑虑，使犯罪嫌疑人有一种比较轻松的感觉，可以如实地回答侦查讯问人员的提问。

（三）施加心理影响，摧毁抗讯意志

流窜犯罪嫌疑人大都是一些多次"进宫"的惯犯、累犯，有一套对付讯问的伎俩，而且他们深知口供的重要性，一旦招供，就会被判处重刑，乃至死刑；如果不供，可能会蒙混过关，至少可能判轻刑；有些罪行或证据，如果他们不供是难以取到的，甚至根本取不到。因此，在讯问过程中，他们是不会轻易地供认自己的犯罪事实和证据的。而侦查部门受理的流窜犯罪案件，往往缺乏侦查过程，又没有证实犯罪的有力证据，主要是靠侦查讯问人员讯问犯罪嫌疑人获得供词来认定犯罪事实。因此，运用各种讯问策略，对犯罪嫌疑人施加各种心理影响，打消他们的抗讯意志，突开口供，成为讯问流窜犯罪案件的关键环节。

流窜犯罪嫌疑人从他们的亲身经历中，已对"坦白从宽"的政策不抱任何希望，有的甚至认为：死心塌地、抗讯到底或许还有一线生机。对这样的流窜犯罪嫌疑人进行讯问存在相当大的难度。这就要求侦查讯问人员全面掌握犯罪嫌疑人的个性特点、心理活动规律，多层次地运用讯问的策略、方法，全方位地对犯罪嫌疑人施加心理影响，来瓦解他们的抗讯意志，使他们感到"抗拒已无出路"，促使他们的"抗讯心理"逐渐向"趋利避害"、争取从轻处理的方面转化，并使他们认识到：只有如实供认犯罪事实，才有希望。

对犯罪嫌疑人施加心理影响，主要靠侦查讯问人员来实施，要针对犯罪嫌疑人的心理特点，进行有理有据的说服教育，对犯罪嫌疑人进行感化。这就要求侦查讯问人员有正确的思想观点，丰富的办案经验，较强的语言表达能力，必胜的信心和充分的耐心。对犯罪嫌疑人施加心理影响，可分为三步进行：①驳倒犯罪嫌疑人抗讯的认识基础，或叫精神支柱。流窜犯罪嫌疑人总认为流窜犯罪的活动范围广，作案手段狡诈，不会留下多少痕迹物证，公安机关掌握不了他们的犯罪证据，这种侥幸心理是他们抗讯的主要精神支柱。侦查讯问人员要针对他们这种唯心主义认识和思维方式，运用唯物主义的原理，来揭露他们唯心主义的观念，使他们明白"要想人不知，除非己莫为"

的道理。②动摇犯罪嫌疑人抗讯的客观基础。流窜犯罪嫌疑人总以为作案现场已被伪造，痕迹物证已被破坏，赃物已被处理，被作为认定案件事实的一切客观基础已被毁坏，公安机关取不到他们犯罪的证据。因此，他们对公安机关是否掌握证实犯罪的证据十分关心，也非常惧怕。在这种情形下，侦查讯问人员就要在证据上作文章，选择适当的时机，出示一些证据时，揭露其罪行，使其觉得侦查机关已掌握了证据。③加大讯问力度，打消抗讯心理。利用犯罪嫌疑人抗讯心理上的主观片面性和希望探听到侦查机关掌握证据情况的心理，侦查讯问人员在讯问时可以有意向犯罪嫌疑人透露一些与案件有关的情况和证实犯罪的确凿证据，同时，加大讯问力量，开展政治攻势，使犯罪嫌疑人明白，犯罪事实是客观存在的，法律是严肃的，坦白从宽、抗拒从严的政策是一贯的，并列举一些有关的案例，使犯罪嫌疑人感到证据已被侦查机关获得，案情已基本查清，只有如实供认犯罪事实，才有可能受到从宽处理，促使犯罪嫌疑人的侥幸心理彻底消失，使其的"抗讯心理"向"求生心理"转化，进而交代犯罪事实。

（四）根据语言特征，查清案件情况

流窜犯罪嫌疑人为了逃避打击处理，大都异地作案，作案后往往要伪造或者破坏现场，毁证灭迹。当他们被抓获后又采用假报姓名、住址、编造谎言、虚构情节来对付讯问。他们对作案现场、犯罪事实、情况及其身份情况可以虚构、伪造，但他们对自己的语言特征是很难伪造的，也是无法彻底改变的，即使伪装，也只能伪造一事一时，时间稍长一点他们的语言特征就会自觉或不自觉地流露出来。侦查讯问人员可以利用他们流露出来的语言特征展开讯问和调查，从而查清他们的真实身份和犯罪事实。因此，在讯问流窜犯罪案件过程中，侦查讯问人员要创造有利的讯问环境，尽量让犯罪嫌疑人多讲话，充分地暴露出一些语言特征，为调查取证和讯问活动提供线索。

1. 根据语音（口音）特征，开展讯问与调查。口音是指某人讲话时发音的特征。由于我国地域广阔，各地之间在口音上有所不同，如南方口音、北方口音、陕北口音、四川口音，等等。就是在同一区域，口音也有所区别，如京、津地区，从总体上讲差不多，但也有区别，北京人讲话多"儿"音，天津人讲话多带"吗"音。正是这些口音上的差别，为讯问流窜犯罪案件提供了一些有利条件，对突破案情起到了关键性的作用。

2. 根据方言土语，发现线索，查明案情。方言是语言中与标准语（普遍语）有明显区别的，只在一定的地域使用的语言。在一个方言区域内的各地区之间也会因语言、词汇、语音的不同理解而分为若干个次方言区域，在同一次方言区域内的不同地方的居民又可能使用不同的用语（即土语）。在我国，方言区很多，大致可分为北方语、吴语、湘语、赣语、客家语、闽南语、闽北语、粤语等八大方言区，如北方语中又有东北语、北京语、天津语、山东语，等等，而在这小的次方言区内，还有各种不同的语言，俗称"土语"。方言土语具有明显的地域特征，不同的方言土语代表不同的地方。

侦查讯问人员认真地研究掌握各种不同的方言土语，就可以准确地分析出流窜犯罪分子的口供以及信件、便条等材料中用语的特点，从而发现流窜犯罪嫌疑人的各种线索，为查清流窜犯罪案件确定方向、划定范围。

3. 根据犯罪隐语（俗称黑话）深挖犯罪。隐语是犯罪嫌疑人在犯罪过程中进行联系、结交、串供的一种语言工具，大都在犯罪嫌疑人之间使用。研究掌握一些犯罪隐语是做好侦查工作所必需的。隐语有三个重要特点：①内容隐讳，不易被人发现，便于保密。犯罪嫌疑人为了防止罪行暴露，往往采取编造、形象比喻等方法交换、传递信息及串供等。如把"扒窃"称为"八号"，把"入室抢劫"称为"查户口"，把"赌博"称为"聚会"，等等。②与犯罪性质有一定的联系。犯罪隐语是犯罪嫌疑人在犯罪的过程中逐步形成的，它与犯罪性质有着密切的联系，不同的犯罪性质用不同的隐语来表示，如盗窃犯常用的隐语有"查户""开窗""掏皮子""抄家"等；强奸案犯常用的隐语有"摘花""拍婆子""打眼"等。③隐语也有一定的地域性。犯罪隐语在一定的地区指一定的事物，地域特征也决定隐语的特征，如北方罪犯把关押称"进局子"，南方称"进医院"，等等。正是隐语的这些特点为侦查讯问人员查清案件提供了可资利用的条件。

流窜犯罪嫌疑人大都是一些多次"进宫"的惯犯、累犯，经常研究、总结、编造隐语，他们在看守所和监狱互相传授犯罪隐语，加之流窜多地，了解并掌握了不同地区的犯罪隐语，因此流窜犯罪嫌疑人掌握使用的隐语比其他犯罪嫌疑人要多、要广。在讯问流窜犯罪嫌疑人时，注意发现并研究流窜犯罪嫌疑人流露出来的犯罪隐语，是查清案件事实、判断案件性质、揭露犯罪、扩大线索、深挖余罪的重要途径。

（五）发现矛盾，利用矛盾

在审讯活动中注意发现矛盾、寻找矛盾、正确地利用矛盾揭露犯罪嫌疑人的谎言，是讯问时常用的方法。流窜犯罪嫌疑人为了逃避打击，常常以歪曲事实、虚构情节、编造口供、以假乱真等方式来对抗审讯。审讯流窜犯罪案件，侦查讯问人员就是要善于发现案件中的矛盾和疑点，并且要适时利用这些矛盾和疑点，戳穿犯罪嫌疑人的伪装，迫其就范。

1. 善于发现矛盾。根据流窜犯罪案件的特点，可以从以下几种方面去发现、寻找案件中的矛盾：

（1）注意从案件材料中发现已经存在着的各种矛盾和疑点。①认真分析流窜犯罪嫌疑人的口供材料，注意发现矛盾。流窜犯罪嫌疑人作案线长、面广，供词中常常出现矛盾有，只要对供词进行对比、分析、研究，就可以从中发现一些可以利用的矛盾和疑点。②将查获的赃款、赃物与口供材料进行对照分析，从中发现矛盾和疑点。由于流窜犯罪嫌疑人流窜时间长，作案地点多，在供认犯罪事实时，往往由于记忆上的失误，常出现张冠李戴的情况，容易出现矛盾。同时注意对赃物的特征进行分析，也可以从中发现一些细枝末节上的矛盾。③认真分析作案的时间、地点、流窜的路线，从中发现矛盾。流窜犯罪嫌疑人为了对付侦查和讯问，往往在流窜作案的时间、地点上作文章，如缩短流窜时间，编造流窜的地点，把作案的时间与地点互相对立，等等。只要对流窜犯罪嫌疑人流窜作案的时间和空间进行定位，然后进行对照分析，不难发现一些矛盾和漏洞。

（2）善于让犯罪嫌疑人暴露矛盾。有些流窜犯罪案件，只有很少的案件材料，很难从案件材料中发现有价值的矛盾或疑点，这就要求侦查讯问人员积极主动地寻找发现矛盾。寻找矛盾的主要途径就是利用一切可资利用的条件，想尽办法让流窜犯罪嫌疑人多开口讲话，让其充分地暴露，从中寻找矛盾。

（3）想方设法制造矛盾，也就是我们常讲的离间计。在讯问流窜团伙或集团犯罪案件时，利用团伙成员之间尔虞我诈的心理，造成团伙成员之间相互猜疑、互不信任，使他们互相检举揭发，从而查清案件事实。

2. 巧妙地利用矛盾。发现矛盾、寻找矛盾的目的在于利用矛盾突破案件、获取犯罪嫌疑人的口供。怎样巧妙地利用矛盾揭露犯罪嫌疑人的犯罪事实，这要根据不同的案情、不同的案犯，采用与相适用的方法。

（1）"欲擒故纵"法。流窜犯罪嫌疑人在受讯时，往往以真中掺假、假中有真、以假乱真等方法与侦查人员周旋，企图打乱讯问的步骤，转移视线。侦查讯问人员发现犯罪嫌疑人口供中的矛盾时，不要急于驳斥，让犯罪嫌疑人把矛盾充分地暴露出来，然后抓住有利时机，有理、有据、有节地予以揭露、批驳，迫其交代犯罪事实。

（2）"以其矛攻其盾"法。就是以犯罪嫌疑人前后自相矛盾、不能自圆其说的情节来揭露犯罪嫌疑人的犯罪事实。使用这种方法时，侦查讯问人员最好让犯罪嫌疑人自己揭露自己，理屈词穷，不得不承认自己的罪行。

（六）巧用证据，制服犯罪

证据不仅是认定案件事实的依据，也是侦查讯问人员在讯问时揭露犯罪嫌疑人罪行、突破口供的有力武器。在讯问活动中，侦查讯问人员同犯罪嫌疑人进行斗智、较量，基本上是围绕证据展开的。打破讯问僵局，消除犯罪嫌疑人侥幸心理，也是证据起到决定性的作用。特别是流窜犯罪嫌疑人的侥幸心理强，不见证据不低头，有的见了证据也要无理狡辩。因此，侦查讯问人员有计划、有目的、有选择地使用证据，是制服流窜犯罪嫌疑人的关键环节。

流窜犯罪嫌疑人戒备心理特别重，他们在讯问过程中对侦查讯问人员的一举一动都十分关心，总想从侦查讯问人员的口中了解侦查机关掌握证据的底细，并希望侦查讯问人员抛出证据材料，以便对付侦查讯问人员的追问。因此，侦查讯问人员在使用证据时，一定要讲究方式方法，不要让犯罪嫌疑人摸到侦查讯问人员出示证据的意图以及掌握证据的情况。

在审理流窜犯罪案件时，以什么方式、在什么时机、出示哪些证据，这要根据具体案件情况来定，但应突出一个"巧"字。通过出示证据，不仅要攻破犯罪嫌疑人抗拒交代的思想防线，而且还要使其意识到侦查机关已掌握他的犯罪证据，不交代罪行是过不了讯问这一关的。在讯问流窜犯罪嫌疑人时，常用下面两种出示证据的方法：①虚实并举出示证据。因为流窜犯罪嫌疑人对付讯问的办法是真真假假、真中有假、假中带真、以假乱真，企图打乱侦查讯问人员计划，把讯问和调查活动引入歧途。侦查讯问人员也可以"以牙还牙"，采用虚实并举的方法，打消犯罪嫌疑人反讯问的企图。这里讲"虚实并举"并不是要侦查讯问人员虚构事实和情节，而是要求侦查讯问人员把抽象的、笼统的（虚的）材料与具体的材料结合起来使用，达到出示证据的目的。②用"暗示"的方法出示证据。就是在讯问时不一定要出示证据，可以向犯罪嫌疑人透露一点案件中的某一个情节，即相互之间心照不宣，让犯罪嫌疑人意识到侦查讯问人员已经掌握了其犯罪情况，迫使犯罪嫌疑人供认犯罪事实。

项目六　重大、疑难案件的侦查讯问

案例导入

19××年5月15日，邱×和同伙三人私刻公章，伪造营业执照成立了非法公司"××海通物资有限公司"，伪造"××第二机电设备总公司华北一级站"的调拨单，以假货源"苏产2101型"小型汽车58辆与上海××批发部签订供货合同，诈骗购车款455万余元人民币，之后又骗取河北××市乡镇企业供销公司、河南××市木材公司、山东××市铅七矿等单位货款共计1000余万元。事后邱×与同伙将车款提出，转换成现款分赃。上海方面迟迟提不到货物，于19××年7月2日将邱×的同案人赵×诱骗出来扭送到公安局。公安局立即展开侦查，先后将邱×的同案犯谢×、芳×等人抓获。后来赵×病死监所，这给此案的侦破带来很大难度。邱×在整个诈骗犯罪实施的过程中从未与上海事主见面，诸如洽谈、签字、诱骗事主到外地提货等均未出面。收审后，邱×拒不交代策划过程，不承认参与诈骗和分得赃款。由于参与诈骗同伙有的死亡、有的拒不交代，致使这个案子的审查陷入僵局。而且在审查中，由于控制疏漏，邱×从医院逃脱后通过各种手段对整个案件进展、证据和同伙供认情况了如指掌，被缉捕归案后更是铁嘴钢牙拒不交代。

案件陷入僵局，次年初，该案转至刑侦专家马警官处。接案后，马警官利用时间认真、详细、反复地审阅了近40本几百万字的案卷，把凡是有关邱×的罪行，特别是其心理反应的材料一一摘录出来，作了4万字的笔记，由此准确掌握了邱×的个性特点、心理状态。

一个多月后，即2月9日上午8点，马警官开始对邱×的第一堂审讯。

讯问人员换了，对邱×来说是个不祥的信号，并且马警官的名字他在监所早就如雷贯耳。但他抱定了"死扛"的心理，以不变应万变，"你让我干什么我就干什么，想撬开我的嘴没门"。邱×几次"进宫"，自恃有丰富的反审讯经验，并且唯一知道他底细的人是情妇芳×。他们早已订立攻守同盟，一切看似天衣无缝。

时间一个小时一个小时地消逝了，邱×貌似平静地坐在那不动声色。面对马警官的问题，他回答得很干脆："我没有诈骗行为，也没有同案犯，没什么可交代的。"邱×哪里知道马警官已经用了一个多月的时间制订了细密的审讯计划。邱×提出要上厕所，马警官陪他一道去，邱×戴着手铐不方便，马警官帮他提裤子，审讯时间长了，马警官知道邱×有胃病，给他冲从家里带来的胃药。尽管邱×对马警官的问话或闭口不谈或死不认账，马警官仍然耐心地讲政策、讲道理。十几个小时过去了，夜里单位给马警官送来夜宵烧饼夹牛肉，马警官让邱×吃，邱×接过烧饼看着马警官说："您也没吃呢。"马警官说："我想吃再去拿，你吃吧，吃饱了好有劲接着'扛'。"邱×不自然地笑了笑说："我没扛。"他边吃边琢磨，看着马警官那么大年纪还这样和善地待他，邱×挺感动的，但他心里十分警惕，一码是一码，丝毫不为马警官的关照所动。

吃完烧饼，邱×又跟马警官要烟抽，此刻他说话的口气缓和多了，但说到关键问题依旧软硬不吃。直到这个时候，马警官认为时机到了，他把话锋一转，话题引到邱×心理上没有顽固设防的问题，即从医院脱逃后，他在外面被什么人资助。马警官了解到邱×极讲哥儿们义气，始终拒不交代是谁帮了他。而马警官就选中这个看似不关键的点开刀。在将近20个小时的时间里，马警官一直针对他的诈骗问题审问，以致邱×脑袋的弦全绷在那儿，而马警官的突破口却在这儿。趁着邱×犯迷瞪的时候，马警官利用掌握的情况说出窝藏或资助他的一些人的小名、外号、家庭住址等，言外之意这些人已归案。并跟邱×说："他们资助你，责任主要在你，是你害了他们，你不交代，就更加重了这些人问题的严重性，你害了多少人。"

这些话果然击中了邱×的要害，刺激了他的自尊心。邱×激动起来，为了显示自己是主要罪责者，替他的哥儿们开脱责任，从进审讯室那天开始便死不开口的他，交代了他戴着手铐逃跑的全部经过。

经过20多个小时的审讯，邱×第一次吐口了，他的锐气一下子减了一半。正应了那句话，坚硬的链条是从最薄弱的环节断裂，马警官用一双透视眼找到了这个薄弱点。

接着马警官乘胜追击，巧妙地出示了在邱×的情妇芳×家搜出的几十万港币等一系列证据，让邱×感到芳×已经交代了。在马警官的左右夹击下，邱×的心理防线开始步步瓦解，露出严重的畏罪心理。马警官知道对邱×这样的硬骨头要有策略，针对他的求生愿望缓和他的畏罪情绪，让他感到还有希望，避免产生豁出去的想法，于是说："定你诈骗罪逮捕你是有充足的事实和证据的，你若坦白交代还有一条生路，否则只有死路一条。"邱×两眼直勾勾地看着马警官攥紧的拳头足有几分钟，之后叹了口气，他要求马警官让他看看芳×的口供，对待这样顽固狡猾的案犯，马警官知道光靠耐心教育是不够的，还必须巧妙出示证据。听见邱×提出这个要求，马警官知道他动摇了，他告诉邱×看口供违反政策是不可能的，不要再抱幻想了，同时把以前审讯芳×的口供记录捂住给邱×看了下面芳×的签名。

已经连续审问了30个小时，尽管邱×不愿相信死心塌地跟着他的情妇芳×会供出他，但此刻他从心里原谅和理解了她。他始终认为自己是条顶天立地的硬汉子，可是在马警官的审讯攻势下不也溃败了吗？

邱×终于交代了诈骗的全部过程和赃款的流向。

这之后，马警官又讯下了芳×和替他们窝赃的芳×母亲。

📝 工作导向

一、案例评读

这是一起疑难案件的讯问过程。案例中，讯问犯罪嫌疑人邱×的成功之处在于：

1. 认真阅卷，切实掌握犯罪嫌疑人心理。马警官认真、反复阅读了邱×案几百万字的案卷，作了4万字的笔记，从而掌握了案情和犯罪嫌疑人邱×的心理。

2. 制订好讯问计划，讯问中尊重犯罪嫌疑人，第一次讯问获得重大突破。制订好周密的讯问计划后，马警官开始第一次讯问邱×，并坚持对阵30多个小时。邱×虽顽抗，马警官以仁待人，给邱×服药、给邱×吃夜宵等，按计划攻心斗智，使顽固的邱×不得不溃败。

3. 选准突破口。以邱×从医院脱逃后，在外面受何人资助的问题为突破口，这是邱×未设防而我方掌握一些具体证据之处。

4. 巧妙使用证据。时机得当，马警官巧妙地出示了在邱×的情妇芳×家中搜出的几十万港币等罪证，使邱×以为芳×已交代，讯问大获全胜。

二、问题思考

结合案例、讯问对策以及重大、疑难犯罪案件的特点，思考实践中如何对重大、疑难案件的犯罪嫌疑人进行讯问？

📝 内容导入

在讯问实践中，有些案件特别是重大案件的犯罪嫌疑人，即使侦查讯问人员获取了一定的证据（不充分），他们在讯问中也拒不供认犯罪事实；还有一些犯罪嫌疑人，特别是惯犯、累犯，即使侦查讯问人员掌握了他们犯罪的确实证据，但在讯问中还要抵赖，甚至死不承认犯罪事实，或者不开口讲话；有的案件，有种种迹象表明是犯罪嫌疑人实施的，但由于犯罪嫌疑人在讯问中不开口讲话，所以寻找不到其实施犯罪的有力证据使案件久讯不结。综上所述，这里所说的重大、疑难案件是指案情复杂、危害严重、影响恶劣且解决起来比较困难、具有悬疑和挑战性的案件，就讯问实践来讲，主要是指那些在讯问中因为案情重大，犯罪嫌疑人拒供、伪供、不供的案件。

对拒供、伪供、不供犯罪嫌疑人的讯问，主要是在"讯"字上作文章，要让犯罪嫌疑人开口讲话，而且还要讲真话、讲实话、讲心里话。这就要求侦查讯问人员正确运用法律武器和讯问策略、技巧同犯罪嫌疑人进行一场心理战。侦查讯问人员的目的就是要通过讯问，说服犯罪嫌疑人，使其交代犯罪事实，认罪服法，配合侦查讯问人员查清案件事实。实践中，讯问这样的犯罪嫌疑人，要充分运用讯问的策略、技巧，有计划、有步骤地同犯罪嫌疑人斗法、斗智、斗勇，使犯罪嫌疑人能够真实地交代其犯罪经过以及犯罪的动机、目的，真诚地悔罪。要达到这个目的，可按以下几个步骤实施讯问。

一、分析了解犯罪嫌疑人的心理

分析了解犯罪嫌疑人的心理，即对犯罪嫌疑人的心理现场进行勘查，简称抓心。一起刑事案件，应该有两个现场：①物质现场，或称客观现场；②心理现场，或称主观现场。通过对物质现场的勘查，了解犯罪嫌疑人在犯罪现场上的活动情况，收集各种痕迹物证，为破案提供线索、为定案提供证据。通过对心理现场的勘查，了解犯罪嫌疑人作案前后，特别是被捕后的心理活动情况，为讯问奠定基础、为收集证据提供线索。

在侦查办案过程中，广大的侦查人员往往对物质现场比较重视，进行认真的勘验。对犯罪嫌疑人的心理现场不用心地勘查，导致有的案件破了，但找不到证据，对犯罪嫌疑人打击处理不了。物质现场和心理现场是相辅相成、互相联系的。因为人的一举一动都要通过大脑指挥，所以物质的东西都能反映大脑的思维过程。通过对物质现场的勘查，可以了解掌握心理现场；通过对心理现场的勘查，可以指导和检验对物质现场的勘查，有利于我们在办案中掌握主动权。

分析了解犯罪嫌疑人的心理，即对心理现场勘查就是要通过各种行之有效的方法，了解犯罪嫌疑人的心理活动，即他最关心的是什么？他最担心的是什么？他最放心的是什么？他的心理顾虑是什么？他的心理矛盾是什么？等等。只有了解并掌握了犯罪嫌疑人的心理活动，才能有针对性地展开讯问，解除他们心理上的矛盾和顾虑。为其坦白交代自己的罪行铺平道路，扫除其供认犯罪事实的心理障碍。分析掌握犯罪嫌疑人的心理，可以从分析内容和分析方法两方面进行：

（一）分析掌握犯罪嫌疑人心理的内容

1. 分析掌握犯罪嫌疑人被拘留或者逮捕后的心理活动。犯罪嫌疑人被拘留或者逮捕之后，被关押在看守所，其心理活动一刻也没有停止，总是在考虑问题。那么，犯罪嫌疑人被拘留或者逮捕之后，在考虑些什么问题，讯问实践中，主要表现为：

（1）对自己犯罪活动的全过程进行回忆、分析、寻找自己可能在作案的哪个环节出了问题，出了些什么问题，可能引起什么样的后果；或者哪个同伙可能顶不住侦查讯问人员的压力，作了交代，可能供出什么问题，等等。

（2）自己已经被拘留或者逮捕，说明侦查机关掌握了一些证据，掌握了什么证据，哪些在讯问中可以讲，哪些不能讲；是坦白有利，还是抗拒有利；侦查讯问人员可能提出什么问题，出示什么证据，也就是说他们在分析侦查机关掌握了哪些犯罪的证据。证据既是侦查讯问人员最关心的问题，也是犯罪嫌疑人最担心的问题。所以侦查讯问人员在讯问中想利用证据打消犯罪嫌疑人的抗讯心理，促使其坦白交代罪行；犯罪嫌疑人也想知道侦查讯问人员收集到了哪些证据，如何出示证据，以便进行狡辩抵赖。这个问题正是审讯中的焦点之一，谁能在这个问题上掌握主动权，谁就能获得成功。

（3）如何构筑防御体系。犯罪嫌疑人在对自己的犯罪过程进行回忆，找出出现纰漏的环节和侦查机关可能获取的证据之后，就要思考进行反讯问的对策。怎样回答侦查人员的提问，怎样辩解侦查人员出示的证据，如何防止落入侦查人员的"圈套"，如何打乱侦查人员的计划，等等。如果侦查人员掌握了犯罪嫌疑人上述反讯问的心理，采取相应的对策，就可以掌握讯问的主动权，顺利突破案情；反之则很难取得突破。

（4）酝酿逃跑的时机和办法。犯罪嫌疑人，特别是犯有重大罪行的犯罪嫌疑人，他们被捕后，自知罪行严重，即使不判死刑，也要长期受劳役之苦。因此，萌发一种"与其在看守所等死，不如冲出牢笼求生"的心理。在这种心理支配下，他们在放风、提讯的过程中处处留心，掌握看守人员、侦查讯问人员的活动规律、性格特征，甚至和看守人员、侦查讯问人员、武警战士套近乎、拉关系，寻找逃跑的时机。

上述四个方面均是重大犯罪嫌疑人被拘捕后常考虑的问题，这是就普遍规律而言的。但是还有一些特殊情况，也就是说，除了上述四个方面的问题之外，有些犯罪嫌疑人还可能考虑其他方面的问题，比如有的犯罪嫌疑人被捕后，回忆往事；还有的回想自己为什么倒霉；有的则想如何度过余生等。因为这些不具有普遍性，这里就不一一叙述了，但并不是说，不要分析犯罪嫌疑人的特殊心理。在讯问过程中，侦查讯问人员要对犯罪嫌疑人的心理分析透彻，只有这样，才能对付各种不同心理的犯罪嫌疑人。

2. 了解犯罪嫌疑人最关心、最担心的问题。犯罪嫌疑人最关心、最担心的问题，往往是侦查讯问人员要查清或者要利用的问题，这些问题大都可以作为讯问中的突破口。如果侦查讯问人员准确地了解到犯罪嫌疑人最关心、最担心的问题，就可能顺利地攻破犯罪嫌疑人的心理防线，迫使其交代犯罪事实。犯罪嫌疑人由于各自的生活、工作、社会经历、家庭环境以及走上犯罪道路的原因不同，他们所关心、担心的问题也不一样，讯问实践中，重大犯罪嫌疑人所关心、担心的问题主要有以下几个方面：

（1）犯罪嫌疑人所担心、关心的人。被捕后的犯罪嫌疑人所关心、担心的人有以下几种：①关心、担心由犯罪嫌疑人所抚养和赡养的人。有的犯罪嫌疑人是家中的主要劳动力，或者说是家庭收入的主要来源者，当他们被拘留或者逮捕之后，家中失去了主要劳动力，或者失去了主要生活来源，因此，他们对靠自己所抚养和赡养的人特别惦记，在看守所里总想通过各种方式和机会了解、打探有关的情况。如果侦查讯问人员能够及时了解和掌握这一情况，在讯问中适当利用，就可能消除犯罪嫌疑人的心理顾虑，促使其坦白交代犯罪事实。②关心和担心他们最爱或者感情最深的人。每一个人在现实生活中都有自己最爱的人，有的人就是为了自己最心爱的人而生活、而奋斗。为了自己最爱的人，可以铤而走险，甚至实施犯罪。实践证明，利用犯罪嫌疑人最爱的人作为突破口，成功率是比较高的。③关心和担心被害人，特别是杀人、伤害、抢劫等暴力案件中的被害人，是犯罪嫌疑人尤为担心和关心的。被害人是死是活，对犯罪嫌疑人在讯问中可能产生两种不同的认罪态度。如果侦查讯问人员在讯问中，能够正确利用被害人的有关情况，对打消犯罪嫌疑人的抗讯心理是十分有效的。④担心了解案件情况的人。特别是对了解犯罪嫌疑人实施犯罪的情节和细节，或者帮助犯罪嫌疑人隐藏或销赃，或者为犯罪嫌疑人提供过某种帮助等知情人。对这些人，犯罪嫌疑人特别担心，怕他们向侦查机关提供证言，检举揭发其犯罪行为。⑤担心同案犯罪嫌疑人。在共同犯罪案件中，犯罪嫌疑人对其他同案犯罪嫌疑人的情况特别关注，心理始终处于一种猜测、疑惑的状态。在讯问过程中，如果能正确利用犯罪嫌疑人对其他同案犯罪嫌疑人担心、猜测的心理，采取各个攻破的方法，是可以打开缺口的。

（2）犯罪嫌疑人所担心、关心的事。了解犯罪嫌疑人所担心、关心的事，是每一个侦查讯问人员所必须做到的，是突破案件的一个重要方面。如果侦查讯问人员能够准确地了解犯罪嫌疑人所担心、关心的事，在讯问中能针对他们所关心、担心的事进行教育，可以达到事半功倍的效果。讯问实践中，犯罪嫌疑人拘捕后所关心、担心的事主要表现为：①关心、担心前途。每一个人都想有一个美好的前途，或者说美好的愿望，人的一生就是为了实现这个愿望而努力、奋斗。犯罪嫌疑人被捕后，对自己的前途感到失望，所以在讯问中表示沉默。摸清了犯罪嫌疑人不开口讲话的原因后，侦查讯问人员从犯罪嫌疑人的表现、前途入手，对其进行教育，以促其交代犯罪事实。②关心、担心事业。有的犯罪嫌疑人在被拘捕前，有一份理想工作，对自己所从事的事业感到很自豪，当他们被拘捕后，思想上受到压抑，容易产生对立情绪，抗讯态度很强。对这样的犯罪嫌疑人，在讯问时，最好能从他们的事业入手，加强对他们的教育、帮助，使他们明白自己的行为给自己的事业所带来的后果，并为他们指出一条光明的路，以促使其交代犯罪事实。③关心、担心家庭。有的犯罪嫌疑人对家庭特别关心，特别是在家庭中处在重要地位的犯罪嫌疑人，他们认为承认犯罪后，会对家庭产生严重的后果，因此产生抗拒到底的心理。在讯问中，准确地掌握犯罪嫌疑人担心家庭的具体原因，有针对性地进行教育开导，以促使犯罪嫌疑交代犯罪事实。

（3）犯罪嫌疑人所关心、担心案件中的事实或者情节。犯罪嫌疑人被拘留或者逮捕以后，要对其犯罪过程进行回忆，分析可能在哪个环节出了问题，以便采取相应办法对付讯问。讯问实践中，犯罪嫌疑人所担心、关心的问题主要表现为：①作案工具。作案工具是证实犯罪的重要证据，因此，犯罪嫌疑人在作案后都要对犯罪工具进行处理。侦查机关是否获取了作案工具，对犯罪嫌疑人会产生不同的影响，在讯问中，如果能巧妙地利用作案的工具，给犯罪嫌疑人施加一定压力，是可以突破他们的抗拒心理的。②赃物的下落。俗话说："捉奸捉双，捉贼拿赃。"赃物既是犯罪嫌疑人实施犯罪所追求的目的，也是侦查机关要想方设法获取的重要物证。因此，犯罪嫌疑人和侦查机关都对赃物非常重视，这也是办案中的一个焦点问题，谁在这个问题上有所作为，谁就在讯问中有较多的主动权。③担心行为后果。犯罪后果的严重与否对犯罪嫌疑人产生的心理压力大小有较密切的关系，因此，在讯问中，应当客观地评价犯罪行为所造成的后果，或者少讲犯罪行为后果的严重性，以减轻犯罪嫌疑人的心理压力，促其交代犯罪事实。④担心遗留在现场的痕迹物品。遗留在现场的痕迹物品能反映、证实犯罪行为，在讯问中，侦查讯问人员要充分利用从现场中获取的信息（有形的和无形的）和犯罪嫌疑人对现场遗留物品担心的心理，采取虚虚实实的讯问策略，破除犯罪嫌疑人的侥幸心理。

以上是多数犯罪嫌疑人关心的问题，除此以外，犯罪嫌疑人还关心、担心一些其他问题，如犯罪过程中的一些特殊、细节，在犯罪过程中遇到一些人和事，在犯罪过程中一些意外的举动，实施犯罪行为前后的一些反常行为，等等。因此，在分析了解犯罪嫌疑人所担心、关心的人和事时，要根据案件和犯罪嫌疑人的具体情况，全面、细致地进行。

3. 了解犯罪嫌疑人人生轨迹和走上犯罪的客观原因。

（1）了解犯罪嫌疑人的社会经历。这样便于侦查讯问人员全面了解犯罪嫌疑人，掌握他们的心理活动规律，这对讯问工作有很多好处，可以很顺利地与犯罪嫌疑人进行交流与沟通，建立起良好讯问气氛，使讯问活动正常进行。

（2）了解犯罪嫌疑人在学习、工作、生活中的闪光点。多数的犯罪嫌疑人，他们虽然犯了罪，但是在他们犯罪之前，在学习、工作、生活中的表现还是很好的，有的甚至对党、对国家、对人民作出过较大的贡献，不能因为犯了罪，就否认他们以前的成绩。如果在讯问中能够很好地利用犯罪人人生道路中的闪光点，对他们进行教育，可以收到很好的效果。

（3）了解犯罪嫌疑人在学习、工作、生活中的挫折。有些犯罪嫌疑人因在学习、工作、生活中受到了打击、挫折，而改变了人生的轨迹，走上违法犯罪的道路。在讯问时，侦查讯问人员要善于从犯罪嫌疑人的挫折中总结出做人的经验和教训，对犯罪嫌疑人进行开导、教育，以增加犯罪嫌疑人对侦查讯问人员的信任感，促其交代犯罪事实。

（4）了解犯罪嫌疑人走上犯罪道路的客观原因。犯罪嫌疑人之所以走上犯罪道路，除了主观因素外，均有一定的客观原因诱发。在研究犯罪嫌疑人心理时，一定要充分了解其走上犯罪道路的客观原因，这对研究犯罪嫌疑人实施犯罪的动机、目的有非常重要的作用，同时，也是讯问工作不可缺少的环节。

还有一些犯罪嫌疑人，他们虽然犯了罪，但他们犯罪的动机并不坏，如杀死逆子等，只是对自己行为后果的严重性认识不足而实施了犯罪行为。对这样的犯罪嫌疑人，要对他们的愿望（动机）予以客观的评价，指出他们的犯罪行为产生的社会危害性，他们是愿意走坦白从宽之路的。

（二）了解犯罪嫌疑人心理的方法

了解犯罪嫌疑人心理的方法或者说对犯罪嫌疑人心理现场勘查的方法，可以从以下几个方面进行：

1. 向犯罪嫌疑人的家属、亲友、同事等熟悉犯罪嫌疑人有关情况的人进行调查访问，了解犯罪嫌疑人的性格、特点、爱好、家庭情况、对人生和社会的态度以及兴趣、志向等。侦查讯问人员要作全方位的了解，尽量摸清犯罪嫌疑人所关心和担心的人和事。

2. 向看守所人员了解。了解犯罪嫌疑人在监所内的活动情况，重点了解以下内容：犯罪嫌疑人入所后有无反常情况；犯罪嫌疑人是否向其他同监犯罪嫌疑人了解、打探有关情况；有无与外界通风报信的情况等。

3. 向同案犯罪嫌疑人了解。如果是共同犯罪，应当向同案犯罪嫌疑人了解以下几个方面的情况：预谋犯罪的情况，包括预谋的时间、地点、参加人员、预谋的具体内容等情况；各个犯罪嫌疑人在犯罪过程中所起的作用、所处的地位；分赃的情况；各个犯罪嫌疑人之间有无利害关系，有什么样的利害关系等。

4. 通过讯问犯罪嫌疑人直接了解与案件有关的情况。通过讯问犯罪嫌疑人了解时，要注意方式、方法，不能让他们知道侦查讯问人员的意图。

在了解犯罪嫌疑人有关情况的过程中，对涉及有关人员隐私问题的，不得向外界或者其他无关人员透露，以免造成不良的影响。

二、摧毁犯罪嫌疑人抗讯拒供的各种心理

摧毁犯罪嫌疑人抗讯拒供的各种心理，俗称攻心或者叫心理战，是指通过对犯罪嫌疑人心理现场勘查，掌握了他们最关心、最担心的人和事，就要与犯罪嫌疑人开始进行心理战，摧毁他们拒供、伪供、不供的各种心理障碍，使他们能够接受侦查讯问人员的讯问，交代犯罪事实。对犯罪嫌疑人进行攻心，可分为两步。

（一）建立良好的心理接触

侦查讯问人员要与犯罪嫌疑人进行心理上的沟通，建立起良好的心理接触。刑事案件的犯罪嫌疑人，特别是重大犯罪嫌疑人，自知罪行重大，在讯问中，采取各种方法对抗侦查讯问人员的讯问；而侦查讯问人员则要通过讯问查清案件事实。因此，就讯问过程来讲，犯罪嫌疑人与侦查讯问人员处于矛盾与冲突之中，犯罪嫌疑人把侦查讯问人员视为冲突的对立面，从心理上对侦查讯问人员产生反感，不愿接受讯问。而侦查讯问人员要想让犯罪嫌疑人能够如实地回答提问，必须与犯罪嫌疑人建立起良好的心理接触，与犯罪嫌疑人做到心理上兼容。

1. 要能吸引住犯罪嫌疑人。在讯问时，要使犯罪嫌疑人心理到位，人到了讯问室，心也要到讯问室，不能"人在曹营心在汉"，也不能分心，要让犯罪嫌疑人按照侦查讯问人员的思路走，能够听侦查讯问人员讲。因此，在开始讯问的时候，首先要解决的问题，就是要让犯罪嫌疑人能够听侦查讯问人员讲。侦查讯问人员要讲一些犯罪嫌疑人爱听的、感兴趣的、能听得进去的内容，但不要离主题太远，吸引住犯罪嫌疑人，以建立心理接触。

2. 要感化犯罪嫌疑人。当侦查讯问人员与犯罪嫌疑人建立起良好的心理接触之后，犯罪嫌疑人能够听侦查讯问人员讲，并且能回答提问，侦查讯问人员要适时把讯问引向深入，进一步感化犯罪嫌疑人。这时应将讯问的话题作些调整，如讲犯罪嫌疑人走上犯罪道路的客观原因（这里讲犯罪嫌疑人犯罪的客观原因，并不是不讲主观原因，而是出于策略上的考虑），说明其实施犯罪是有一定的客观原因的刺激而引发的，为其实施犯罪找到一定的"理由"或者"借口"。这样讲一方面可以说明侦查讯问人员理解他、同情他，使犯罪嫌疑人的心理进一步与侦查讯问人员相容；另一方面可以减轻犯罪嫌疑人的心理压力，感到内心轻松一些，为坦白交代犯罪行为铺平道路。在讲犯罪嫌疑人走向犯罪道路的客观原因的同时，要让犯罪嫌疑人明白，由于自己的犯罪行为，对他人、对社会、对家人、对自己造成了危害和伤害，使犯罪嫌疑人产生一种内疚感。要让犯罪嫌疑人从侦查讯问人员的讯问中，既获得一定的安慰，又产生一种负疚感，萌发出悔罪动意，使其感到只有供认自己的罪行，才能求得更大程度上的解脱，从而使犯罪嫌疑人由内疚悔罪心理向交代罪行心理倾斜，走上坦白交代的道路。

3. 使犯罪嫌疑人的悔罪心理变为交罪行为。在感化犯罪嫌疑人的基础上，侦查讯问人员要把讯问进一步引向深入，促使犯罪嫌疑人由悔罪心理向交罪心理转化，由交代罪行的心理变为交代罪行的行为。为了使犯罪嫌疑人的悔罪心理变为交代罪行的行为，侦查讯问人员可以从分析犯罪嫌疑人实施犯罪行为的后果入手，说明其行为的社会危害性，应当承担的法律责任。同时还要为其指明出路，说明侦查讯问人员是诚心诚意地帮助他、挽救他，使其进一步相信侦查讯问人员，供认其实施犯罪的事实和情节，走坦白从宽之路。

（二）瓦解犯罪嫌疑人的心理

侦查讯问人员在讯问中，要帮助犯罪嫌疑人解除各种思想顾虑，促使其交代犯罪事实。这个过程是相当繁杂、困难的。侦查讯问人员要有坚定的意志和坚强的毅力，针对犯罪嫌疑人的各种思想顾虑，展开攻心，彻底瓦解其抗讯的各种心理。

1. 以法攻心。以法攻心就是运用我国现行的法律、法规和刑事政策的威慑力以及立法精神、法制原则的感召力，打消犯罪嫌疑人在法律问题上的种种顾虑，排除影响犯罪嫌疑人坦白交代的心理障碍，纠正犯罪嫌疑人各种不正确的认识。进行法律政策教育的内容主要有：讲解罪刑相适应的原则；讲解量刑的原则；讲刑罚的目的、作用和立法精神；运用宽严典型案例进行规劝，起到催化剂的作用，把犯罪嫌疑人往从轻、求生的道上推。对犯罪嫌疑人进行法攻心时，如果能按照上述四个方面进行，一般情况下，能够达到动摇犯罪嫌疑人抗审意志，使其走坦白从宽之路的目的。

2. 以情攻心。有的犯罪嫌疑人，特别是重大案件的犯罪嫌疑人，决非靠打骂、诈骗能获得他们的口供，即使使用证据也不一定能够降服他们。对于这样的犯罪嫌疑人，如果能够抓住他们情感上的执着点或者弱点，进行入情入理的攻心，有可能使他们产生悔过的意念，交代犯罪的事实。以情攻心，就是利用犯罪嫌疑人感情上的弱点，刺激犯罪嫌疑人的心理，使其感到自己的行为对不起亲人、对不起友人，从而唤起他们悔罪的欲求，交代与案件有关的事实。

对犯罪嫌疑人进行以情攻心时，可以按以下步骤和方法进行：①寻找或者发现犯罪嫌疑人感情上的执着点或者弱点。②调动犯罪嫌疑人的情感。在讯问中，侦查讯问人员可通过选择特定的日期（如生日、节假日、结婚的日期等）、特定的事情来调动犯罪嫌疑人的感情。③刺激犯罪嫌疑人的感情。通过刺激犯罪嫌疑人的感情，使其负疚感进一步加深而陷入深深的自责或处在痛苦和悔恨之中。④帮助犯罪嫌疑人解脱感情上的痛苦。当犯罪嫌疑人处在感情的痛苦中时，侦查讯问人员要适时帮助其解脱这种痛苦，使其面对现实，勇于悔过，弥补自己的过错。

3. 以理攻心。以理攻心就是侦查讯问人员运用政治、道德、伦理、哲学、美学、宗教、信仰等方面的道理，对犯罪嫌疑人进行教育，矫正他们扭曲了的世界观、道德观和丑恶的心灵，破除他们抗讯的各种精神支柱，使其能认识自己行为的社会危害性，产生认罪的心理。

三、迫使犯罪嫌疑人交代犯罪事实

迫使犯罪嫌疑人交代犯罪事实，俗称交心。讯问要达到的目的，就是要让犯罪嫌疑人交代犯罪事实，不仅要把犯罪的时间、地点、手段、经过、后果交代清楚，而且要把犯罪的动机、目的交代透彻。在正常情况下，如果抓心抓得准，攻心攻得狠，交心就会交得透。但是，经过抓心和攻心之后，有的犯罪嫌疑人仍然犹豫不决，特别是可能被判处极刑的犯罪嫌疑人，或者有前科的犯罪嫌疑人，他们还想顽抗到底，或者是只承认犯罪，但不交代犯罪的具体情节，不交代赃物下落。对这样的犯罪嫌疑人还要采取"攻城"的办法，迫使犯罪嫌疑人交代犯罪事实。

（一）揭露犯罪嫌疑人的矛盾和破绽

通过抓心和攻心，犯罪嫌疑人的抗讯心理还没有完全消除，只是交代了部分犯罪事实，或者关键情节没有作出交代，还存有疑虑，可以采取揭露矛盾和揭露破绽的方法，通过揭露犯罪嫌疑人心埋、行为、口供中的矛盾或破绽，促使犯罪嫌疑人彻底交代犯罪事实。

1. 揭露犯罪嫌疑人心理上的矛盾和破绽。犯罪嫌疑人不交代犯罪事实，或者不彻底交代犯罪事实，说明他们的心理上还存在某种矛盾和疑虑。如果不解决犯罪嫌疑人心理上的矛盾，不消除其心中的疑虑，他们是不会彻底交代犯罪事实的。因此，在讯问中，要针对犯罪嫌疑人的心理矛盾和破绽，用事实和道理开展攻心，迫使其交代犯罪事实。

2. 揭露犯罪嫌疑人行为上的矛盾和破绽。犯罪嫌疑人被捕后，经过一段时间的讯问，心理活动非常复杂，往往会作出一些与自己言行相反的举动。在讯问中，侦查讯问人员要善于利用这些反常的举动或者言行，来揭露犯罪嫌疑人的罪行。如侦查讯问人员利用犯罪嫌疑人串供的事实，揭露其假坦白、真抗拒的心理，并指出这种行为的后果，迫使其交代犯罪事实。

3. 揭露犯罪嫌疑人口供中的矛盾或破绽。通过侦查讯问人员的攻心，有的犯罪嫌疑人仍然徘徊在是如实交代还是继续对抗的十字路口上，但是抗讯的意志明显减弱。由于犯罪嫌疑人在供与不供、先供什么后供什么等问题上思想斗争激烈，往往在口供中语无伦次，出现一些矛盾或者破绽。在这种情况下，侦查讯问人员要适时地揭露犯罪嫌疑人在供词中的矛盾，把其从供与不供的十字路口推到供认犯罪事实的路上来。

（二）加强攻势，对犯罪嫌疑人形成高压之势

有的犯罪嫌疑人抗讯心理很强，如果不采取一定的攻势，他们是不会交代犯罪事实的。所以在审讯过程中，侦查人员要利用各种有利的局势，动员各方面的力量，形成强大的攻势，对犯罪嫌疑人施加心理压力，使其陷入四面楚歌的境地，迫使其交代犯罪事实。

1. 形成强大的阵势，给犯罪嫌疑人施压。在讯问过程中，逐渐增加讯问力度，显示出强大的攻势，如通过增加侦查讯问人员的人数、级别，或者使用录音、录像、测谎仪等设备表示对讯问的重视，使犯罪嫌疑人感到非交代犯罪事实不可，抗拒不交代是没有出路的。

2. 动员各方面力量，对犯罪嫌疑人施压。在讯问中，侦查讯问人员应根据案件和犯罪嫌疑人的情况，动员各种有利于犯罪嫌疑人交代罪行的人员予以配合，对其进行攻心。如动员犯罪嫌疑人的家属、亲友、原单位同事进行规劝，或请检察院、法院的人员对犯罪嫌疑人进行教育开导。

3. 利用各种有利时机和形势开展攻势。在讯问过程中，侦查讯问人员可以利用各种有利时机和形势，对犯罪嫌疑人施压，促其认清形势，不要一意孤行，错失良机，迫使其走坦白从宽之路。如利用诉讼程序上的最后期限、一审宣判后的时机等有利时

机；或利用严打整治、重大事件和活动等有利形势。

（三）打拉结合，敦促犯罪嫌疑人缴械投降

"打"就是在讯问的过程中，使用证据揭露犯罪嫌疑人的犯罪活动、瓦解他们的抗讯和侥幸心理，迫使他们交代犯罪事实。"拉"就是在打的时候，不能打得太狠，不能把犯罪嫌疑人打到绝路上去，不能使犯罪嫌疑人产生破罐子破摔的想法。在打的时候要留有余地，要使犯罪嫌疑人产生求生、求轻的渴望。实践中，有的侦查讯问人员在讯问中穷追猛打，结果把犯罪嫌疑人打到对立面，与侦查讯问人员抗拒到底，使审讯陷入僵局。因此，在讯问中，对犯罪嫌疑人要打得准，击中要害，同时要打得适度，不要一棒子把人打死。"打"和"拉"要有机地结合起来。

1. 使用证据，彻底打消犯罪嫌疑人的抗讯心理。犯罪嫌疑人之所以不交代犯罪事实，主要有两个原因：①存有侥幸心理，认为自己作案手段高明，侦查机关不能获取证明犯罪的有力证据；②畏罪心理，害怕交代罪行后会判重刑。使用证据的目的，就是要打消犯罪嫌疑人的侥幸和畏罪心理。

2. 剑拔弩张，敦促犯罪嫌疑人彻底交代犯罪事实。在使用证据的过程中，形成剑拔弩张之势，采取暗示而非明示的方式，让犯罪嫌疑人感觉到侦查机关已经掌握其犯罪的证据，迫使其交代事实。侦查讯问人员把剑拔出来、把弓拉开，形成一种狠打的架势，形成一种威慑，但并不打，而是给犯罪嫌疑人留有出路，给其台阶下，拉他一把，而不把他推向绝路，迫其走坦白之路。

技能训练

一、训练内容

普通刑事案件侦查讯问综合训练。

二、训练目的与要求

1. 通过完成该项训练，从侦查程序和实体两方面使学生掌握参与普通刑事案件讯问的总体思路和基本要领。

2. 通过完成该项训练，从侦查程序和实体两方面使学生掌握审讯普通刑事案件的总体思路和基本要领。

三、训练的基本方式

1. 典型案例模拟侦查讯问。

2. 典型案例阅卷评议。

3. 典型案例演示观摩。

四、训练素材

1. 模拟审理的典型案例。由教师提供相关模拟案例。

2. 研究评议的典型案例。案例的讯问卷宗由老师单独提供。

3. 演示观摩的典型案例。案例录像带单独提供。

通过实施分组模拟讯问训练，按照侦查机关办理刑事案件的基本流程，从侦查程序和实体两方面提出问题，要求学生给出解决方案并予以实施。

通过对某典型案例的研讨评议和演示观摩，按照侦查机关办理刑事案件的基本流程，从侦查程序和实体两方面提出问题，要求学生总结分析侦查讯问人员办案的基本经验和教训。

主要参考文献

1. 侯英奇主编:《侦查讯问》,中国检察出版社 2010 年版。

2. 胡关禄主编:《侦查讯问学》,中国人民公安大学出版社 2007 年版。

3. 云山城主编:《侦查讯问学原理》,中国人民公安大学出版社 2004 年版。

4. 云山城主编:《预审学》,中国人民公安大学出版社 2007 年版。

5. 王传道主编:《刑事案件侦查》,中国政法大学出版社 1999 年版。

6. 王怀旭主编:《侦查讯问研究与应用》,中国人民公安大学出版社 1998 年版。

7. 王怀旭主编:《侦查讯问学》,中国人民公安大学出版社 2004 年版。

8. 公安部人事训练局编:《侦查讯问教程》,群众出版社 1999 年版。

9. 许昆主编:《预审学教程》,中国人民公安大学出版社 2001 年版。

10. 许昆主编:《侦审一体化刑事案件办案规范化指南》,中国人民公安大学出版社 2002 年版。

11. 周水清:《审讯策略与取证技巧》,中国人民公安大学出版社 1999 年版。

12. 毕惜茜主编:《侦查讯问理论与实务探究》,中国人民公安大学出版社 2004 年版。

13. 徐加庆主编:《侦查讯问策略与技巧》,中国人民公安大学出版社 2007 年版。

14. 吴克利:《审讯心理攻略》,中国检察出版社 2004 年版。

15. 吴克利:《审讯心理学》,中国人民公安大学出版社 2006 年版。

16. 沈廷湜主编:《讯问对策教程》,群众出版社 1994 年版。

17. 付有志、刘猜:《破解"测谎"的密码——心理生理检测在探案中的应用》,中国人民公安大学出版社 2006 年版。

18. 武伯欣主编:《中国心理测试技术——实践与理论》,中国人民公安大学出版社 2010 年版。

19. 孙延庆主编:《侦查措施与策略》,中国民主法制出版社 2007 年版。

20. 袁家盛主编:《刑事侦查学》,中国政法大学出版社 2005 年版。

21. 任惠华主编:《刑事案件侦查》,法律出版社 2000 年版。

22. 王国民、李双其主编:《侦查学》,中国人民公安大学出版社 2007 年版。

23. 彭文主编：《刑事案件侦查》，警官教育出版社 1999 年版。

24. 彭文主编：《刑事侦查学教程》，中国人民公安大学出版社 2003 年版。

25. 曹文安主编：《侦查讯问教程》，中国人民公安大学出版社 1998 年版。

26. 姚健、张居永主编：《狱内侦查学》，警官教育出版社 2004 年版。

27. 季宗棠主编：《审讯侦查理论与实践》，中国人民公安大学出版社 2001 年版。

28. 林维业、吴远亮主编：《新世纪公安侦查工作思考》，中国人民公安大学出版社 2003 年版。

29. 张佳良、赵春月主编：《侦审疑案的理论与实践》，群众出版社 1998 年版。

30. 杨郁娟主编：《有组织犯罪侦查》，中国人民公安大学出版社 2003 年版。